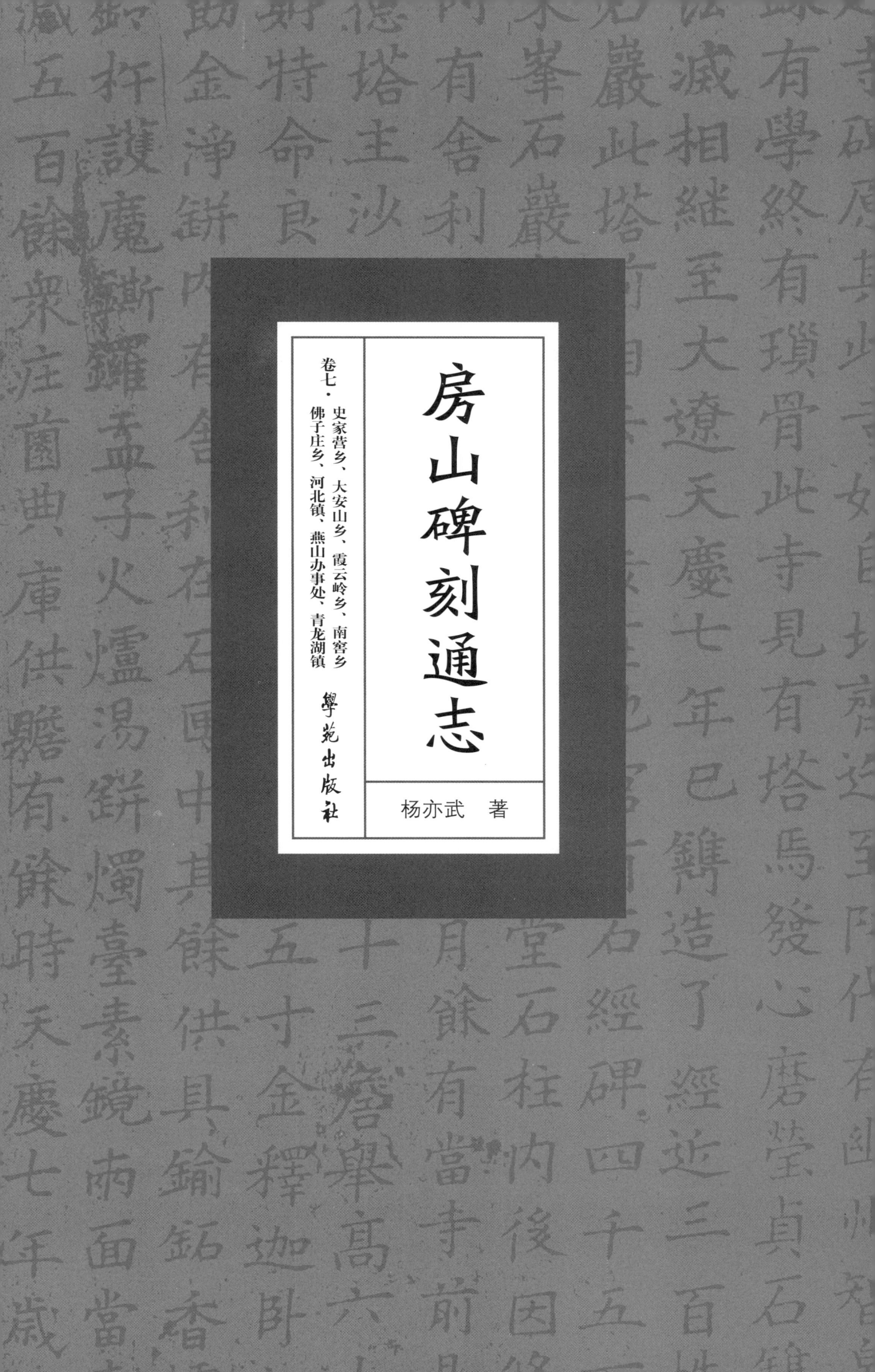

房山碑刻通志

卷七·史家营乡、大安山乡、霞云岭乡、南窖乡、佛子庄乡、河北镇、燕山办事处、青龙湖镇

学苑出版社

杨亦武 著

史家营乡、大安山乡、霞云岭乡、南窖乡
佛子庄乡、河北镇、燕山办事处、青龙湖镇
碑刻资源调查项目

总策划
张明智　　王永年　　靳　璐

本卷策划
王心松　　李冠华　　冀显江

序

　　历代碑刻，是研究历史文化、地方文化、民俗文化的一把钥匙。完整系统的碑刻文献，是研究地方历史文化的百科全书，是地方人文历史最直接、最确凿、最可信的文献。在碑刻丰富的地区，完整系统的碑刻史料，其历史信息的丰富和准确，可以勾勒一个地区历史文化的全貌。

　　房山历代碑刻总数800余件，历史年代自北魏、北齐、隋、唐、辽、金、元、明、清，直至民国，其分布遍及域内所有乡镇街道。时代延续之久，分布之广，内容之丰富，令人叹为观止。这是祖先留给后人的一笔丰厚的文化遗产，我们这一代人，应该将其完整地发掘整理，惠于今人，传之后世。

　　在京津冀协同发展的大背景下，首都北京正以惊人的速度迈向城市化。10年，20年，或是更长一段时间，传统农村将彻底消失。植根于乡土的碑刻文献的研究发掘，有赖于这片乡土。抢救性的发掘整理碑刻资料，是时代赋予文化工作者急迫的责任和使命。房山是首都历史文化大区、北京文明的发祥地，全面整理历代碑刻资料，对北京历史文化研究极为重要。此前出版过一些房山的碑刻资料，收录碑刻少则几十件，多则一二百件，对地方文化裨益颇多，进而期待一部全面系统志录房山碑刻的专著，可喜《房山碑刻通志》著成付梓。

　　1999年至2001年，我曾任房山区文化文物局局长，其间，把房山历史文化的发掘整理作为工作重点，全面普查田野石刻，对可移动的石刻集中保护，拓印整理碑刻资料。杨亦武当时在本局做文物工作，得知他1982年便着手房山碑刻资料的收集整理，即给予其大力支持，安排其赴哈尔滨阿城考察金上京，赴上方山进行为期三年的历史文化调查，形成了《大房山金陵考》《房山历史文物研究》《云居寺》《上方山兜率寺》等阶段性成果。2001年末，我调往房山区教委任职，杨亦武的历史文化研究仍在继续，他持之以恒，坚持不懈，集30余年之功，终于完成了800余件碑刻的抄录、整理、考证、分类、编目，著成《房山碑刻通志》，各卷将陆续出版面世。

史家营乡、大安山乡、霞云岭乡、南窖乡
佛子庄乡、河北镇、燕山办事处、青龙湖镇

《房山碑刻通志》以乡镇列卷，全志共8卷，各镇篇幅依碑刻多寡而异。大石窝镇碑刻称最，独列3卷，其余5卷均为数镇合卷，如卷四，即为城关街道与周口店镇二镇合卷。每卷镇下列村，村下录碑，从而涵括房山全域碑刻，形成完整的地方碑刻文献体系。

这部通志是解读房山历史文化最确切、最直观、最全面、最系统、最真实、最可靠、最实用的地方文献。此著不止收录碑刻原文，而是志、录、注、考兼备：志，概述镇村历史文化及碑刻大略，介绍碑刻存在的镇、村历史文化环境；录，即录入碑刻原文；注，注明碑刻的基本情况；考，对录文进行考证诠释。在录文过程中，著者认真抄录碑拓原文，校订了旧志碑文和历代录文中的讹误，删衍补脱，确保碑文原真无失，力图使本志成为最为可靠的碑刻文献。著者在碑文考释中下足了功夫，通过碑文的解读，厘清历史的来龙去脉，因而此志不仅是一部碑刻志，更是一部以碑刻为视角的地方志。一志在手，即可全面了解房山的历史文化、宗教文化、民俗文化之方方面面。既为房山区经济社会发展提供了历史文化支撑，又为北京史研究奠定了碑刻文献基础，其重要的文化价值不言而喻。时间是检验著述价值最好的尺度，我们还是让时间说话，让历史做出评价。

碑刻的整理研究，是一项辛劳而艰巨的工作。不仅需要必要的学术研究能力，更需要勤奋担当，吃苦耐劳。著者以一个文化人的责任和使命从事这项文化工程，故能三十年如一日，寒暑交替，为之不辍。像这样全面系统整理、研究、志录地方碑刻，并最终形成专著，在北京十六区县实不多见。因此，也就愈加难能可贵。

文化是社会的责任，需要有人担当，谁来做不重要，重要的是有人来做。这是一种自觉地文化行动，作为一个文化人，应自任使命，勇于担当。《房山碑刻通志》的面世，让人鼓舞，使人振奋。时代呼唤更多脚踏实地的文化人，呼唤更多有利于国计民生的文化力作。

郭志族[*]

2018年元月于京南良乡

---

[*] 郭志族，北京市房山区人大常委会副主任。1959年出生，北京市房山区人，1981年7月参加工作。历任北京市房山区教育局党委副书记、纪委书记，北京市房山区文化文物局党组副书记、局长，北京市房山区教工委书记、区教委主任、区学习办公室主任，北京市房山区三化两区建设咨询委员会副主任委员。2015年1月，当选为北京市房山区人大常委会副主任。

凡 例

一、本志碑刻分类以地域划分。以乡镇、街道为单位，乡镇、街道下列村，村下列碑刻。同一村中、同一地点的碑刻原则上列在一起。一村多点的，依次列出各地点碑刻。每个地点，则以碑刻时间顺序的先后为序。如此，以碑刻形成完整的地方文化体系，便于对地方文化的整体把握。

例：卷一大石窝镇，收录88件碑刻，分属于石窝村、辛庄村、广润庄、北尚乐、南尚乐5村，其中大石窝村35件，辛庄村16件，广润庄10件，北尚乐17件、南尚乐10件。其中辛庄村有福胜寺、隆阳宫、关帝庙、药王庙等，该村目下便依次录下上述地点的碑刻，每个地点，以碑刻时间的先后为序，如隆阳宫碑刻，最早为元代，其次为明代、清代，碑刻顺序如下：

元至元二十八年（1291）《重修隆阳宫碑》、元至治二年（1322）《大元加赠真大道教始祖刘真君之碑》、明隆庆六年（1572）《重修隆阳宫碑记》、清乾隆三十一年（1766）《重修隆阳宫施买香火地碑记》、清乾隆三十一年（1766）《重修隆阳宫大殿建立禅堂成砌群墙置买并施舍地亩等事序》。

二、本志以乡镇分卷，全志800余件碑刻，共分8卷，每卷1册，每卷平均收录碑刻百件左右。由于乡镇碑刻数量不同，每卷收录碑刻数量不一，有的过百，有的不足百件。大石窝镇碑刻最多，共占3卷，其他乡镇为两个或多个乡镇合卷。

三、本志分别采取三级目录或两级目录。独立成卷的乡镇为两级目录，一级目录为村，二级目录为碑刻。合卷的乡镇为三级目录，一级为乡镇，二级为村，三级为碑刻。

四、本志体例分为志、录、说明、考释、附录。

1. 志：本志立足于地方文化，在乡镇、村的目下，均志述历史文化背景，以及碑刻综述。

2. 录：即收录碑刻原文，这是本志的主体。本志收录的碑文，均为尚有碑

刻或碑刻拓片存在者。无碑刻或碑刻拓片存在，见录于文献的碑文，一般不予收录，极具历史文化价值的除外。如《卷三·大石窝镇》收录的唐开元十四年（726）刘济《大唐云居寺石堂碑》，是晚唐时期云居寺刻经的重要文献，原碑虽然遗失，亦收录志中。对文献中有记载的碑刻文字，依原拓对其脱、衍、舛等问题予以校正。本志均以简体字录文，漫漶无法辨识的文字，用"□"表示，异体字和别字依原碑刻照录，以存原貌。

3. 说明：即碑刻说明，本志收录的碑刻除碑刻外，还有经幢、墓志等，为表述一致，统称为"碑刻说明"。重点说明碑刻朝代、出处、大小尺寸、碑额文字。对于碑文撰者、书者，碑额书者、刊者，由于碑刻记载分明，不再重复。

4. 考释：即碑文考释，是对碑文的考证和解读。根据内容不同，考释分别为"碑文考释""幢文考释""墓志考释""题记考释"等。这部分，除对碑文考证和解读外，着重碑文记载的史迹与地方文化的联系。

5. 附录：即附录碑文。为了保证历史文化信息的完整性，相关散见于各种文献的碑文，因无碑刻和拓片存在，不能作为碑文录入，故注明出处，以附录的形式记入本志。

五、本志村名表述。

1. 以"村"冠名的村，原名照录。例如周口村。

2. 不以"村"冠名的村，村名两个字的，后加"村"；村名三个字的不再加村。例如辛庄，录为辛庄村；周口店，录为周口店。

目 录

导 言 / 1

史家营乡

莲花庵

○○一　重修百花山护国显光寺前殿碑记　清康熙四十一年（1702）/ 4

○○二　大、宛二县朝山进香碑　清道光二十年（1840）/ 7

○○三　畿西宛平县百花山建蟠桃阁碑志　清宣统三年（1911）/ 8

曹家坊

○○四　大行禅师通圆懿公功德之碑　元太宗五年（1233）/ 12

○○五　大安山瑞云禅寺第十二代信公禅师塔记　至治三年（1323）/ 24

柳林水

○○六　重修胜米石堂胜泉寺起造石佛记　明嘉靖二十七年（1548）/ 28

○○七　胜泉寺买山场契约碑　清康熙 / 29

○○八　重修圣米石塘碑碣　清嘉庆十三年（1808）/ 30

○○九　重修圣母宫碑记　清光绪九年（1883）/ 31

1

 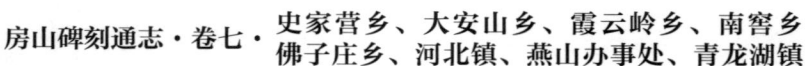

○一○　重修莲花山长星观碑记　民国十一年（1922）/ 32

○一一　宛平县公署布告　民国十三年（1924）/ 33

○一二　京西莲花山蟠桃宫落成碑记　民国十三年（1924）/ 35

○一三　创建莲花山蟠桃宫碑记　民国十三年（1924）/ 36

大安山乡

寺尚村

○一四　大辽燕京西大安山延福寺莲花峪更改通圆、通理旧庵为观音堂记
并诸师实行录　辽天庆五年（1115）/ 43

○一五　大安山延福寺李山主实行录　辽天庆十年（1120）/ 54

大安山

○一六　重善桥记　清光绪二十二年（1896）/ 58

霞云岭乡

庄户台

○一七　重修庄窠台村三圣观记　清光绪二十八年（1902）/ 62

下石堡

○一八　京都顺天府房山县下时铺村众善人等建造文昌阁碑记
　　　清同治六年（1867）/ 65

○一九　下石堡建造村公所碑　民国二十四年（1935）/ 66

南窖乡

南窖村

〇二〇　重修仁义局碑记　光绪二十三年（1897）/72

〇二一　重修玄帝庙碑记　民国十二年（1923）/74

佛子庄乡

东班各庄

〇二二　大安山龙泉峪西石堂尼院第二代山主超师塔

　　　　金大定二十九年（1189）/83

黑龙关

〇二三　房山县大安山龙海观创建黑龙潭庙记　元至正十四年（1354）/87

〇二四　黑龙关龙王庙出家道号至崐之墓　清乾隆三十八年（1773）/91

〇二五　修补龙神庙碑记　清乾隆四十四年（1779）/92

〇二六　重修戏楼碑记　清光绪二十三年（1897）/96

上英水

〇二七　重修上英水村真武庙记　民国十三年（1924）/100

房山碑刻通志·卷七· 史家营乡、大安山乡、霞云岭乡、南窖乡
佛子庄乡、河北镇、燕山办事处、青龙湖镇

 河北镇

河北村

〇二八　重修铁瓦殿记　清康熙二十二年（1683）/ 107

檀木港

〇二九　黄山玉室洞天记　元至元二十五年（1288）/ 110

三福村

〇三〇　玄靖达观大师刘公墓志铭　元至元二十五年（1288）/ 116

黄土坡

〇三一　皇清资政大夫江南布政使司右布政使圣兆毛公墓碑记
　　　　清康熙三十年（1691）/ 122

他窖村

〇三二　重修九圣祠碑记　清康熙四十（1701）/ 127

口儿村

〇三三　重修大房山古刹连泉禅寺碑记　明嘉靖八年（1529）/ 130
〇三四　第五代住持禹缘和尚灵塔铭　明成化二十三年（1487）/ 133
〇三五　大房山连泉禅寺住持暹公寿铭　明嘉靖十八年（1539）/ 134

○三六　大房山连泉寺建造倚公辞缘归空灵塔碑记

　　　　明嘉靖二十六年(1547)/135

○三七　满公塔铭　明嘉靖二十六年(1547)/136

○三八　大房山连泉禅寺住持常公寿铭　明嘉靖三十一年（1552）/136

○三九　大明敕赐英国公张氏山场记　明正德十一年（1516）/137

○四○　大明重修中和峪吉祥寺碑记　明正德十一年（1516）/140

半壁店

○四一　王仙洞新建庆寿庵记　清嘉庆九年（1804）/144

万佛堂

○四二　隋大业刻经　隋大业十年（614）/151

○四三　隋大业刻经　隋大业十年（614）/151

○四四　大房山孔水投龙、璧记　唐开元二十七年（739）/155

○四五　乌林荅天锡题记　金大定二十年（1180）/157

○四六　重建龙泉大历禅寺之碑　元太宗九年（1237）/159

○四七　重修大历万佛龙泉禅寺碑记　明正德十一年（1516）/163

○四八　重修云濛山大历古迹万佛龙泉宝殿碑铭　明万历十七年（(1589）/164

○四九　重修万佛堂记　清顺治十五年（1658）/167

○五○　重修孔水洞关帝庙碑记　清嘉庆九年（1804）/168

磁家务

○五一　房山县磁家务巡检司厅马公德政碑记　清乾隆八年(1743)/174

○五二　和硕承泽亲王谥裕硕塞碑文　清康熙十一年（1672）/176

○五三　恭勤世子碑文　清乾隆八年(1743)/177

○五四　和硕庄恪亲王碑文　清乾隆三十二年（1767）/178

○五五　和硕庄慎亲王碑文　清乾隆五十三年（1788）/179

○五六　和硕庄襄亲王碑文　清道光十三年（1833）/179

燕山办事处

凤凰亭

○五七　圣德光昭西山仪凤碑铭　清雍正九年（1731）/184

○五八　重修五圣祠碑　清乾隆二年（1737）/187

○五九　墓表　清嘉庆十四年（1809）/188

○六○　肫浦常府君家传　清道光十年（1830）/189

○六一　子佩常公墓志铭　道光十六年（1836）/191

○六二　常母李大孺人北庄新阡记　道光十六年（1836）/193

○六三　印山常公墓志铭　道光十六年（1836）/195

○六四　常文宪墓表　道光二十八年（1848）/197

北庄村

○六五　原任直隶总督那苏图碑文　清乾隆十四年（1749）/200

○六六　兰陵萧氏墓志铭　清道光十九年（1839）/201

青龙湖镇

北车营

○六七　大辽析津府良乡县张君于谷积山院读藏经之记

　　　　辽大康七年（1081）/209

○六八　咸雍六年正月二十日帖判　辽大康七年（1081）/212

○六九　谷积山院建佛顶尊胜陀罗尼幢　金天眷元年（1138）/215

○七○　悟玄墓志　金皇统八年（1148）/ 216

○七一　宣赐栗园圣旨之碑　元贞二年岁（1296）/ 216

○七二　大都谷积山新作罗汉石室记　元至正五年（1345）/ 222

○七三　大元敕赐上万谷积山灵岩禅寺碑　元至正七年（1347）/ 223

○七四　京师谷积山灵岩寺石塔记　元至正七年（1347）后 / 228

○七五　灵岩寺新井铭　元至正七年（1347）/ 229

○七六　敕赐灵鹫禅寺记　明正统四年（1439）/ 230

○七七　敕赐灵鹫禅寺兴建记　明正统五年（1440）/ 231

○七八　敕赐谷积庵记　明正统七年（1442）/ 232

○七九　敕赐般若禅寺之记　明正统十三年（1448）/ 233

○八○　移嵩山祖庭大少林禅寺宗派之图　明正统十三年（1448）/ 236

○八一　敕赐般若禅寺开井之记　明景泰五年（1454）/ 237

○八二　三学洞题额　明 / 238

○八三　明英宗《圣旨》碑　明成化十一年（1475）/ 240

○八四　敕赐圆通寺创建碑记　明成化十一年（1475）/ 242

○八五　宝塔记　明成化十五年（1479）/ 244

○八六　内官监左少监叶公寿藏碑记　明成化十五年（1479）/ 246

○八七　谷积山灵鹫寺碑记　民国十二年（1923）/ 248

常乐寺

○八八　御制推忠辅国协谋宣力文臣特进荣禄大夫柱国荣国公谥恭靖姚广孝神道碑铭　明宣德元年（1426）/ 252

○八九　重修古刹常乐寺碑　明成化十六年（1480）/ 256

○九○　表扬自来塔记　明成化十七年（1481）/ 258

○九一　常乐寺碑记　民国 / 259

○九二　明故昭勇将军义勇中卫指挥使周公墓志铭　明正德八年（1513）/ 259

○九三　皇明乾清宫管事提督宫内两司房兼掌尚衣监印务尚膳监太监信吾王公墓志铭　明崇祯十年（1637）/ 261

上万村

○九四　万佛寺记　明万历九年（1581）/ 267

○九五　孙国玺谕祭碑　清乾隆五年（1740）/ 269

崇各庄

○九六　和硕惠端亲王碑文　清同治五年（1866）/ 271

○九七　和硕亲王衔多罗惠敬郡王碑文　清光绪十二年（1886）/ 272

豆各庄

○九八　固山谟贝子蠲免良乡县杂差役税碑文　清光绪二十九年（1903）/ 275

坨里村

○九九　重修关帝庙碑记　清光绪十四年（1888）/ 278

北刘庄

一○○　常明谕祭碑　清乾隆十一年（1746）/ 281

大马村

一○一　重修天元寺碑记　民国十五年（1926）/ 284

沙窝村

一○二　班遢、班详墓志　金明昌五年（1194）/ 287

口头村

一〇三　重修龙圣庵记　明靖八年（1529）/290

一〇四　重修七斗泉碑记　清雍正五年（1727）/291

一〇五　重修七斗泉碑记　清同治十年（1871）/293

导　言

《房山碑刻通志》卷七，为房山西北山区碑刻总集。西至百花山显光寺，东至圣岗姚广孝墓塔，依次收录了史家营乡、大安山乡、霞云岭乡、南窖乡、佛子庄乡、河北镇、燕山办事处、青龙湖镇8个乡镇、办事处的碑刻。

房山西北山区，绝非世人想象中的人文不践的荒山野岭。早在西周燕国时期，在西北山区的群山万壑之中，便有先民落土而居，霞云岭乡龙门台曾出土窖藏燕国刀币，见证了山区文明之悠远。西汉宣帝甘露元年（前53），在霞云岭乡的上、下石堡村置利乡县。

河北镇孔水洞，北魏时期就已闻名于世，著名地理学家郦道元曾亲临此洞，隋代于洞壁刊经造佛，称之为"仙人玉堂"。唐开元二十三年（735）、二十四年（736）、二十七年（739），吕慎盈三次奉旨在孔水洞投金龙、玉璧祈雨。玄宗皇帝还遣人在距此不远处的洞穴采集乳水。至唐大历五年（770），幽州卢龙节度使朱希彩，布地施金建大历禅寺，代宗皇帝亲赐寺名，又采独鹿山珉玉，刊造《万菩萨法会图》嵌于孔水洞顶的山崖，成为唐代幽州石雕艺术之瑰宝。

百花山，号西京万山之宗。北周武帝时期，创建瑞云寺，唐代创建显光寺，成为影响京西、山西、河北、内蒙古地区的重要佛教道场。百花山，又称小清凉山，为文殊菩萨西山道场。圣莲山，原名莲花山，既是西山辟支佛道场，又是著名的道教圣地。

五代时期，刘仁恭筑馆于大安山，房山西北山区俨如"大燕"陪都。大安山的延福寺，为刘仁恭所创。辽代法眼宗高僧通圆、通理、寂照曾驻锡于此。谷积山院与大安山延福寺同期，由平州僧人思行购上万村庄土而建，辽、金至明、清，久盛不衰。元代由高丽人重建，住僧也是高丽人，成为著名的高丽寺院。

河北镇口儿村连泉顶连泉寺，为古弥勒道场，明印宗大师重开山，开创了明清连泉胜境。

史家营乡与霞云岭乡之间的分水岭，古称银山。大约自唐末五代，官方开始在此采银，辽、金尤盛，南北两麓有银洞116处。采银冶银，实为深山造币厂，支撑幽州上千年财政。大规模的冶银产业，与之相应的商业供应、人员往来，促进了西北山区的繁荣。

金贞元三年（1155），海陵王在大房山营建皇家陵寝，兆域156里，西北山区的大石河右岸为山陵北界，排立封堠，时有官兵巡防。继五代刘仁恭后，再次促进了西北山区的交通。作为金陵禁区的南郊涧道内的山谷，到了明初大量从山西移民，此地沟通河套上下，为出入山要隘，独特的地理位置，山西移民的资金和经商经验、本地丰富的煤炭资源，成就了南窖古商镇的六百年繁华。古风古貌，处处遗留着商风儒韵，成为西山古商镇的活标本。

君都山仙人洞、大房山潜真洞、黄山玉室洞天古称三山福地，是元代著名的全真教圣地，在河北镇形成了独特的洞府文化。全真教李志常、张志敬、张志仙三代掌教亲临，留下不朽的诗文。

黑龙潭，自古为祈雨之地，元代为著，顺帝至正十年（1350）祈雨灵应，至正十二年（1352）创龙王庙于潭侧。清雍正帝御赐匾"甘泽普应"。乾隆帝赐联"御四海济苍生，功能配社；驾六龙享庶物，德可参天"。明、清、民国，黑龙潭祈雨成为北京西山独特的风俗，影响到门头沟斋堂、清水数十村。

圣岗姚广孝塔、明司礼监太监王安墓，演绎着大明王朝盛衰的风雨沧桑。

磁家务庄亲王墓、崇各庄惠亲王墓，分别埋葬着康熙、嘉庆的子孙——14位亲王长眠在青峰曲水之畔。

时移世易，历代碑刻留下历史的记忆，成为解读西北山区历史文化的珍贵文献。

本卷收录房山西北山区8乡镇碑刻105件，其中史家营乡碑刻13件、大安山乡碑刻3件、霞云岭乡碑刻3件、南窖乡碑刻2件、佛子庄乡碑刻6件、河北镇碑刻29件、燕山地区碑刻10件、青龙湖镇碑刻39件。

历史年代自隋至民国，其中隋代2件、唐代1件、辽代4件、金代5件、元代11件、明代29件、清代44件、民国9件。

史家营乡碑刻13件，其中元代2件、明代1件、清代6件、民国4件，分布于莲花庵、曹家坊、柳林水：

莲花庵3件——清代3件。

曹家坊2件——元代2件。

柳林水8件——明代1件、清代3件、民国4件。

大安山乡碑刻3件，其中辽代2件、清代1件，分布于寺尚村、大安山村：

寺尚村2件——辽代2件。

大安山1件——清代1件。

霞云岭乡碑刻3件，其中清代2件、民国1件，分布于庄户台、下石堡：

庄户台1件——清代1件。

下石堡2件——清代1件、民国1件。

南窖乡碑刻2件，其中清代1件、民国1件，分布于南窖村：

南窖村2件——清代1件、民国1件。

佛子庄乡碑刻6件，其中金代1件、元代1件、清代3件、民国1件，分布东班各庄、黑龙关、上英水：

东班各庄1件——金代1件。

黑龙关4件——元代1件、清代3件。

上英水村1件——民国1件。

河北镇碑刻29件，其中隋代2件、唐代1件、金代1件、元代3件、明代

10件、清代12件，分布于河北村、檀木港、三福村、黄土坡、他窖村、口儿村、半壁店、万佛堂、磁家务：

  河北村1件——清代1件。

  檀木港1件——元代1件。

  三福村1件——元代1件。

  黄土坡1件——清代1件。

  他窖村1件——清代1件。

  口儿村8件——明代8件。

  半壁店1件——清代1件。

  万佛堂9件——隋代2件、唐代1件、金代1件、元代1件、明代2件、清代2件。

  磁家务6件——清代6件。

燕山办事处碑刻10件，其中清代10件，分布于凤凰亭、北庄村：

  凤凰亭8件——清代8件。

  北庄村2件——清代2件。

青龙湖镇碑刻39件，其中辽代2件、金代3件、元代5件、明代18件、清代8件、民国3件，分布于北车营、常乐寺、上万村、崇各庄、豆各庄、坨里村、北刘庄、大马村、沙窝村、口头村：

  北车营21件——辽代2件、金代2件、元代5件、明代11件、民国1件。

  常乐寺6件——明代5件、民国1件。

  上万村2件——明代1件、清代1件。

  崇各庄2件——清代2件。

  豆各庄1件——清代1件。

  坨里村1件——清代1件。

北刘庄1件——清代1件。

大马村1件——民国1件。

沙窝村1件——金代1件。

口头村3件——明代1件、清代2件。

收录碑文105篇、诗9首、碑阴题8则、崖题1则、塔题1则、洞题1则、墓题2则，附录铭文2篇。

史家营乡碑文13篇、附录磬铭1篇、碑阴题1则：

莲花庵碑文3篇、附录磬铭1篇。
曹家坊碑文2篇、碑阴题1则。
柳林水碑文8篇。

大安山乡碑文4篇：

寺尚村碑文3篇。
大安山碑文1篇。

霞云岭乡碑文4篇：

庄户台碑文1篇。
下石堡碑文3篇。

南窖乡碑文2篇、碑阴题1则、附录钟铭1篇：

南窖村碑文2篇、碑阴题1则。
附录北庵村白衣庵钟铭1篇。

佛子庄乡碑文5篇、碑阴题2则、墓题1则：

东班各庄碑文1篇。

黑龙关碑文3篇、碑阴题2则、墓题1则。

上英水碑文1篇。

河北镇碑文30篇、诗9首、碑阴题2则、崖题1则、塔题1则：

河北村碑文1篇。

檀木港碑文1篇、诗4首。

三福村碑文1篇、诗4首。

黄土坡碑文1篇。

他窖村碑文1篇。

口儿村碑文6篇、诗1首、塔题1则。

半壁店碑文1篇、碑阴题1则。

万佛堂碑文12篇、碑阴题1则、崖题1则。

磁家务碑文6篇。

燕山办事处碑文10篇：

凤凰亭碑文8篇。

北庄村碑文2篇。

青龙湖镇碑文37篇、碑阴题2则、墓题1则、洞题1则：

北车营碑文19篇、碑阴题2则、墓题1则、洞题1则。

常乐寺碑文6篇。

上万村碑文2篇。

崇各庄碑文2篇。

豆各庄碑文1篇。

坨里村碑文1篇。

北刘庄碑文1篇。

大马村碑文1篇。

沙窝村碑文1篇。

口头村碑文3篇。

房山碑刻通志

史家营乡

史家营乡、大安山乡、霞云岭乡、南窖乡
佛子庄乡、河北镇、燕山办事处、青龙湖镇

在房山区西北境，处百花山东南麓。西部、北部与门头沟区接壤，东邻大安山乡、佛子庄乡，南接霞云岭乡。

西周为燕国西境地，秦隶上谷郡，西汉为利乡县境，东汉隶上谷郡，三国隶幽州，西晋隶幽州燕国，后赵隶燕郡，前燕、前秦隶燕国，后燕隶燕郡，北朝时期隶幽州燕郡。隋初隶幽州总管府，自大业三年（607）隶涿郡。唐建中二年（781）设幽都县，属幽都县。辽开泰元年（1012）改幽都县为宛平县，属宛平县。金、元、明、清、民国属宛平县。

明以前史家营乡无村，明代以后逐渐形成鸳鸯水村、柳林水村、青土涧、史家营、莲花庵、秋林铺、金鸡台7村。光绪十二年（1886）《顺天府志·卷二十九·地理志十一·村镇一·宛平县》："一百五十一里元阳村、甲鱼口，柳林水村，一百七十八里青土涧，一百八十里史家营，一百八十五里莲花庵村，一百九十里秋林铺村……一百七十八里金鸡台村。"

民国时期属宛平县第四区，后属第八区。1949年中华人民共和国成立，仍属宛平县，隶河北省。1952年属京西矿区，设金鸡台区。1953年改金鸡台区为史家营乡。1956年撤销史家营乡，设莲花庵乡、金鸡台乡、柳林水乡。1958年3月，划归北京市，撤销良乡县、房山县，合并成立周口店区，设立周口店区百花山人民公社。1959年改属河北人民公社史家营管区。1960年，改周口店区为房山县，属房山县河北人民公社史家营管区。1961年，设立史家营人民公社。1983年，撤销史家营人民公社，设史家营乡。1987年，撤销房山县、燕山区，合并成立房山区，史家营乡属房山区。辖鸳鸯水、杨林水、柳林水、大村涧、莲花庵、秋林铺、史家营、金鸡台、青林台、西岳台、曹家坊、青土涧12个行政村。

史家营乡有百花山，号小清凉山，山巅的显光寺古名文殊寺，为文殊菩萨西山道场。瑞云寺，始建于北周时期，是百花山区最古老的寺院。圣莲山本名莲花山，南庙胜泉寺，金末摩可禅师山开，为辟支佛道场。清易佛为道，形成南庙、北庙。清末民国，莲花山享誉京师。

本卷收录史家营乡碑刻13件，分布于莲花庵、曹家坊、柳林水3村，其中莲花庵3件、曹家坊2件、柳林水8件。收录碑文13篇、附录磬铭1篇、碑阴题1则。

莲花庵

在史家营乡西。位于百花山脚下,素称"百花山下第一村"。西南邻秋林铺,东隔庙儿梁与青林台为邻,东北与曹家房、史家营二村接壤。村北为百花山主峰,有古刹显光寺,创建不晚于唐。辽代称佛崖山佛崖寺(又称佛岩山佛岩寺),禅宗高僧通理曾驻锡此山。明代称文殊寺。清代始名显光寺。百花山又称小清凉山,古为文殊菩萨西山道场。

本卷收录莲花庵碑刻3件:清代3件,其中收录碑文3篇,附录磬铭1篇。

〇〇一　重修百花山护国显光寺前殿碑记

□□□□□也，其巍然高而莽，且附近□为都山□者，然以百花称最□。于戊寅之夏，携□五□人往游。□□□盘道，□无为上□□十□□，始□□□见。夫青□□□怪石，□□□□□疑鹤，如熊如罴，万态千形，莫可名状。加以茂林修木，翠□□□，奇□兵□，云峰争妍，所鲜为之□□叹羡之□诚哉。其□维摩别院，人寰净土也。随进游显光上刹，其千佛一阁，自失火□整旧□□□□□□□□□□□得其人甚，前朝挂锡，□暮逃禅者，予小子格守前辙，延老衲寂云为之住持，以视□之□□。曾几□尘封舍□者，固自不□矣。越庚辰岁，再至□云，僧予丈室接谈，闻即侃然谓予曰："君家□山地，三代功德，主千佛阁，既为先□□太守公所修。前之释迦殿，自君之祖□卿公创始迄今，垂将百年。而材倾瓦解，岌岌乎莫蔽风雨矣。君胡不再举而更新之，以接□□出善缘乎？"予□之曰："唯唯，是□予之素志也。"但鸠工庀材，非旦夕□事，故未轻详以□□信讯耳，然不日当即□以报□矣，□辛巳□夏语也。越至蒲月，忽闻内阁大学士伊公讳桑阿，携其子姓□贵介来游此山寺，不□敬洁□□□以备□□□□□□□□□辱临焉。再越宿，始游予山，乃蒲月望日也。是日，阴云密布，复□之以微雨，相君之游幸，颇为所阻，□僧待雨□□朗然，祝□曰："今日大贵人至此，佛菩萨何不大示开□，显现慈□□□□者，□生欢喜，宁不足为佛门增重乎？"语□时，即现□□□□，杲杲□日出。少焉，遥望东山之麓，冉冉腾辉，若烟非烟，似云非云，倏然散于空际，则霞彩掩映，葱郁陆□□□□□顶□著□□。□是柏君及诸贵人，莫不合掌顶礼，以为稀有。是日，遂正□于阁之东，□复□云僧谈佛家因果，见山即幻佛也。而僧□□佛子，遂慨然捐俸贰百金，以为鼎新前殿之赀。翌日，延车复□增□予家，因语以予谓修事，且命之曰：□殿虽□□□□□□□易□□□更难所□或不能□□□忍，既为兹山功德主，官自不惜，虽□以共□胜□也。予□而对曰："此地既有□祖先□父前后相□□果，即使一□所助，循□□□□□以□□于前人，余荷相君□俸，已□有余，□苟得竭力□□□□□在□光，古人□为善最乐，此则何乐如之而故以自诱也。"遂于是岁七月之吉兴工，至壬午之六月事既竣□。复命□□□□□勒之以铭，以延不朽。而相君复谦退，不自以为功，命予□之，予又不敢尽违相君意，欲详述其颠末，以□相君□□□。相君□□□□□以□□□论道其骏业歌功颂德，□□炳□于人□□□者，即口碑载道，尚不能启其万一□□□□□之□□□□□不□为相君重而相君，乐善不倦之怀，具□心为之志，以此山□即以此论后者，其碣□之绵□□□□□□□□□云山□水，并其悠久。予小子起承其下，亦□□有□□也。是为记。

时大清康熙四十一年岁在壬午闰六月　□□中书舍人□□主□刘师白谨识

碑刻说明

清刻。在莲花庵村百花山显光寺。

碑文考释

显光寺位于莲花庵村海拔1900米处的百花山顶，是西山重要佛教寺院，也是北京市海拔最高的寺庙。显光寺坐西朝东，为典型的辽代寺院坐向。四重殿宇依次为天王殿、药师殿、菩萨殿、千佛阁。显光寺东南有上娘娘庙，东北建下娘娘庙，北有龙王庙。龙王庙北又建关帝庙、菩萨殿。从而形成了庞大的寺院建筑群。每年农历五月十八，为百花山庙会。

百花山古称佛岩山，清代改称千佛山。百花山有小清凉山之称，旧称文殊菩萨的西山道场。显光寺始建年代不晚于唐代，辽代称佛岩寺，道宗大康年间（1075-1084）已经存在。大康、大安年间（1085-1094），曾主持云居寺辽代晚期刻经的通理大师一度挂锡佛岩寺。戒台寺第三代住持、传戒大师悟敏在大安五年（1089）前后登佛岩山谒通理大师，"密受指迪，所资益深"（金天德四年（1152）《传戒大师遗行碑》）。

辽天庆七年（1117），佛岩寺僧人曾施助房山石经刊刻，《金刚顶瑜伽中略出念诵经》有两侧题记记载此事。条十七、十八题记："施主佛岩寺僧善诩，续造此条经。"条十九、二十题记："施主佛岩寺僧续造此条经。"（《房山石经记汇编》四〇〇页）

明代万历三十二年（1604），僧人本广将寺院重修，开文殊禅林（当年叫文殊寺）。本广募化十方檀那，居士、长者、官吏、儒释道，各施资财，铸造铁钟一口，悬于寺西的菩萨庵前。显光寺的寺名始自清代。当年百花山夜间时常闪光，白天有七色光环笼罩，被视为佛光显现，故将此寺改名为显光寺。清康熙四十一年（1702）重修时，寺院的名字已叫护国显光寺。道光初，传曹洞宗第三十七世讳昻洪和尚来到显光寺。此僧为浙江绍兴柘门村人，到显光寺后，他"驱虎豹，焕机缘，冒危险，甘淡泊，礼忏道场"，重建显光寺，号"重开山第一代"。道光四年（1824），重建的显光寺落成。自昻洪起，显光寺可考的嗣传依次为"法、定、无、真、常、乐、菩、提、道"，共至第十代。

民国时期显光寺破败。抗日战争时期，昌宛房联合县在显光寺内设情报站。庙中的大铜佛像和铜钟在抗日战争期间被熔铸做了子弹。民国三十三年（1944），该寺被日军炮火毁坏。民国三十五年（1946），庙里最后一代住持吕正春下山还俗，此后寺院荒废。2005年，显光寺所在的莲花庵村复旧崇新，重建显光寺。历尽沧桑的显光寺，劫后重光，薪火相传。

考《重修百花山护国显光寺前殿碑记》所载：清中书舍人刘师白曾祖于明中期官居太守，曾创建千佛阁。刘师白祖父，曾于明代万历三十二年（1604），助僧人本广重修寺院，创建释迦殿。康熙三十九年（1700）刘师白游山时，寺僧向刘师白讲述刘氏上述功德。

康熙四十年（1701）五月，内阁大学士伊桑阿携其子伊都立朝山，捐俸银二百两，作为鼎新前殿之资。刘师白又捐若干，于康熙四十年（1701）七月，兴工重修显光寺。康熙四十一年（1702）六月竣工。

伊桑阿，姓伊尔根觉罗氏，满洲正黄旗人。崇德三年（1638）生，顺治九年（1652）进士，授礼部主事，累擢内阁学士。康熙十四年（1675），迁礼部侍郎，擢工部尚书、户部尚书。时三藩叛乱，因吴三桂踞湖南，命他先后赴江南和茶陵督治战舰，为平叛做准备。后俄罗斯犯边，又奉命往宁古塔造船。历兵、礼二部尚书。二十七年（1688），拜文华殿大学士兼吏部尚书。充三朝国史总裁、

《平定朔漠方略》总裁。黄河决，奉令勘视河工。因淮扬水灾，疏请蠲免次年田赋。入阁十五年。康熙四十二年（1703）卒。谥文端。

伊都立，字学庭，伊尔根觉罗氏。清康熙二十六年（1687）生，第十八任云贵总督，雍正三年（1725）任，后改任山西巡抚。

〇〇二　大、宛二县朝山进香碑

京都顺天府大、宛二县各城坊，向居主西城广恩寺，年例诚起朝山进香。

王凯、□应□、□□、兆欣、□山、□山、王□□、崔艮玺、伟□、花六、□国□（下缺）殷王文、□□、冯杰（下缺）刘八十、朱占□、陆□亮（下缺）张起凤、□□□、陈伟文、王元□、□□□、□□□、刘文孝、刘夫□、赵存信、王大福、尹□俊、□□□、姜武成、袁□。领香会首张淦、陈南志、刘国春、陈国林、□宝□、张□贤、九儿、曹圣教、王□□、张宗□、王□□、袁洪、陈玉、邹□□、□□□、王国祥、司□□、□□保、□国□、李子□、张□、邓泰、吴德厚、张□朝、张□、陈永□、张□□、十七、刘□玺、□□□、牛□□、王璋、刘万贝、杨相禄、马成起、张世英、王进宝、陆□□、宋朱□、□□□、杨文福、于周□。

大清道光二十年五月十八日　众善人等仝立

碑刻说明

清刻。在莲花庵村百花山显光寺。

碑文考释

五月十八日，为百花山庙会日期。碑文记载，每年五月十八日庙会这一天，大兴县、宛平县信众，都依例到百花山朝山进香。碑文记录下朝山者姓名。此碑见证了百花山显光寺庙会影响之大。

史家营乡、大安山乡、霞云岭乡、南窖乡
佛子庄乡、河北镇、燕山办事处、青龙湖镇

附录

百花山显光寺铁磬铭文

系浙江人氏，在京西百花山护国显光寺，重新修新造佛殿，禁足拾有数年，永无下山募化银钱，至于今日造大磬一口。开山第一代，曹洞正宗第三十七世讳上昷下洪和尚。

儒徒赵廷云法名福继、郑锡元、祁金贵、傅容已、天德号、刘启昌、曹振举、德隆号、郑天成、王玉俭、王玉纲、王田氏。

道光四年吉月吉日

○○三　畿西宛平县百花山建蟠桃阁碑志

维清宣统三年，是岁春暮，造新阁于百花岭大罗山之前。乃天钟之崛兴，乾元宜作，以为面势巍巍然筑于万蔼之中，赫赫然建于华岩之上。指层峦为藩篱，含远山为障屏，攸宇告成，势若辰拱。登斯阁也，目其送而远云出岫，烟霞变化，宛尔而鲜。新造其阁而感荷灵明，秀郁山林，优然而长远。左顾黄河，右环距马，古燕南瞻，居庸北压，东海风光，西山气爽，宛然襟袖，览如盈掌。其翼翼然之蟠间阁者，耀临于顶上，彰其显也。谓其显而不自显者，莫不有其大而化之验于名山者，而显之于其前，则天壤间之能垂休风昭觉世者，亦莫不有无为之天而成负真传之望者。为之于其后，不显之于其前，虽佛国而不彰。不为之于其后，虽圣境而不传。是斯二者未始不相须也。然而千百载之灵明因果，乃一遇之也，岂其万古之机缘？非无可援，但理势之相，因推移阔邈其变化而不可测者，固也。是其所以大而化之者，圣也。圣而不可知之者，神也。何其相须之殷而相遇之疏耶？

且其盱衡往古，俯仰今兹，而维有所遇者，即当日之开山长老大禅师昷洪，其原籍于浙江绍兴府 州 乡柏门村处士，名标麟，阁中试文元，悠忽恒情省悟正觉，就幽燕百花山之地，出俗超凡，皈依三宝。驱虎豹，焕机缘，冒危险，甘淡泊。礼忏道场，宏图展，壮庄严，崛起攸宇数□，其情乃有不容自已者耳，于是金莲顶式廊增焉。乃廿年抱膝其源冠佛国受命固焉，非一旦曲肱，妁众贯禅林。诚哉！真如一体。乃遇斯人，乃显其光，遂名之曰显光寺。固果感而是之，似此功成，俨然圣境。所以称毓秀之名山、天钟之古刹。因此，多圣缘矣，大都形氏不传，而惟有文侯大士亦伏于此，由来久矣。况昷洪长老，设食宝林忏门□藏，每有见闻之举，即日灵明昭四大感格，应三山从炽。千古之禅林，蟠阁显耀。立长年□□□，悠久无疆。道通天地之有形，理贯华严于物态。噫！其文明造化之先天，亦未必不听其□□□天。其无私报施之由天，亦未必不叹其不爽之天。其明明之天，则其去之固其不远。其□□□以为天也，其文乎；则其所以为文乎，其文乎明乎。何幸而固此，何幸而遇此？不期于□□□□十四年，从遇普照公长安和尚，其原籍于畿南西路厅易州城南乡，坎下村处士，不□□□，椿萱茕茕孑立，形影相吊，无耐云游山刹，得禅大乘，虽践形，不二法门，际甚不易，举止谈□□脱俗，恒哀自当年艰维，尽己极精研，受命奉行，谁是语任重，培功因果，堪可谓作也。宜然承前启后，无愧垂基绳，丕显述也。固然艰难拮据犹存建，厥继规模，鞠悴皈依，躬行三宝，具□□□预往来，设盃茗以须烦渴，因寻感格助资者，赀乐善者胜，不须臾有年，则焕然验复兴之□□，咸然乐维新之与。今普照公率法徒乐海等，仍将仁明乐善之资存，并本刹自行之□□，仰承附近庄庵贵公经理，于是年春季，作我攸宇，以寄胜慨，序伏深岩，佳景罕到，不书所作，久必使神明显化之盛迹，岂不湮没于林泉也耶？所以感格古燕乡布衣等，聊为撰文，雕呈缮写，谨此志之，勒之于石，以昭例年三月三日，名之曰蟠桃会道场之谓云。

资助另列他碑。

经理人宛邑信士史明润兼督　史正修兼督

涿州东乡信士张淮首领　武生刘思辉首领

信授生李德隆撰　应试生周泽覃书

本刹第六代住持僧普照，率门徒生乐海暨再法生、菩云谨立

大清宣统三年三月三日谷旦

碑刻说明

清刻。在莲花庵村百花山显光寺。碑阳碑额正书"万古长春"。碑阴碑额正书"报施不爽"。

碑文考释

昂洪,名标麟,原籍浙江绍兴府柏门村,今属浙江绍兴市。昂洪在百花山显光寺出家,驱虎豹,礼道场,道光四年(1824)重修显光寺。此僧圆寂后,葬于百花山下的黄安坨村,今属门头沟区清水镇。该村有"开山第一代昂洪和尚灵塔"。

清第六代住持普照,原籍西路厅易州城南乡坎下村,今属河北满城县坨南乡。普照公率法徒乐海等,于清宣统三年(1911)三月,在百花山显光寺创建蟠桃阁一所,并以每年三月三日,开蟠桃会道场。

曹家坊

在史家营乡以西。东邻史家营村，西南邻莲花庵村，西望百花山，北仰大寒岭。先为幽都县境，后为宛平县境。村西北有瑞云寺。

沈榜《宛署杂记》："瑞云寺，在清水社村，即唐李可用、李存勖建亭百花山之所。有碑记云，寺始汉明时，至唐宋辽金元至我明，重翻三十八次。元有赐额，今不存。"清水社村，即门头沟清水镇清水村。《宛署杂记》成书于明万历二十年（1592），可见直到明末，瑞云寺一带尚为宛平县清水社村即今门头沟区清水村之地界，当时尚无曹家坊村，晚清亦无曹家坊村，今曹家坊村形成于清末以后。

本卷收录曹家坊村碑刻2件：元代2件，其中收录碑文2篇。

〇〇四　大行禅师通圆懿公功德之碑

涿郡范阳乡贡词赋进士武庭实撰并书丹篆额

夫春雷发震，动众耳之耸闻；秋月扬辉，慰群情之快望。况诸乘之了悟，成本性之圆融。达空不空，探法非法。开慧眼要观于千圣，拈须弥纳在于一毛。济苦得之，慈航指迷，归其正道。隐时绝众，见处惊人，则懿公其人也。公姓刘氏，讳行懿，德兴府矾山县缘矾里人也，刘珪幼子。始祖易水人，有故北迁家于是邑也。母马氏，同母兄有二：长小字吉寿，次王留，二嫂俱忘其姓氏。同居农耕为业，皆克家。公自岐嶷时不食五荤，不喜儿戏，耻留茎发。七岁志乐出家，累诣父请施度，父不得已从之，礼到宣德州天宫寺僧长老道崇为受业师，训到前项法名行懿是也。公自为人性善志刚，无施劳不伐善。及长取予任意，敛散不拘，不积货财，窃慕谷食鹑居之说，凡有所行，在人意表。至大定己亥年，公年三十具戒，奉师住涞水大明寺。六年师退去，瓶锡从径历洪山，顷之随师适马安。公在河朔游历二十余年，由是道价有声。一日如家省亲，至门行化，母出施米升合许，公以善言矾激之，母亦不审，公去其笠，母觌面乃审，母子相向而哭，邻里相庆。继而有师命知马安寺事三年，会师有京都之请，公从之居万寿，六年劳逸，半师去，从适瑞云。居未几，师有颂以示众，公独知颂中意，有四方行脚志。公请留行弗许，公负师行李如盘山。斯须师有君命住香山，积有日矣。退之仰山，在西堂闲居。公在静居庵，师默授印证，公乃固辞，师弗从，公勉受。以是传密藏，诸用句不以出世语也。志在退进，以隐为显。一日，僻谷绝粒，茹松噉柏。三年外不时而绝之，或礼告一斋者有之。公不欲食则已，如欲食则食之，翌日如初，人不堪其忧，公不改其乐也。故曰发奋忘食，乐以忘忧，诚哉是言也。后因师病居觉山，是年师年七十四。有疾弗豫，乃洗颓水，易服顾而命曰："汝居白峪去者。"公曰："诺。"师丧，公治任而归，观瑞云形势,甚可爱也。北冠大寒,南带龙泉,松桧阴森,果栗荣茂,千变万状,丛萃目前,山路险阻,人迹稀少,真道人所居也。住十年,居禅僧二百众,洞风远播,四方檀信作斋送供,不知其几也。迨至宁改元癸酉,公年六十四,敕赐紫一袭。贞祐乙亥,复赐紫衣并通圆大师号一道。会国多故,祸乱并兴,郡邑相吞,人自相食,原野厌人之肉,川谷流人之血,耕桑久废,饥馑荐臻,民卒流亡,狼虎猖獗,莫之能救。此际遗黎,仅有存焉。瑞云僧行散而之四方,公独居岩穴,茹松饮泉,性相两忘。间有饥人至公所乞食,公但指山松耳。几二年余,一朝兵寇,劫人食之,生致二男五女,将赴鼎镬时,公示以至诚,劝之,贼感公之言,遽释之家。至丙子冬十一月,矾山安水寺僧德全、达曹老使、王千户等四人,命公遽往。出山在道中,冒风雪行,信宿至清安寺。居未几,明年春如武川十方院,闻城市喧哗,公厌之曰:"非山人居。"委而去,之椵峪龙岩寺。公悯寮舍僧厨,阒无人止,寺宇摧坏,公独葺之。支柱倾斜,补绽缺坏,劳神疲力,汗颜血指,曾无少惮。由是禅刹一新,以致新旧徒众,其所由来者渐矣,居僧二百余,信施斋供者骈肩接武,雁次鳞集,津送道粮者亦莫知其数也。公尝输己财,赎驱丁二男一妇从良。又历见被驱人,公于各使所,以体貌化本人施度,使皆许之。前后化五十余徒,仍劝逐人断荤酒,持戒行,众皆悦从。时溧阳宝宁寺开坛造无遮会,济度冤枉。时澭命公即坛中居,周备法席。每巡位,时有清信男女洁发布地,匝淹泥污,俟公过而履之。坛场大兴,所得施利至甚多广,悉归宝宁常住。公回。明年,武川摩诃院大开坛济度,会太傅夫人母与陈机察辈命公主坛,公出椵峪至桥道院,在城应有僧尼、道友捧花香以法务逆之,仍以优乐道引,看者填道如堵。及入城门,彩云盘空。至院即坛,克主张是:"有业屠者,公戒以断五荤勿杀生。"屠者亦忻然从之。公所过者,化生人以改恶修善,度亡殁者乐处受生,前后救拔不啻亿万计。坛事既毕,公复龙岩寺,一居十年,释教大行。矾山李宣差过瑞云,悼伽蓝大坏,禅刹荒凉,彷徨而不忍去。于是纠率岭北刘、聂二帅以下檀那等通议:"窃请椵峪禅师来瑞云住持可否?"佥曰:"善。"就委元帅聂公部三十力以束甲从之,并僧德莹等三员,坐马二十余匹,就矾山高宣差等前去。戊子八月十九日夜至椵峪门首,劫公乘马而还。至溧水,会有二车先渡,公策马随之。二十日昧爽,至孙家庄,彼中檀信以香花迎入县。公不解衣接渐而行,晚宿于交道,作大雪。越翌日达岭北，见诸檀信叙旧毕，来瑞云。公望殿塔摧毁，披荆棘而入，叹曰：非向日所居耳！住持一事果如何哉？会有宣差李公、缘矾刘元帅、刘聂二元帅以下檀那人等，各不负初心，戮力同谋，兴造是刹。李宣差创外库房，塔河冯二郎、田四、高监军创山神堂，齐社、清水等庄创首座堂，皆自备力役、工匠、口粮，及诸檀那毕力营葺，山门一新，皆公缘力之所致也。其间，武川太傅专人三请，公阻之。公自默受印以来，始卒教度门弟僧二千许，尼八百余，官贵仅七百，俗弟子万余人。迨壬辰七月间，弟子德道、德行等二人自相谓曰："师年弥高矣，血气之衰也久矣，吾侪若非急乎以垒寿塔，万一有故，必不能尽其大事。"诣师数请才许之。二僧悦，遂经营厎法，揆度功役，不费常住，方便化办，檀信多助人力，敦匠事严，至癸巳夏五月蕤宾日告成。当年六月，公自知祀耄，深倦于勤。一日聚大众议拟："将见居瑞云禅寺，疏请通公长老住持可乎？"众心大服曰："善。"公以山门事业悉付通公，公勇退在西庵闲居。至七月初二日，因病笃不药，迁坐至斋，澡身净首，易衣负扆，以善言托诸弟子后事，遗颂辞世。少间，谈笑而终。众皆大恸三日，远近吊者擗踊哭泣，哀以送之火葬。在烈焰中起云，五彩缭绕。及收遗骨，迁入浮图葬之，有人于元卜地中掘之。得公心眼不灰，舍利百余粒，仍于是处中夜放光，几四七矣。非平素为圣善人，断无此景祥也。良自落发以来，由大不由小，习是不习非，居其实不居其华，审其作未审其辍，行藏无定，进退自如。把定则寒岩枯木，放行则匝地清风。志在常善救人，故无弃人。常善救物，故无弃物。慈悲是本，方便为机。童稚行斯，庞眉不倦。积功累行，七十有八矣。故巍巍乎功成也，可诵而不可名。荡荡乎行满也，可称而不可比。见之者若翔凤景星，仰之者如大山北斗。与春雷秋月，匌匒炳耀，而骇人耳目者，曷其异哉！谅已行之，实千古所无。瑞云大众，使予觇之公之实录，予愕然曰："是公也，尽善尽美，得匪纪而赞诸？"赞曰：

公之先人，宅乎易水。有故北迁，矾山为里。岐嶷自奇，茎发耻留。七岁出家，父命是由。奉师以来，具戒赐紫。环流参访，二十余祀。一日省亲，母疑弗儿。去笠就审，相向而悲。爰处天宫，历居白峪。为善忧勤，惟日不足。茹松饮泉，周及六年。外以辟阎，任其自然。兵寇劫人，将赴鼎镬。公以善诱，遽释其缚。被驱者多，使所自将。躬诣化度，或从其良。寺有崩摧，僧亦乏粒。公至足食，一新营葺。教度门弟，心无负初。僧尼三千，布发淹泥。巡位之际，救拔横夭。及亿万计，在处送施。接武骈肩，至诚者感。币帛生莲，高弟见长。议垒寿塔，请之不从。复然后纳，勇退瑞云。孰能继尘，会众疏请，通公一人。公有疾甚，遗颂辞世。癸巳七月，负扆而逝。人皆慎终，三日送公。烈焰直上，彩云映空。骨归浮图，效祥甃地。心眼不灰，多获舍利。夜放宝光，昼现金身。神化无极，日日维新。公在时人，敬如父母。仰之者何，更高山斗。山泉下流，惠众无疆。公名配之，心怀不忘。

大朝癸巳季九月日　化缘建塔立碑

门人德行　德道　前山主德莹　监寺德圆　□□□□□　德进　副寺德聪　监寺德遇　书记德空　山主德琛　老山主德信　首座善勇助缘　住持嗣祖沙门善通懿公法弟首座行慈等同立石

奉先县怀玉乡工匠崔义　赵公元　王昌等刻石

碑刻说明

元刻。在曹家坊村百瑞谷瑞云寺。碑额篆书"大行禅师通圆懿公功德之碑"。阴额篆书"敕赐瑞云禅寺"。

碑文考释

瑞云寺，位于史家营乡曹家坊村。始建于北周武帝时期，隋文帝开皇年间重修，当年的石刻寺额一直保存到明代。唐玄宗时期第二次重修，辽金时期，与香山永安寺、仰山栖隐寺同为西山名刹。

金中晚期到元初，钦赐紫衣通圆大师行懿，先后三住瑞云寺，并于瑞云寺终老。拖雷监国元年（1128），行懿主持重修经战火被毁的瑞云寺。元太宗五年（1233）六月，行懿让位于善通。

善通继行懿主持瑞云寺。善通传位于松岩，松岩传位于清泰，其间历太宗、乃马真后称制、定宗、宪宗、世祖5世。

清泰传位于玉溪渊公。此公约自世祖至元中，至成宗大德初，先后两主瑞云寺，其间做了十年的香山永安寺住持，是当时元大都高僧之一。玉溪之后，便是从公和信公。从公，名信从，号照寂，福建品平人。其主持瑞云寺期间，当是玉溪离开瑞云寺宗主香山永安寺的10年，即至元二十一年（1274）到至元三十一年（1294）。信公，瑞云寺第十二代住持。名义信，号云峰，宛平县斋堂（今门头沟斋堂）人。元成宗元贞元年（1295），玉溪再主瑞云寺。成宗大德初，玉溪退席，义信继任瑞云寺住持。其间，义信着手修缮瑞云寺。十几年间，陆续修建了三门殿，创建水碾一盘，重修药师、如来殿，舍利宝塔。义信的作为传到朝廷，受到元仁宗的褒奖，延祐五年（1318）十一月，仁宗皇帝特赐圣旨护持山门。义信也成有元一代光大瑞云寺山门的一代宗师。义信归寂后，元廷特命大都广济寺雄辩广济大师清公宗主瑞云寺。清公之后的瑞云寺住持为信忠。信忠是在元明宗至顺二年（1331）住持瑞云寺的，其间曾对瑞云寺进行了修缮。他将瑞云寺的殿宇修建得更加高大宏伟，重绘了祖师堂的壁画，重塑了四大天王和地藏菩萨的神像，还增建了僧房，关帝祠和龙王祠也修缮一新。为了增加瑞云寺的人气，信忠还请画工在瑞云寺大殿内彩绘二十四孝图，来迎合世俗的心理。顺帝至正十二年（1352），从秘书卿朴卜华奏请顺帝赐钱2500缗作为瑞云寺大殿长明灯供。瑞云寺名列元大都重要寺院之一。

明人对瑞云寺进行过三次修缮。第一次在正统年间（1436—1449），第二次在嘉靖八年（1529），第三次在万历年间（1573—1620）。其间的明嘉靖三年（1524），嘉靖帝曾赐瑞云寺《大藏经》一藏。清代亦曾对瑞云寺进行过修缮。民国晚期曾对瑞云寺进行过局部修缮。寺庙最后两代住持名长明、乐山。

早年，与瑞云寺相邻的护国显光禅寺、圣莲山胜泉寺均为瑞云寺的属寺，瑞云寺为方丈住持的上院，显光寺为中院，胜泉寺为下院。民国时期，瑞云寺衰落，圣莲山易僧为道兴盛起来，反客为主，瑞云寺反而从属于圣莲山蔡义先主持的道观，因此一度改换门庭成为道观。抗日战争时期，瑞云寺曾成为八路军的兵工厂，制造子弹、手榴弹等支援前线。中华人民共和国建立后，瑞云寺改建成史家营地区的第一所中学。20世纪80年代，中学搬迁后，寺荒芜。2013年，当地善众举资重修，1400多年历史的古刹山门重光，香灯再续。

考《大行禅师通圆懿公功德之碑》：

行懿，俗姓刘，金海陵王贞元三年（1155）出生，德兴府矾山县缘矾里（今河北省涿鹿县东南矾山镇）人，世居易水（今河北易县），后世因故北迁，定居于矾山县缘矾里。父刘珪，生三子，长子刘吉寿，次子刘王留，均务农为业。行懿行三，自幼不食生荤，不喜儿戏，7岁志乐出家，屡次向父亲刘珪请求把自己舍到佛寺剃度为僧。刘珪不得已而从之。初礼宣德州（治今河北省宣化区）天宫寺长老道崇为授业师，法名行懿。

行懿禀性善良，从不伐善。取予任意，敛散不拘，不积货财，窃慕谷食鹑居之说。金世宗大定十九年（1179），30岁的行懿受具足戒，随师道崇住涞水大明寺。大明寺，在河北涞水县城内东南隅，据金大定三年（1163）《大金涞水大明寺碑》记载，大明寺原来是开利寺，创于唐开元五年（717），辽大安年间重修，金大定初扩建，有毗卢、释迦二殿和观音堂、钟楼等。

在大明寺6年，行懿随道崇游历于河朔地区，历洪山，过马安，凡20余年，艰辛备尝。行懿回家省亲，一路行化，不知不觉走到自己家门。行懿的老母见有行脚僧前来，施米一升。由于离家已久，行懿竟然没有认出自己的母亲，还以向善的话激励这位布施的老人。母亲一时也没有认出自己的儿子。行懿摘下斗笠，母亲仔细一看，原来竟是自己多年没见的儿子，母子相对痛哭，邻里们都为这对母子的相逢而高兴。此后，行懿依师命住持马安寺。三年后，中都万寿寺邀请道崇，行懿离开马安地方，随道崇到万寿寺，一待就是6年。道崇离开中都万寿寺，退居中都西山的瑞云寺，行懿追随道崇来到瑞云寺。这是行懿第一次来瑞云寺。

在瑞云寺没住多久，道崇拿出一首"偈颂"给行懿等众弟子看，惟独行懿看出道崇要离开瑞云寺云游四方。于是行懿背上道崇的行李，随道崇来到盘山。盘山，在今天津市蓟州区。

道崇到盘山不久，金章宗下旨，命道崇住持香山永安寺。之后道崇辞住持任，退居仰山栖隐寺，行懿一路随行。栖隐寺，在今妙峰山区樱桃沟。道崇住栖隐寺西闲堂，行懿在静居庵。道崇默授印证给行懿，让行懿做了衣钵传人。

一天，行懿开始绝斋苦修，只进松叶柏枝度日，三年以后经常不吃斋饭，偶尔有人施斋，行懿或者不吃，就是吃了次日依然绝食。道崇生病，行懿随道崇居觉山寺静养。觉山寺，在今山西省灵丘县。此年，道崇已经74岁。到觉山寺以后道崇一病不起，就此圆寂。

行懿礼葬了道崇，从觉山寺返回阔别已久的瑞云寺。百花山下的瑞云寺是一处难得的形胜之地，北冠大寒岭，南带龙泉河，松桧阴森，果栗荣茂，气象万千，纵萃目前，山路崎岖，人迹稀少，的确是僧家修静的宝地。行懿主持瑞云寺后，山寺日益兴旺，10年时间，僧众达到200人。瑞云寺宗风远播，四方檀信施斋送供，踊跃前来。

金卫绍王至宁元年（1213），行懿64岁，卫绍王敕赐他紫袍一袭。时值金末，在蒙古大军的攻势下，大金国已是风雨飘摇。这年八月，权右副元帅纥石烈执中与进攻中都的蒙古军激战兵败，发动政变，弑卫绍王。金宣宗贞祐元年（1213），蒙古大军又进逼中都。贞祐二年（1214）三月，金宣宗遣使向蒙古厚贿求和，蒙古暂时退兵，中都解围。五月宣宗放弃中都逃往南京（今河南开封）。

贞祐三年（1215），早已逃到南京的宣宗，在局势动荡的时候，尚赐远在中都西山的行懿紫衣，并敕赐"通圆大师"之号。五月，蒙古军攻克中都，兵袭南京（今河南开封），至此金朝全境大部分陷于战火之中。沦为蒙古人统治的中都地区横尸遍野、百姓流离、耕桑久废、饥馑交加，到了人吃人的地步。地处深山的瑞云寺，僧人四散，惟独行懿留下来，栖身于瑞云寺附近的圣莲山的岩穴中，吃松叶喝泉水度日。偶尔有灾民避难来到山上，向行懿讨吃的，行懿指着崖畔的松树说："我吃的是松叶。"行懿隐于圣莲山的石穴中两年多。一天，乱兵抓到7个山民，2男5女，要把他们放在锅里煮着吃。行懿挺身而出，劝乱兵不要伤害他们。乱兵被行懿的真诚感动了，竟然放了这7个人。

元太祖十一年（1216）十一月，矾山（今京西灵山）安水寺行僧德全、达曹老使、王千户等4人，来到行懿所在的圣莲山，请行懿出山。行懿一路顶风冒雪，两日两夜来到清安寺。翌年春，到达武川十方院。武川，今内蒙古自治区武川县。

行懿久居幽谷，不习惯于市井的喧闹，因此离开武川来到椴峪龙岩寺。椴峪，今山西省陵川县梁泉村，有龙岩寺。

经历时乱，龙岩寺已经圮毁不堪。行懿发愿重修，劳神疲力，汗颜血指，使禅刹一新，僧徒日增，不久达到200余众。龙岩寺香火日盛，施斋供养的信徒接踵而至。行懿见到被蒙古军队掳走为奴的2男1女，他拿出钱财，为他们赎身。又使一些被掳的汉人施度为僧，前后拯救了50余人。到漯阳宝宁寺主坛，所得施利全归宝宁寺常住僧。漯阳今名潬阳，在今山西省右玉县境。

翌年，武川摩诃院开坛，行懿又应邀前往主坛。摩诃院大行法事迎接行懿，仪仗吹奏引道，前来观看的人填街塞巷。行懿进入摩诃院大门的时候，彩云满天。当于乱世，行懿主坛时不忘时艰，他以讲法的形式劝化世人弃恶从善，不杀生。武川主坛后，行懿回龙岩寺度过了10年的时光。

就在行懿在龙岩寺清隐的时候，矾山李宣差路过百花山瑞云寺，目睹瑞云寺殿宇倾圮，禅刹荒凉，彷徨不忍离去。于是请出驻扎在矾山以北的实力人物刘、聂二帅商议，迎请德高望重的行懿回瑞云寺主持寺务，以重振瑞云寺。刘、聂二帅征求僧众的意见，合寺僧众一致赞同。矾山高宣差率领瑞云寺的3位僧人，牵马20匹，前往龙岩寺迎接行懿，聂帅派出30名军士束甲护从。拖雷监国元年（1128）八月十九日夜至椴峪龙岩寺，不由分说，将行懿劫持上马。行懿回到瑞云寺，见到殿塔摧毁，荒废不堪，伤感地叹道："已经不是我原来居住的寺院了！"于是主持重修旧刹，光复山门。李宣差等创建外库房，塔河村冯二郎、田四、高监军创建山神堂，清水等村创建首座堂。参与修建工程者都自备工匠、役人和口粮。不久瑞云寺山门一新。塔河村、清水村，在百花山北麓，今属门头沟区清水镇。

修寺人未载史家营乡村庄，而以门头沟区的塔河村、清水村为主，因当年瑞云寺所在的史家营乡尚未有村。其所在地的曹家房、莲花庵、史家营等村形成较晚。寺存至古，村成于近世。

元太宗四年（1232）七月间，行懿的弟子德道、德行见行懿年事已高，先期为行懿建造寿塔，元太宗五年（1233）五月告成。当年六月，行懿让位于通公，请他住持瑞云寺，自己退西庵闲居。至七月初二日，行懿病重，离开座位，沐浴净身，换上衣服，盖上被单，向众弟子留下临终遗言，谈笑而化。终年78岁。行懿自受印以来，度僧二千许，尼八百余，富贵者七百人，俗家弟子万余人。

碑阴

大行禅师门人开坐于后：

赐紫沙门广岳大师德宽。

德全、德演、德琳、德周、德劫、德能、德才、德如、德广、德本、德住、德升、德庞、德闲、德回、德具、德义、德延、德议、德志、德实、德坚、德兴、德缘、德添、德□、德恕、德宏、德瑞、德眉、德□、德泉、德元、德志、德清、德新、德轮、德准、德禄、德来、德坚、德荣、德实、德便、德□、德忍、德平、德贵、德甫、德□、德凤、德伦、德和、德直、德顺、德圣、德固、德顺、德从、德源、德迁、德通、德松、德坚、德智、德璘、德远、德春、德方、德顺、德狡、德顺、德瑗、德回、德念、德蒲、德固、德泰、德存、德普、德用、德智、德延、德派、德厚、德勲、德用、德顺、德水、德从、德远、德伶、德进、德□、德璋、德僧、道悟、道善、义俊、法遵、圆照、道政、义聪、性应、云漳、义秀、善顺、道进、义清。

门人比丘尼众赐紫比丘尼俊悟大师德净。

赐紫大师德定、德果、德聪、德明、德安、德朗、德仁、德敬、德岳、德志、德勲、德□、德善、德勤、德兴、德时、德云、德雨、德纯、德宁、德心、德朗、德赞、德用、德行、德随、德净、德安、德英、德福、德温、德暖、德实、德溪、德常、德同、德荣、德令、德悟、德明、德惠、德戒、德妙、德会、德善、德正、德谈、德忍、德因、德行、德禄、德坚、德戒、德定、德敬、德圆、德受、德兴、德平、德□、德志、德故、德缘、德远、德宝、德□、德云、德仁、德真、德祥、德顺、德戒、德定、德圆、德缘、德悟、德常、德清、德随、德从、德端、德顺、德定、德恒、德孝、德因、德坚、德信。

燕京法侄比丘尼净悟大师德贞。□进、妙云、本从。

门人俗徒弟众等：

太傅国公夫人刘氏、宣差便宜李山禄第二宣差夫人蔡善荣，宣差马善、宣差温善、宣差刘善夫人赵氏，宣差高善、宣差河西善夫人王氏，宣差杨善秀、夫人善昱，元帅刘善琳、夫人善□，元帅聂善珍、夫人善宽，元帅王善斌、夫人善□，都元帅赵善、夫人箫氏，元帅刘善、夫人吕氏，元帅高善，元帅钟善坚、夫人善深，元帅王善、元帅刘善、元帅林善，知府王善端、夫人田善新，同知刘善荣、夫人褚善贵，元帅景善、元帅郭善，元帅耿善成、李善正，元帅刘善，元帅邢善，元帅蔡善，第八千户蒲仙镇抚、夫人冉善因，张同知夫人王氏、王元帅夫人□善贵。

宛平县斋堂等村俗徒弟子开具下项：

监军王善升、寨使马善琛、张善回、马善禄、马史奇、曹善顺、齐都监、高都监、富都监、刘都监、韩善运、韩善齐、张善圆、李善□、潭善正、都监监军黑善安、贾监军、张监军、聂善琼、聂善宝、聂善兴、王善琛、王善□、杨善宝、张善广、刘善玉、刘善温、王善兴、王善润、王善清、王善成、杜善晖、刘善义、葛善元、宁善国、焦善现、杜善安、杜善延、杜善实、冯善忍、梁耶耶、张善清、张善翼、张总领、张善实、于善兴、齐善元、齐善正、宋善归、刘监军、刘招抚、虞善仁、王善宗、刘善坚、梁善珍、王善宽、窦善宽、刘善忠、李善禄、刘善因、杜四奇、杜善松、富善顺、贾善敬、杜善禄、杜善见、王善施、张善庆、梁善德、张善行、张善圆、庞善俊、庞善贵、杨德奇、陈善孝、赵招抚、张善成、张善元、张善恒、张善庆、刘善成、韩善全、冯善渊、冯善才、冯六、张善玉、张善忍、王善进、郑善从、杜善清、郑善弗、冯善箫、张耶耶、赵耶耶、马耶耶、田善秀、宋善祥、隗□□。

良乡县玉河村等　监军蔡善均、夫人李善仁，蔡善隆、郑善顺、蔡善进、汤善缘、宁善因、蔡善温、李善成、王善宝、蔡先见、王善庆、郑善安、郑善贵、赵善希、郑善兴、张二奇、李善坚、张善友、刘善悦、田善宝、田善喜、张善信、郑善忍、李善仁、梁善因、李善寿、刘善净、焦善随、邵善回、吕善云、魏次卿、高善颜、焦耶耶、杨耶耶、杨善资、郑耶耶、张祥、焦大、王善仁、张善从、黄善举、郭善平、邓善志、王善资、安善住、王监军善兴、李善梅、封善贵、张善福。

德兴府　监军李善端、夫人于善贵，许善秀、虞善清、赵善深、刘善祥、杨善从、萧善进、□善兴、赵善道、赵善兴、王善琳、苏善宽、王善友、安善玉、王善渊、史善广、刘善信、郭善宾、张善憨、姜善延、高善因、单善缘、李善兴、韩善坚、句善忍、李善进、张善演、□善运、康善净、李善秀、姜善净、周彦温、吴善志、张氏、吕善力、陈善真、李善德、蔡善直、王善正、张善应、王善全、郦善顺、□善□、李□□、齐德圆、李善满、林善祥、王善珍、萧善宿、倪德志、王善益、武善禄、张善福、刘善回、李善琳、王善义、魏善□、相善宝、杨善明、李善喜、赵善玉、崔善来、张善广、曹善进、梁善应、时善喜、何善缘、王善玉、潘善德、吕善志、张善智、王善理、单善智、杜善受、刘善周、宋耶耶、宗耶耶、□善新、□善随、赵善通、李善伶、宋善兴、杜善海、宋善深、王善安、于善常、韩善宽、刘善寿、苏善春、刘善志、崔善信、王善春、李善广、苏善蒲、王善回、杨善柔、卢善珍、赵德真、赵善柔、杨善回、吕善荣、何善伶。

北矾山县　康监军、郭监军、李监军、刘德寂、孙善庆、王德实、吕善庆、张善通、李善柔、孙善广、王善志、石善真、王善明、焦善净、何善用、韩善道、张善义、马善礼、张善宽、陈善贵、张氏、曹善真、王善令、王善聪、刘善信、

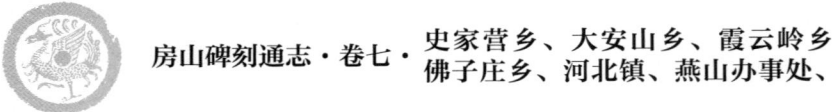

王善月、李善祐、刘善亲、许氏、孙善深、董善信、李善成、张善玉、王善坚、高善智、张善志、崔善敬。

南矾山镇 刘提控、刘监军、赵监军、牛监军、董监军、宁大、赵耶耶、穆三、蔡三、赵监军、李监军。

宣宁府 李善碧、孙德真、安善深、杨德荣、武德福、任德柔、辛德容、张善寿、刘善向、李德巡、富善昌、李德新、刘德志、灵善照、王善明、张善忍、虞善清、郭善净、刘善住、安善常、李善言、李德主、高善兴、杨善顺、杨善亨、唐善正、刘善准、王善润、曹善玉、张善圆、张善寿、高善贵、郭善成、杨善引、李善福、蒙善安、刘善乐、辛善礼、刘善来、李善迁、杨善庆、唐善蒲、刘善贵、李善言、董善和、张善缘、周善圆、李善道、孙善孝、于善引、孙善庆、王善清、梁善净、孙善昌、王善宽、王善宁、高善净、孙善庆、孙善昱、陈善随、郑善秀、李善修、王善庆、韩善温、韩善称、何善从、李善□、赵善信、王善孝、马善□。

龙州 居士张德贤施银一百铤。刘善清、高善仁、袁善贵、焦善回、李善蒲、李善道、兰善遇、杨善明、王善志、孙善海、郝善修、张善达、王善贵、赵善备、王善实、魏善胥、兰善政、费善因、王善明、和善福、张善端、王善信、陈善真、杨善兴、刘善海、刘善贵、张善慈、张善贵、尚善、高善升、李善颜、和善遇、董善甫、张善玉、马善净、冯善寿、王善宽、冯善进、吕善广、石善寿、王善照、王善慧、韩善大、兰善遇、杨善明、张善圆、孙善成、柳善义、马善流、高善志、齐善蒲、李善正、孙善戒、刘善道、王善顿、姚善□、毕善戒、孟善遂、费善从、邢善智、韩善言、崔善忍、孙善因、孙善海、马善言、张善成、王善言、闫善至、瞻善清、王善□、台善玉、杨善宝、董善临、李善至、邢善常、时善明、田善志、王善觉、丁善真、高善聚、孟善□、赵善勤、李善金、张善宽、田善云、焦善深、崔善悟、贾善因、任善大、宋善钦、吕善遇、元善明、张善香、刘善福、王善玉、尹善因、韩善纯、王善忍、李善遇、王善道、曹善同、张善禄、刘善同、刘善达。

定安州 赵德喜、杨德随、郝监军、高善云、王善报、许善广、李善僧、牛善淳、王善兴、赵善润、葛善缘、高善德、姚善事、李善润、曹善满、张善玉、张善实、杨善□、刘善圆、孙善玉、刘善庆、王善兴、高善德。

燕宁府 刘善深、王善春、张善寿、舍人善真、高善全、严善兴、王善用、韩善随、傅善明、李善琳、刘善晖、赵善道、杨善祥、祖善甫、梁善常、周善正、李善信、陈善贤、卫善安、孙善会、赵善整、董善慈、史善荣、韩善忍、卢善训、刘善琪、安善通、朱善圆、张善义、李善仁、萨善良、丁善志、李娘娘、王善义、任善兴、李善顺、赵善志、苑善寿、崔善信、张善庆、张善儒、石善坚、李善君、宋善兴、滑善喜。

奉先县 李善周、赵善足、赵善遇、郑善新、隗善清、董善净、胡善禄、许善义。

定兴县 赵善圆、赵善义、孟善美、赵善爱、田善荣、何善化。

龙州 张善和、武善从、樊善寿、曹善直、庞善回、李善荣、刘善崇、李善钦、齐善□、李善□、李善吉、丁善直、赵善志、丁善忍、张善化、马善琳、刘善顺、曹善道、辛善荣、白善念、□善海。

时大朝癸巳九月日记

碑文考释

碑阴记载了行懿弟子199名：著名者有赐紫沙门广岳大师德宽、赐紫比丘尼俊悟大师德净、赐紫大师德定等，其余多为德字辈。燕京比丘尼净悟大师德贞则是行懿法侄。

俗家弟子先载军政官员及官员夫人41位，有宣差、元帅、知府、同知等。

次载宛平县斋堂、良乡县玉河村、德兴府、北矾山县、南矾山镇、宣宁府、龙州、定安州、燕宁府、奉先县、定兴县等2州、3府、5县、1镇577位俗弟子，多为"善"字辈，亦有直载姓名者。

宛平县斋堂等村98位，良乡县玉河村50位，德兴府103位，北矾山县37位，南矾山镇11位，宣宁府70位，龙州126位，定安州23位，燕宁府45位，奉先县8位，定兴县6位。

宛平县斋堂，今属门头沟区斋堂镇斋堂村。

良乡县，在今房山区东境，今无玉河村，疑为门头沟村境内金元古村，今已无存。

德兴府，金大安元年（1209）升奉圣州置，治德安县（即今河北涿鹿县）。辖境相当今河北省怀来、涿鹿、赤城及北京市延庆等地。蒙古至元三年（1266年）降为奉圣州。

北矾山县，即矾山县。唐末置，治今河北省涿鹿县东南矾山堡，属新州。辽属奉圣州。金属德兴府。蒙古至元二年（1265）并入永兴县。明置矾山堡。

南矾山镇，即矾山镇，元初置，在今河北涿鹿县矾山镇，东南与北京市门头沟区接壤。

宣宁府，元初升宣德州置，治宣德县（即今河北宣化区）。辖境相当今河北省涞源、蔚县、阳原、宣化、怀安及山西省灵丘等县。太宗七年（1235）改为山西东路总管府。

定安州，金贞祐二年（1214）升定安县置，治今河北蔚县东北。辖境相当今河北蔚县东北地带。元初依金旧制，后废为县。

燕宁府，元初改易州为燕宁府，治今河北易县，辖易县、涞水县。

奉先县，金大定二十九年（1189）置万宁县，明昌二年（1191）改奉先县，元初仍为奉先县，至元二十七年（1290）改奉先县为房山县，今为房山区。

定兴县，金大定六年（1166）割易县、涞水、容城三县地始置定兴县，治所在黄村（旧志皇甫店，今定兴县城）。今属河北省保定市。

龙州不详，疑亦在瑞云寺周边的河北省、山西省境。

可见上述府州县，除了瑞云寺所在地如宛平斋堂，其邻近县如良乡县、奉先县，多属今张家口市，如德兴府、北矾山县、南矾山镇、宣宁府、定安州。其他州县，亦属瑞云寺周边的河北保定市，如燕宁府、定兴县。

门头沟所在的史家营乡，中华人民共和国成立前，一向属于宛平县。碑阴俗弟子没有载史家营任何一村，相反却首先载斋堂村，碑文亦载门头沟镇清水镇的塔河村、清水村。这说明，直到元初，史家营乡并无村庄存在，若不然，本地怎么可能无俗家弟子？

此碑碑阴，对研究史家营乡村落形成史提供了珍贵的史料，堪称史家营乡地方文化研究最为重要的文献。

〇〇五　大安山瑞云禅寺第十二代信公禅师塔记

江西垫衲云外子翠岭克复书

师讳义信，道号云峰，宛平县斋堂人也。俗姓祖，父讳福禄，母韩氏。师诞之后，及至龆龀，举止异于童蒙，父母舍送瑞云寺堂头松岩和尚为师，落发受具。尔后常职夺事，炷香入室。岩后传于清泰，玉谿渊公继主是刹，后于至元二十一年香山永安寺之请，师亦随之。经十寒暑，□□暮请，未尝少怠。玉谿复主瑞云，又经数载，一日谓信曰："我已年迈，汝辈少当努力。"遂以法席付之，后即退隐西堂，命师居于丈室。十有余年，破者补之，阙者完之。于本寺三门□□□创建水碾一盘，重修药师、如来、宝塔一座，复于延祐五年十一月内特受圣旨护持山门。师之勤绩多，不繁具引。后于治元年八月十三日，能事已周，示微疾溘然而逝，依法茶毗，所得舍利，瘗于祖茔。今者小师信让，不忘先师之厚德，创建灵塔于所□，以为香灯不绝之所，遂往古燕广济兰若，特命雄辨广济大师清公宗主，嘱文于普光，退隐静山。祖□旌师之德，用刻贞珉以传不朽。余义辞不获，遂谓让曰："师之持祖道，领众焚修，孰不闻知？唯有潜功密行，乌可德而殁也。汝辈既尔竖塔建幢，报师恩德者，可谓孝矣，堪与将来龟鉴，诚可尚也。"姑书其记而为铭曰：

师之名信，而出松岩。云峰高耸，叵若渊潭。权衡掌握，率众皆谈。于家于寺，无不贪揽。随玉溪老，入室玄忝。玉谿退隐，师复其职。从此瑞云，重修重葺。创碾盖屋，宝塔岌岌。补营备周，圣恩易敕，以护山门。安僧俱毕，偶得微疾，俨然而逝，停送茶毗。异火郁郁。亲戚伤悲，徒门叹贺。有似信让，属怀悽怆。罄舍衣盂，命工求匠。特建宝塔，以为俯仰。廓尔聊文，久远续广。

本寺首座信元、提点信洪、提点信琛、尊宿义和、教读信才、监寺信让、监寺智择、维那信因、侍者信忠、典座信在、副寺信敬、直岁智用、直岁思常、钱帛智昌、外库信恭、碾主信能、庄主庆才。

信徒信见、洪道、信忠。

徒门信兴、信良、信宗、信礼、信在、信才、信湛、信广、信山、信住、信应、信琪、信才、信顺。

法孙智然、智伶、智亮、智蒲、智珪、智琮、智添、智璞、智庆、智坚、智延、智顺、智规、智悟。

助缘施主会福院□课银场提举裴得进。

至治三年岁次癸亥　日立　石匠高兴　高□刻

碑刻说明

元刻。在曹家坊村百瑞谷瑞云寺。

碑文考释

塔记载瑞云寺第十二代住持信公生平。

信公,瑞云寺第十二代住持。名义信,号云峰,宛平县斋堂人(今门头沟斋堂)。俗姓祖,父名福禄,母亲韩氏。自幼舍送瑞云寺出家,依堂头松岩落发受具足戒,此后在本寺掌职寺事。元世祖忽必烈至元中,玉溪渊公继主瑞云寺。至元二十一年(1284),玉溪受邀住香山永安寺,义信随往,在玉溪座下参学十载。元成宗元贞元年(1295),玉溪再主瑞云寺。

成宗大德初,玉溪退隐西堂,命义信继任瑞云寺住持。其间,义信着手修缮瑞云寺。十几年间,陆续修建了三门殿,创建水碾一盘,重修药师殿、如来殿、舍利宝塔。义信在瑞云寺的作为传到朝廷,受到元仁宗的褒奖,延祐五年(1318)十一月,仁宗皇帝特赐圣旨护持山门,信义成为有元一代光大瑞云寺山门的一代宗师。元英宗至治元年(1321)八月十二日圆寂,至治三年(1323)立塔。义信归寂后,元廷特命大都广济寺雄辨广济大师清公宗主瑞云寺。

柳林水

在史家营乡东南。东南邻鸳鸯水村,西南邻杨林水村。西北为圣莲山,原名莲花山。山上有南庙、北庙,原为辟支佛道场,清代易佛为教,民国时为京西道教圣地。该村成村不晚于明代。古属宛平县,明以前为宛平县桑峪村(今门头沟桑峪村)境,地名柳林水,有人居住始自明代。

本卷收录柳林水村碑刻8件:明代1件、清代3件、民国4件,其中收录碑文8篇。

○○六　重修胜米石堂胜泉寺起造石佛记

僧人悦□撰

伏闻京西莲花山离城二百里许，都顺天府宛平县桑峪村□□辟支佛之道场。一曰胜米，后有胜水，遥望青松，冲□□□孔后有半边身麻到者，赞叹不尽。住则专心一念，□□□□居止之处。今有连泉顶印宗大和尚之徒孙号月玉□□□□幽翠深远，殿堂房舍，石铜圣像俱存。忽然弟子谨发诚心，募化众缘，自于嘉靖二十七年三月内九日起造石佛二尊释迦、弥陀，观音、势至二大菩萨，永充供养。上祝皇图巩固丰登于万寿齐天，下祈檀那增福寿于无穷□□，户户吉祥如意，其名万古不朽矣。

圆定、明恩、德来、真□

悟宾全家

时大明嘉靖岁次戊申年仲月日立碑

僧人悟□　圆炽　悟妙　本药　本聪　真钟

碑刻说明

明刻。在柳林水村圣莲山。

碑文考释

明嘉靖岁次戊申年，嘉靖二十七年（1548）。

"伏闻京西莲花山离城二百里许，都顺天府宛平县桑峪村□□辟支佛之道场。"由此知，莲花山即圣莲水原本为辟支佛道场。在明嘉靖二十七年（1548），地属宛平县桑峪村，而非属柳林水村。桑峪村，今属门头沟区斋堂镇。

辟支佛，梵语辟支迦佛陀的略称。辟支佛是三乘中的中乘圣者。因其观十二因缘法而得道，故亦意译为"缘觉"。因其身出无佛之世，潜修独悟，又意译为"独觉"。

连泉顶印宗大和尚徒孙号月玉，见此山幽翠深远，殿堂房舍、石铜圣像俱存，谨发诚心，募化众缘，于嘉靖二十七年（1548）三月九日，起造释迦、弥陀石佛二尊，又造观音、势至二大菩萨。

○○七　胜泉寺买山场契约碑

兹因□□□□□□□□从大明开山以来有约无碑，今于从经柜寻出老约，恐年远日久不能存照，故刊碑一桶。大明□□□□□年□月初三日和尚灵宝买到山场一处，中人杨方、朱文才，共作山价白银五拾六两整。四至分明：东至□□□，西至□□□，西南至北囮沟底，南至唤旡岭沟底，北至大柁尖。□□□□□□□□□□□一段，中人刘显福、刘显宗，共作价白银壹佰贰拾两，舍山一半，四至分明：南至□□尖，北至煤岭台上，东至买主山底，西至榆林窖垠，东北至□□□□□□□□煤岭，东南至十八□岸堰。

□□□□卷遗留后世存照

大清康熙□□□年孟春月二十日　道人杨妙通敬书刊刻

碑刻说明

清刻。在柳林水村圣莲山。无题，题为添加。

碑文考释

此碑立于清，载明代胜泉寺契约。

胜泉寺自明代开山以来有约无碑，至清代从经柜找出老约，刊之于碑。大明灵宝和尚买到山场一处，中人杨方、朱文才，共作山价白银56两整。另一处，中人刘显福、刘显宗，共作价白银120两。

末署"道人杨妙通"，说明在立此碑的清康熙年间，圣莲山已易佛为道，从情形看，道教践入圣莲山似更早，应在清初。

〇〇八　重修圣米石塘碑碣

圣米石塘者，古山之峻秀。我皇万里锦绣江山，出尘修真，乃上人养性，必仿于明山。自摩诃鸠工庀材，极其轮奂，上人游于山右，明山一献，引动修真道人之耳目，进此察其地坦详，南北途峻薪聚，可以建一古刹，远世勿著，自高扬名。道人重致之建，锐志苦心，常忧小禅佛位不齐以为忧也。累思功程浩大，独力难成，故募化四方，贵官众善人等，辏其资帛，品其木石瓦片，塑其金身。晨昏焚香品咒跪拜，祝国风调民安，八方宁静之兆。自古殿宇有推塌，风雨之妆塑亦有湿之坏，因年深矣。兹今道衲高永达不忍坐视滴漏，复动重建，募化四方，以助良缘，共成圣事。菩萨殿三间，钟楼，内外禅堂。流芳不朽，抑且已后之善人继祀于将来云尔，其功德非渺小也。

京都顺城门内报子街弟子张景训施钱壹佰叁拾吊

玄阳水村住人弟子刘应乾施钱伍拾吊

道衲高永达徒弟孟元印　林元亮　刘元方　高元柱

时大清嘉庆拾叁年仲夏月吉日谷旦立

秋林铺村任玉珮敬撰

碑刻说明

清刻。在柳林水村圣莲山。碑额正书"万古流方"。

碑文考释

"自摩诃鸠工庀材，极其轮奂。"摩诃，摩诃禅师。金元时，瑞云寺高僧行懿，曾在武川摩诃院开坛，后世称摩诃禅师，故圣莲山佛寺为摩诃禅师行懿所创。

《大行禅师通圆懿公功德之碑》："会国多故，祸乱并兴，郡邑相吞，人自相食，原野厌人之肉，川谷流人之血，耕桑久废，饥馑荐臻，民卒流亡，狼虎猖獗，莫之能救。此际遗黎，仅有存焉。瑞云僧行散而之四方，公独居岩穴，茹松饮泉，性相两忘。"

时在金宣宗贞祐三年（1215）。当年五月，蒙古军攻克中都，沦为蒙古人统治的中都地区横尸遍野、百姓流离、耕桑久废、饥馑交加，到了人吃人的地步。地处深山的瑞云寺，僧人四散，惟独行懿留下来，栖身于瑞云寺附近的圣莲山的岩穴中，吃松叶喝泉水度日，偶尔有灾民避难来到山上，向行懿讨吃的，行懿指着崖畔的松树说："我吃的是松叶。"行懿隐于圣莲山的石穴中两年。行懿，为圣莲山开山祖师，当年时值乱世，行懿无由建寺，只权居于山洞之中。所谓"鸠工庀材，极其轮奂"，乃后世虚状之辞。

元明时，圣莲山当有寺院存在。明早期和尚灵宝买下山场，似重建山寺。明嘉靖二十七年（1548），连泉顶印宗大和尚徒孙号月玉，见此山"幽翠深远，殿堂房舍、石铜圣像俱存。……造石佛二尊释迦、弥陀，观音、势至二大菩萨"。

清初，易佛为道。至嘉庆十三年（1808），"殿宇有推塌，风雨之妆塑亦有湿之坏"。道士高永达不忍坐视，募化四方。兴工重建菩萨殿3间及钟楼、内外禅堂。

○○九　重修圣母宫碑记

盖闻名山古洞，逸民藉以清修，真人即赖以养道。如西山圣米石塘者，摩诃祖师成道之地也。群峰峻秀，路转崎岖，高行十数里而有铁锁锭其颠，藉以攀旋而上。最顶有庙曰圣母宫，庙内有泉曰圣水潭。迤西有洞曰圣米塘，其水泻出于两峰，滴滴有声，百千人饮之不竭。其洞有石子如大米，摩诃祖食以养道，功行圆满，白日飞升。俟有住持曹理阅，其徒董宗道约余在此养静年余，其师徒每以讽皇经为念，因感御膳房司事刘厚斋护法重修，余亦□□资斧以成善举。由是殿宇焕然一新，□□之居是庙者勿负前人之志也。□□□□屡加修葺，皆不胜此之举□□□□□□之永垂不朽云尔。

白云观主人高云溪

光绪拾九年春

碑刻说明

清刻。在柳林水村圣莲山南庙。

碑文考释

"西山圣米石塘者,摩诃祖师成道之地也。"载明圣米石塘渊源,再次说明,摩诃即行懿为开山祖师。"洞有石子如大米,摩诃祖食以养道,功行圆满,白日飞升。"摩诃祖师,食圣米石塘石子养道,以至功行圆满,白日升天。这一传说,给圣莲山披上了神秘色彩。

清光绪时,山中住持道人为曹理阅,其徒为董宗道。大约在光绪八年(1882),御膳房司事刘厚斋施资重修圣母宫,白云观住持高仁峒亦捐资助修,圣母宫殿宇焕然一新。

高仁峒,龙门派二十代传戒律师。法名明峒,字云溪,号寿山子。清道光二十年(1840)生,世居任城(今属山东)。16岁时,父母双亡。出家云蒙山,皈依李真人门下。居五载,辞师云游访道,曾三上崂山。同治九年(1870),来京受戒于张园璇门下。后从传戒于关东、陕西等省。光绪二年(1876),时年36岁,应圣母宫住持曹理阅、其徒董宗道约请,还京居于西山圣米石塘养静。三年(1877)移居白云观。同年推任白云观监院,时年37岁。后继任方丈,维持观务,经营有方,百废俱兴。又轻财乐施,性喜交游。大夫卿相,车马相访。一时名盛。八年(1882),开坛演戒百日,求戒者四百余人。著有《云水集》。

○一○ 重修莲花山长星观碑记

京西莲花山圣米石塘长星观,为义明焚修静地。虔奉师灵,感昭著现。因年久失修,殿宇倾圮,预计翻造及新建之费,约需银币一万四千元。鸠工庀材,而一时款不易集。壬戌孟春,义明奉师命下山度世,救劫完愿,北至京师,适过浙江钱居士,乐善好道,其如夫人遘疾,并笃信修行,义明既为之按治,复嘉其有夙根,更为之披度,以广善缘。钱居士之太夫人适于六月恭逢八十正庆,老人生平固好行善事,闻而集之,乃节省寿筵而以是款捐助长星观建筑之费。功德崇闳,逾于恒沙,宜其为无量寿也。我师之灵感乃藉善业而益普,尤愿善男信女,共发宏愿,以救浩劫,皆以钱居士之太夫人为法,庶不负师度世之心。工既成,乃书其缘起,并勒诸贞珉,冀垂不朽。

住持曾义明率弟子乔礼会、阮礼仪、王礼秀、李礼志、李礼妙、□□□、邹礼谨，徒孙陈智恺、索智和、关智悦、任智祥、张智洞、黄智教、周智普、张智增、郝智禄、连智宽

石工人宋玉龙谨记

中华民国十一年壬戌九月十九日谷旦立

碑刻说明

民国刻。在柳林水村圣莲山南庙。无题，题为添加。

碑文考释

莲花山即圣莲山圣米石塘长星观，民国后由女道士曾义明住持。曾义明，圣莲山女道长杨清风弟子。杨清风，宛平人，活了147岁。

曾义明门下住山弟子已近20位，其中徒弟有乔礼会、阮礼仪、王礼秀、李礼志、李礼妙、邹礼谨等；徒孙有陈智恺、索智和、关智悦、任智祥、张智洞、黄智教、周智普、张智增、郝智禄、连智宽等，小小的长星观已经很难容纳。长星观年久失修，加之道徒日众，曾义明下圣莲山化缘，筹集修缮和扩建道观的经费。她奔波于北京和河北广大地区行医济世，广结善缘，声名鹊起，名卿巨儒都归于她的门下。民国十一年（1922），在北京她遇到了浙江钱塘某氏，为其小妾治好了多年不愈的顽疾，钱某氏十分感激。同年六月，恰逢其母八十寿辰，一家人决定简办寿宴，将节省下来的钱捐给曾义明修缮长星观。曾义明用这笔钱对长星观进行了修缮。

○一一　宛平县公署布告

为布告事，案据长星观住持曾义明状称请愿事：窃义明前以敝庙地，众日益增多，呈请分别居住，荷蒙钧断，允准在案，不胜铭感。□正募捐购屋，筹建下院。蒙大总统及诣善士慨然乐助，尚有不敷，当下院未成立之前仍须率徒回山修炼。惟是义明所住圣米石塘之南庙，山场广大，其树木每届冬令，宵小

偷窃，待所不免。经此次讼争，以后更有不逞之徒乘机肆扰，形同无赖，或斩伐树木，抛掷石块，不听劝止。或身着□服，冒称公差，欺诈恐吓。甚且侵入庙内，掠取物事，损失甚巨。若长此以往，骚扰何堪？义明修道数十年，甘苦备尝，遇事坚忍，与物无争，□事欺陵，正不必与之□□□名山栖真之地，神灵供养之所。亦不□□□□□保护之方。义明为防止后患起见，谨据实状，呈伏□□□准予出示，禁止种种侵害，以护宗教□□□□□□据此除批，嗣后如有上项情事，准其就近扭告该管警所，分别解办，并令行该管警所随时注意□□□□□告保护，仰众周知。如再有复蹈故辙，肆意骚扰偷窃等事，一经发觉，定即依法严惩不贷。切切此布。

中华民国十三年□月廿六日

碑刻说明

民国刻。在柳林水村圣莲山南庙。

碑文考释

此为《宛平县公署布告》。

因道众日益增多，曾义明向宛平县署请求分开居住获准，当年她得到民国大总统曹锟的资助，开始筹备修缮位于大石河下游的下院黑龙关龙神庙，下院未建妥之前，仍须率徒回山修炼。

圣米石塘之南庙，山场广大，每逢冬季，总有不法之徒，斩伐树木，抛掷石块，不听劝止。或者身着公服，冒称公差，欺诈恐吓。甚至侵入庙内，掠取物事。曾义明无可奈何，不得已状告到宛平县。宛平县发布告示，"如有上项情事，准其就近扭告该管警所分别解办"。责令警所随时注意保护，严禁肆意骚扰偷窃等事，一经发觉，依法严惩不贷。

这则布告，反映了民国初地方社会秩序的混乱，波及清静的深山道观。此布告发布于民国十三年（1924），当年圣莲山仍归宛平县管辖。

〇一二　京西莲花山蟠桃宫落成碑记

京西莲花山有长生洞、南天门、集仙洞、三台洞、菩萨崖诸胜，仙灵时翔集焉，其最著灵异者为山巅九莲洞。蔡义先羽士修道之余，感神灵之丕显，乃发大愿力，募资营建蟠桃宫。形势居山之中央，巍巍峨峨，有众星环拱、万流仰镜之概。中为斗母、圣母、王母三殿，丹楹刻桷，美奂美轮。门堂庭庑，鳌然秩然。仙真陟降，观听一新。义先兼精越人术，洞垣一方，云游足迹，南至江淮，北迄宣化、大同。凡以疑难杂症乞治者，应手辄愈，不收药资。仁声惠泽，远近翕然颂之。蟠桃宫落成之速，亦由人心归向如水就下，故能藉众擎之力，妥列真之居，非幸致也。民国十三年夏正甲子三月三日，将行开光之礼，义先介吾友大浦杨然青徵君毓辉乞为碑记。徵君，君子人也，其言也信。余尝读王充《论衡》云：医能治一病谓之巧，能治百病谓之良。《神仙传》所载董奉为人治病，不取钱，重病愈者使栽杏五株，轻者一株，数年郁然成林。《唐书·隐逸传》云：潘师正事王远知为道士，得其术，居逍遥谷。高宗召见问所须，对曰："茂林清泉，臣所须也，既不乏矣。"帝尊异之，卒谥体元先生。古来泯梦之世，每有怀道栖玄之隐君子，澡雪心神，蠲除秽浊，假容成引新吐故之术，以运禹稷拯饥援溺之心。今之蔡羽士殆亦董奉、王远知、潘师正之徒欤？道家者出于老子，与儒教异流而同源，余故乐从徵君之请而为文以记之。

中华民国十有三年岁次甲子季春之月

常熟孙雄撰　南海关文湛书

碑刻说明

民国刻。在柳林水村圣莲山北庙。

碑文考释

此碑载北庙蟠桃宫落成事。

京西莲花山有长生洞、南天门、集仙洞、三台洞、菩萨崖诸胜，其最著灵异者为山巅九莲洞。

蔡义先修道之余，发大愿力，募资营建蟠桃宫，形势居山之中央，有众星环拱、万流仰镜之势。中为斗母殿、圣母殿、王母殿。门堂庭庑，景然有秩。

蔡义先，圣莲山男道长牛理先弟子。牛理先，山西人，活了126岁。

蔡义先与曾义明同样精通医术，云游足迹，南至江淮，北迄宣化、大同。疑难杂症，手到病除，不收药费。故深得民心，远近称颂。蔡义先，以医行世，广结善缘。藉众擎之力，蟠桃宫不日落成。民国十三年（1924）三月三日，将行开光之礼。委托孙雄撰写碑记。

孙雄，民国藏书家、文学家。原名同康，字师郑。江苏昭文（今常熟）人。清同治五年（1866）生，光绪二十年（1894）进士，官学部主事、大学堂监督、内阁中书等职。曾协助翁同龢办理笔札，与翁同龢同乡、师、友三者兼而有之。民国二十四年（11935）病逝。

〇一三　创建莲花山蟠桃宫碑记

京城迤西皆山也，有号为莲花者，峰峦杰出，林木翳然，翠微诸峰，拱揖相属。乃者畿西于役，敷坐山阪，凭高四瞩，枨触余怀，见此山可以选佛，可以栖真，爰即胜地辟为道场，名之曰蟠桃宫。中室西向祀西王母，南一室祀观音菩萨，北一室祀后汉关侯。宫之南有石洞三，曰九莲，曰长生，曰聚仙。里为菩萨山石佛，天工无烦智巧。亦有石洞曰长春，曰上清，而一洞通天，表里贯彻，灵奇昭著，因以为名。方外蔡君提举宫事，饬材诘工，自春徂夏而落其成，岁纪则民国第一甲子也。工事有秩，暇日载过。芜秽既治，无虞榛莽。招提山半，上矗青霄。清磬法钟，时出林表。发人深省，逸想出世。噫！自经变革后，俗易风殊。庄严禁籞，幻为亭台。清静园林，坏为宫室。喧车马于外境，加桎梏于山灵，致足喟也！唯莲花一峰，肃然物外，自得天全。将以励丹羽之洁行，契泉壑之真趣。庶几游神合莫，地偏心远云尔。

东阿张怀芝撰文

阳谷张稷臣书丹

主持道蔡义先监修

中华民国十三年岁次甲子桂月上浣谷旦立

碑刻说明

民国刻。在柳林水村圣莲山北庙。

碑文考释

此碑载创建北庙蟠桃宫事。

莲花山，峰峦杰出，林木翳然。翠微诸峰，拱揖相属，即胜地辟为道场，名为蟠桃宫。中室西向祀西王母，南一室祀观音菩萨，北一室祀后汉关侯。蟠桃宫南有石洞三：分别为九莲洞、长生洞、聚仙洞。里为菩萨山石佛，巧夺天工，又有长春洞、上清洞、通天洞。蔡义先提举宫事。民国十三年（1924）春兴工，同年夏落成。此碑记载和《京西莲花山蟠桃宫落成碑记》所载有异，一说春天竣工，三月三日将举行开光大典。一说春天兴工，夏日落成。概春天完成主体，至夏工程收尾。

撰文者张怀芝，字子志，山东省东阿县刘集镇皋上村人。清同治元年（1862）生，光绪二十九年（1903），任北洋常备军左镇步一协协统。民国二年（1913）5月，授为陆军中将。民国八年（1919）1月，特任为参谋总长。民国十一年（1922）1月，授为陆军上将。民国十三年（1924），第二次直奉战争期间，任北洋政府参谋总长兼前敌总执法处处长。是年，张怀芝为创建莲花山蟠桃宫碑撰写碑文。直系战败后，去职闲居。民国二十三年（1934）因病卒于天津。

房山碑刻通志

大安山乡

在房山区西北。西邻史家营乡，西南邻霞云岭乡，东南邻佛子庄乡。古属良乡县。唐末天祐三年（906），幽州卢龙节度使刘仁恭在大安山主峰建大安馆，同时在山中兴建佛寺，名延福寺。

《旧五代史·卷一百三十四·僭伪列传一·刘守光》："幽州西有名山曰大安山，仁恭乃于其上盛饰馆宇，僭拟宫掖，聚室女艳妇，穷极侈丽。又招聚缁黄，合仙丹，讲求法要。又以瑾泥作钱，令部内行使，尽敛铜钱于大安山巅，凿穴以藏之，藏毕即杀匠石以灭其口。又禁江表茶商，自撷山中草叶为茶，以邀厚利。改山名为大恩山。"刘仁恭在大安山，盛饰馆宇，僭拟宫掖。俨然刘仁恭之"陪都"。后梁乾化三年（913）十一月，幽州城失陷，刘仁恭父子被擒，大安山惨遭兵祸，大安馆化为乌有。

金大定二十九年（1189），割范阳、宛平、良乡三县地设万宁县，大安山乡划归万宁县。明昌二年（1191）改奉先县，属奉先县。元世祖至元二十七年（1290）年改房山县，属房山县。明清属房山县。民国初，房山划分五区，属第五区。民国五年（1916）二月改设九区，仍属第五区。

大安山乡原为大安山1村，1938年中国共产党在大安山村建立党支部，为便于领导抗战，1村分7：大安山、中山村、西苑村、宝地洼、元港村、龙头村、瞧煤涧。

中华人民共和国成立后属房山县。1952年元港村划归京西矿区。1958年良乡县与房山县合并，成立周口店区，设百花山人民公社，为百花山人民公社大安山管理区。中山村分为中山村、水峪村2村，龙头村分为赵亩地村、寺尚村、西窖村3村。大安管理区辖大安山村、西苑村、寺尚村、赵亩地村、宝地洼村、瞧煤涧村、中山村、水峪村、西窖村9村。

1960年撤销周口店区，恢复房山县，属房山县。1961年撤销大安山管理区，设立大安山人民公社。1980年划归北京矿务局工农区办事处，农转非，撤销西窖村。辖大安山村、西苑村、寺尚村、赵亩地村、宝地洼村、瞧煤涧村、中山村、水峪村8村。

1983年撤销大安山乡人民公社，设立大安山乡。1993年划归房山区，为房山区大安山乡，辖大安山村、西苑村、寺尚村、赵亩地村、宝地洼村、瞧煤涧村、中山村、水峪村8村。

本卷收录大安山乡碑刻3件，分布于寺尚村、大安山2村，其中寺尚村2件、大安山村1件。收录碑文4篇。

寺尚村

在大安山乡西南。北邻赵亩地村，西南邻西苑村。古名莲花峪，唐天祐三年（906），刘仁恭在此建延福寺。辽圣宗统和十年（992）延福寺有住僧师鳞、师行、继真，道宗时为曹洞宗、法眼宗重要道场，寂照感、通圆法颐、通理恒策，三位法眼宗领袖人物曾同住寺内。通理师弟通悟恒简亦曾住锡，并提议将通圆、通理旧庵，改建为观音堂。良乡县紫草务（今属房山区阎村镇紫草坞村）李山主弘臻，自兴宗时入寺出家，居寺为山主。历金、元、明、清，至民国，延福寺向为西山重要寺院。因延福寺在，地名俗称"寺上"。晚清，山民依寺而居，渐成聚落。1938年，设龙头村，属龙头村。1958独立成村，改名寺尚村。

本卷收录寺尚村碑刻2件：辽代2件，其中收录碑文3篇。

〇一四　大辽燕京西大安山延福寺莲花峪更改通圆、通理旧庵为观音堂记并诸师实行录

寄当蓝云水沙门琼焕撰并篆

粤以觉雄现相，醒悟含灵。大士传灯，开通道眼。宗裔大系于西印竺国，芽惊法雨，普霑于东土，震旦咸滋。永平岁摩腾入汉，□藏初兴。普通年达摩来梁，玄风创扇。由是禅讲，隆兴久传。唐宋至我大辽，历世已来，教传盛而三惠齐生，宗未隆而一心阙印。致□唱教虽隆，见性得地者□矣。洎至康安二号，南宗时运，果有奇人来昌大旨，遂以寂照大师、通圆、通理此三上人，捷生间出，为僧中之龙像，传佛心印，继累代之高风。□无胜幢，作不请文，俾祖光回照，银灯无昧者，始自三师，玄风大扇，开迷云而显惠日。智□发光，凌前疑而通后滞。潜资鞭影，得法益心者不记。圣数暨今禅俊如林，洋洋乎满周沙界。得法传心，濬濬乎名相莫拟。斯乃学□，虽众原其根本。唯三上人乃曹溪的嗣，法眼玄孙，为此方宗派之原，传心之首者矣。是知后学修进，玄机激扣，咸有所归者，岂不□悉焉？琼焕仰诸遗行，异迹超伦，虑成寝隐，无闻后进，强为篆录，以俟来哲，具列如后：

燕京开悟寺内殿忏悔主特进守太师辅国通圆大师者，师讳法赜，姓郑氏，燕京良乡县南石村人也。生而神俊，性异常童。幼冀佛乘，志乐出家。礼燕京开悟寺金刚大师为师，年未满而受戒品，登于学肆，花严为业。才预其文，义天朗曜。伏以容仪瑰伟，骨气昂藏，神用耸拔，辞音明润，因倦学肆，访寻山水。闻此莲华胜概，杖锡而至，与通理策公同时挂锡。自届此居，心坚志爽，唯务□学。冥心正受乎，寂寂然念虑虚怀。端身坐耸乎，亭亭然旦夕无倦。孤行异操，类松竹常青。节志骨刚，若顽石弥固。虎奔鹿难，一喝而驻足蹲躯。自卜休贞下卦而一泯独立，曾经岛出而自言曰："当为佛法中大器，得岸忘忧。倘无此能，

甘从坠溺。"言讫而进，将及海心，前后则浚换尽绽，蹴蹴唯足下冰凝，左右则澹渹沸腾，雄雄似海神捧出。师之实德，道播群芳。道宗皇帝美其道风，行业恢隆，愿一瞻礼，宣请而至，睹师道器，宇量环奇，尤加珍重，特赐紫袍、通圆之号。今天祚皇帝，宣请为内殿忏悔主，加特进守大师辅国通圆之号，钦师弥德，不类于常，自此因缘大化，至于燕西紫金寺开坛，含灵步礼而来受忏灭罪者，日不减二十余万。五京三学龙象，竞来奔凑，求摄为资者约千万焉。至乾统四年示疾而殁，五京门徒近以千数，著紫门徒近十有余人。寮宰已下愿摄为弟子，不计其数。寿五十五，灵骨舍利敕葬建塔本寺坟庄云尔。

永泰寺内殿忏悔主通理大师者，师讳恒策，字开玄，姓王氏，上谷矾山县新安人也。世袭农业，家积纯善。父名保寿，母名刘氏，昆季三人，第三爱子也。生有异表，幼而神俊，肄居宝峰寺崇谨为师。七岁遇恩得度，本名义从。幼岁曾伏二虎，百法为业。十六启讲后习，性相靡不圆通，永泰寺守司徒欲摄为资，师资道合，方改今号。自兹左右抠衣无倦。二十三岁从师阙下，宗天皇太后、道宗皇帝见重，特赐紫袍号通理焉。至于涿州，讲罢之日杖锡孤征，暨至于此，结茅薙草，宴居林下。精进弥勤，心通转益，笃爱此山，朝夕无倦。五京缁素响师道风者，若葵心向日。咨决心疑者，如蚁之慕膻。暂预瞻仰者，莫不消殃而致福。亲承垂训者，咸得去危而获安。可谓清凉热烦，增福之田者矣。主上闻风，宣请为内殿忏悔主。由是外缘四备，隐志难成。坚请下山，顺缘赴感。复加检校司空，牢让不受。至于永泰寺开讲，五京缁侣闻风而至，龙象学徒日不减三千之数。踞登吼座，启鉴玄开。玉尘挥而性相融宣，玄机叩而箭锋相拄。涌泻玄河之辨，□□万根之机。可谓问难云兴，洪钟普应。随问应训，疑云风卷。一口宣扬，众心开悟，所有施为成大化焉。造《梵行直释》三卷，《记文》四卷，□□有遗文盛行于世。至寿昌四年戊寅岁二月十三日寅时入灭，是时奉圣巨桥折为两断，二岸旅人拥滞无数，其中神人大叫唱。师入灭之期，语报含灵，用表征祥之应。寿五十，腊四十三，荼毗之日，旡云雨雪，状若天□。焰□似紫莲，光明间错，双睛不烬，颔齿犹存。灵骨舍利分葬四处，各起灵塔。度菩萨戒弟子一佰五十余万。皇储已下及百官等八十余人、公主国妃已下等五十余人并礼为师，善字训名。上首学资一佰余人，剃度门徒四十八人。师之灵异弥德，不可具陈云尔。

据上二师荐登此地，前后萍盍约五六次，每来挂锡或经一稔二稔，或居一季二季，刳除妄想，均平是惠，玄味勋修，孜孜无倦。通理获悟观音之辩，毗卢亲记。通圆静力心凝，同道咸知。寔谓智高林远德满，生融为□祥之枢机，馨三藏之洪辞。遗一言一行，与万类以为诠量。垂一行一德，与千古以为规绳。□精切志，笼罩古今。悲慈行利物，盖覆乾坤。历代已来，孤运而已。详夫随缘是感，应物现形，虽异迹颇多，然以首初建志，晦迹藏用，起复发解，共越救慈，是知北遗迹之处，不可因循而亡矣。

永泰寺内殿忏悔主检校太师行鸿胪卿通悟大师者，师讳恒简，姓高氏，蓟州玉田县三女河人也，母王氏。在襁褓间喜见佛事，稍长志慕出家，遂礼燕京永泰寺疏主臻公为师，与通理策师同门尔。受具之后，习识论经于学肆，寻游山水，后造通理之室，因论经于此，义当下亡全，得入堂奥，自此已专。随缘者杖锡名山，得诣中都，青峦古迹，而挂锡焉。未经数载，川民送馔，四时而游挂不定，□□辐辏，周感而□□□□陆续来居。自此已来，□学依附，不减八百之数，由是名宣□□□□□□□□□□□□□□□□□□乃□务提纲□习得祖师大体焉。中京檀信，惊师解行，坚请下山，入京开化。学徒闻风齐至，日不减七千之数，其余中□□□□□众咸不减五千徒。至上闻风立请而至，亲□礼敬，□□道器，龙颜大悦，请为内殿忏悔主，则赐紫衣袍，加检校太师、通悟之号。自尔已后，弥加钦重。因赴燕京开化，之后杖锡名山，特来届此，参拜老人之庵，睹斯景致，□使□□□□，杖锡东征，至□□路昌□西山石榴道，缁众请驻锡。未经旬日，于天庆元年正月一日暗有，遂嘱以圣僧，以身化世，□乃□□□□，因长往，灵骨敕葬于本寺流水堂下，□□□□。

自弃讲学，历诸聚会，访寻古迹，志在林泉，杖锡大安山莲花深谷，景静山□，□□□景，即叩□□。通圆、通理以此道场，群贤养道之所。杖锡寻访，游来斯地，此乃径路荒潆，绝于人迹，稍林前踵，□□而□□□，空庵二座，蓬蒿侵没，左右林树，复睹峰峦八面，恭望于庐厨松桧□橡庇护于庵伴。中央平坦，镜陷莲台之状。群岗回绕，耸秀盘曲之形。沆莲右漩，□满池□投之端。彭祖左泊，隐寿寨峭峦之下。睹斯祥迹，深增创志，伏声□□□评，住持之萍，挂锡更不他游。至于乾统十年，有通理法□□太师于燕京宝塔寺三千讲罢，杖锡而至，偶然契会，简公欲重先人之迹，□更庵房为观音堂。

□□□□□□□□□□□□□，此庵房不见终始，当时付委□□□□当寺提点道坚□酬简其愿，□宿慕诸师，旦夕无倦，才愿亲承，□此□世，自届此居恒财用，欲图画真容，寅昏礼供，不但唯顺自心孝道，拟亦酬□简公之愿，遂以勉□成办。今见周圆，用报先□福资，照公于中添堂曡，□寂照真容者，为此大悲家门初兴。三人同迹就中，而寂照年尊辈长，按访古风，用□偏多，暨至阐化，三人齐唱，以斯因缘，不可因循，□□也。□精行，弥德备，□□名寺碑□□□□，亦令将来□□生善人知□□□□必由斯□□忝愿承袭之未难忘，捃摭之必用，自短智嘉□四□□德者，若□炬烛于大□螺，量饮于溟浡，但□□□，略□一二，殷志弥勤，俾仿效焉，愚素之知见，复寡文藻，强为记录，实悲简牍，伏企四来，英彦少加哂尔。

复有当寺故山主者，师讳弘臻，俗姓李氏，良乡县西紫草务里人也。师幼而神奕，长而壮勇，辞音清朗，骨气琼隆。受具之后，□□独掌。□道天俊，时时亲附。缁门龙象频频，知里状苦危也。山朴大材，举足□而□□命咸安。鬼虐临人，高贤振而万病即俞。□□□也。豪势贵贱者，闻名咸愿归心；凶鹿馳□者，见形靡不信伏。可智内外同遵，真俗双运，宇量过人，名闻五京。与上诸师，时□□□也。师之异相难可具陈。后至乾统五年二月二十二日，委嘱山门与上足弟子道坚讫，至八年二月十日，奄然归寂。所度门资也二十余人。寿八十八，腊七十一，灵骨葬于本寺云尔。

天庆五年乙未岁二月辛丑朔十三日记　参访比丘知非书

□从法师、当蓝同居住持人恭列名如后：坊里大圣院首座沙门法诠，良乡县大历寺沙门园戒，习经沙门善中、善纯、道悟、道真、圆觉、行寂。

与法师同建人、当寺尊宿恭列名如后：

山主门徒首座沙门□净、当寺提点讲论沙门道坚、讲经沙门道性、住持沙门道源、讲经沙门道□。

通理门徒善□、讲经沙门道琛、讲经沙门道祥、道鉴、道益、善□。

当年寺主讲经沙门道称、现尚座道信、现都和善晓等合寺共六十余人。

涿州范阳县西北乡独树村贺公严并男二人寿哥、闰哥镌。

良乡县东关俗弟子韩□驾乞奴，法号道俊。

碑刻说明

寺尚村南，有古刹延福寺。门头沟斋堂镇上清水村双林寺，辽统和十年（992）《辽玉河县统合十年经幢》上，有"大安山延福寺讲维摩经僧师鳞、僧师行、僧继真"的题名，由此可知延福寺在辽初已存在。1957年被拆毁。寺内旧有辽天庆五年（1115）"大安山莲花峪延福寺观音堂碑记"碑，现存于房山文物管理所。碑圭首，碑座已佚，通高125厘米，宽75厘米。碑周边平雕双框，内有莲花、蔓草纹饰，碑客篆书"大安山莲花峪延福寺观音堂记"。由寄居该寺的云游僧琼焕撰文。碑侧题"涿州范阳县西北乡独树村贺公严并男二人寿哥、闰哥镌"。

碑文考释

此碑记载了大安山延福寺改通圆、通理旧庵为观音堂事，其中述寂熙、通圆、通理、通悟生平，涉辽代禅宗，尤为重要。碑末载李山主弘臻生平。此碑内容之丰富，所涉佛教史迹之珍贵，在同时代碑刻中实属鲜见。考释此碑，着意解读大安山延福寺碑文所涉五僧生平，兼考大安山延福寺及房山与辽代曹洞宗、法眼宗传播的关系。

一、大安山延福寺

大安山，原本是五代幽州割据势力刘仁恭所建大安馆之所在。刘仁恭在建大安馆的同时，招僧人来大安山中讲法。《新唐书·列传·第一百三十七·藩镇卢龙·刘仁恭》："是时，中原方多故，仁恭得倚燕强且远，无所惮，意自满。从方士王若讷学长年，筑馆大安山，掠子女充之。又招浮屠，与讲法。"有僧当有寺，大安寺佛寺应建于刘仁恭时期，延福寺或即当年刘仁恭所创。

晚唐高僧可止住长安大庄严寺。唐昭宗乾宁三年（896），他奉诏向昭宗进诗，受到昭宗的嘉许，当即赐他紫袈裟。可止奉昭宗御旨，在内殿即席赋诗。

幽州卢龙节度使刘仁恭，镇守着可止的家乡幽州（包括今北京及周边的河北省部分地区）。这里是唐王朝的北边重镇，北扼契丹，南控汉土。天祐四年（907）朱温篡唐称帝，建立后梁，刘仁恭成为在幽州割据一方的军阀。刘仁恭在可止的故里大房山西北的大安山建大安馆，他信奉佛教，在建大安馆的同时又建佛寺。闻知可止的名声，刘仁恭特地派人送书信给可止，请他回故里讲经。

可止回到阔别的故里，师傅法贞和父亲已经相继去世，只有母亲健在。

就在可止回幽州不久，幽州的形势发生了戏剧性变化。后梁开平元年（907），梁将李思安攻打幽州，进逼幽州城下，刘仁恭尚在大安山享乐，城中无备，幽州城几近失守。幸亏刘仁恭之子刘守光率兵及时入援，击退李思安。刘守光篡夺了父亲的军政大权，自称幽州卢龙节度使，又派兵攻下大安山，把父亲刘仁恭虏回幽州城囚禁起来。后梁乾化元年（911），刘守光据幽州称帝，国号"燕"。

幽州在刘仁恭、刘守光父子的统治下，战事频发，民不聊生。后梁乾化二年（912），河东（今山西省太原一带）李存勖派大将周德威兵出飞狐（今河北省涞源县），大举攻燕，战事持续一年，可止颠沛流离，避乱山中。翌年十一月，李存勖亲自督军，攻破幽州城，不久擒获刘仁恭、刘守光父子，可止的家乡并入河东李存勖的势力范围。

此事载于北宋释赞宁《宋高僧传·卷第七·可止》："后于长安大庄严寺化徒数载。乾宁三年进诗昭宗，赐紫袈裟。应制内殿。本道刘仁恭者，据有北门控扼蕃汉，闻止之名移书召归故乡。其父与师相次物故，母犹在堂。止持盂乞食以供甘旨。行诵《青龙疏》，三载文彻。忽有巨蟒见于房，矫首顾视似有所告。时同院僧居晓博物释子也，且曰：蛇则目睛不瞬，今其动乎，得非龙也？止焚香祝之曰，贫道念《青龙疏》营斋养母，苟实龙神轸念，希值一檀越。居数日，燕师家子曰制胜司徒召申供养。时庄宗遣兵出飞狐以围之，历乎年载百谷勇贵。止顿释忧惧。未几燕陷，刘氏父子俘归晋阳。"

上述记载佐证，至少在晚唐时期，大安山中已有佛寺，应该就是延福寺。

门头沟清水村双林寺，寺内辽统和十年（992）经幢上，有"大安山延福寺讲维摩经僧师鳞、僧师行、僧继真"的题名。统和十年（992）大安山延福寺已经存在。由此见证该寺的古老，由唐而来，信而有征。

大安十年（1094），通理完成云居寺刻经，到大安山延福寺结庵而居，通圆亦在延福寺结庵。其间，寂照大师曾居寺中，增建禅堂。乾统五年（1105），道坚继任住持，"立造精蓝上下二处"。道坚当是重修延福寺，并创建下院。

通理、通圆相继于泰昌四年（1098）、乾统四年（1104）示寂，两人所居空庵二座，蓬蒿侵没。乾统十年（1110），通理师弟通悟，重先人之迹，建议更庵房为观音堂。天庆五年（1115）前，当寺提点道坚，兴工改通圆、通理旧庵为观音堂，实现了通悟恒简的遗愿。

历金、元、明、清，至民国，延福寺薪火相传。1943年佛像被毁。1957年庙宇倒塌。2006年重建。

二、寂照、通圆、通理、通悟、弘臻

寂照，名感，号寂照。辽道宗、天祚时期高僧，生平事迹不详。其遗行事迹散见于《大辽燕京西大安山延福寺莲花峪更改通圆、通理旧庵为观音堂记并诸师实行录》《传戒大师遗行碑》《补续高僧传》《昌平外志》。

道宗大康、大安年间，南宗的一支法眼宗，传到北方辽国。寂照领衔与通圆、通理同为法眼宗第五代传人，在辽国开始法眼宗的传播。《大辽燕京西大安山延福寺莲花峪更改通圆、通理旧庵为观音堂记并诸师实行录》："洎至康安二号，南宗时运，果有奇人来昌大旨，遂以寂照大师、通圆、通理此三上人，捷生间出，为僧中之龙像，传佛心印，……银灯无昧者，始自三师，玄风大扇，开迷云而显惠日。……唯三上人乃曹溪的嗣，法眼玄孙，为此方宗派之原，传心之首者矣。"

法眼宗是中国佛教禅宗五家之一，祖庭为南京清凉寺。南唐文益禅师所创，源出南宗青原一脉，其禅学思想在中国佛教史上具有崇高的地位和价值，影响远及日本、韩国及东南亚，历史意义十分深远。

文益圆寂后，南唐中主李璟谥为"法眼大禅师"。后世因称此宗为"法眼宗"。法眼宗是中国佛教禅宗"五家七宗"中最后产生的一个宗派，历经文益（885—958年）、德韶（891—972年）、延寿（904—975年）三祖，活跃于唐末宋初间的五代时期。作为宗派，法眼宗的传承历史不长，但它的几位祖师都是吴越地区学修并重的高僧。法眼宗在宋初极盛，宋中叶后衰微。从此碑看，法眼宗在北宋呈衰微的情势下，传到了北方辽国，由寂照、通圆、通理在辽国传播开来，且深得辽国皇帝的支持，呈兴盛之势。这是法眼传续的重要发现，对辽代以及中国北方佛教宗派传承有十分重要意义。

悟敏是高僧法均的弟子，慧聚寺第三代传戒大师，他曾亲往寂照处讨教，足见寂照在辽国僧界的地位和影响。金天德四年（1152）《传戒大师遗行碑》记载辽金高僧悟敏事迹："又造寂照感公，密受指迪，所资益深。"明代吴门华山寺沙门明河《补续高僧传·二十六卷·悟敏》："谒通理策公，又见寂照感公，密受指迪，所资益深。"

另据清麻兆庆《昌平外志》：银山宝岩禅寺，由满公禅师创建于辽寿昌年间（1095—1101）。其后，成为通理、通圆、寂照三位大师"继席之道场"。由此可知，寂照曾在昌平银山宝岩禅寺任住持。

以上便是寂照的零星事迹。

通圆，姓郑氏，辽兴宗重熙十八年（1049）生于燕京良乡县南石村（今房山区琉璃河镇石村），与寂照、通理同为辽末法眼宗的重要代表人物。他"生而神俊，性异常童"，"幼慕佛乘，乐出家"。初礼燕京开悟寺金刚大师为师，不到一年便受佛戒，随即到研讲佛经的学肆，专讲《华严经》。通圆讲经时容仪怀伟，骨气昂藏，神用耸拢，辞音朗润，把《华严经》义阐述得非常清晰。后来，通圆厌倦了学肆的讲经生活，退出学肆，访求山水。他听说大安山莲花峪是个清僻之处，于是只身前往莲花峪，恰好与通理在这里不期而遇，于是二人相约在莲花峪的延福寺驻锡。从此，通圆心坚志爽，唯务禅学。冥心正受，念虑虚怀。端身坐龛，旦夕不倦。一天，通圆说道："当为佛法中大器，得岸忘忧，倘无此能，甘从坠溺。"通圆修炼到这样的境界，"前后则溲换尽绽，蹳蹳唯足下冰凝，左右则泚濊沸腾，雄雄似海神捧出。"以致德声远播。通圆的道风行业深得道宗皇帝的赏识，道宗皇帝很想见到他，于是宣请通圆入朝，特赐紫袍，并赐号"通圆"。天祚皇帝即位，愈加钦敬通圆德业，宣请他为内殿忏悔主，并加封他"特进守太师辅国通圆"。至此，通圆因缘大化，前往燕京西的紫金寺开坛，含灵步礼而来受忏悔罪的人，每天不下二十余万。今北京西城区有紫金寺，辽代正处于燕京以西的位置，通圆所居之紫金或即此寺。

通圆在紫金寺期间，上京临潢府（今赤峰市林东镇）、东京辽阳府（辽宁省辽阳市）、南京析津府（北京市）、中京大定府（内蒙古宁城县）、西京大同府（山西省大同市）有德高僧纷纷前往紫金寺投奔通圆，求通圆皈依的人数以千计。通圆门徒达数千之众，遍布五京，其中受紫衣者竟达十余人，愿为弟子者不计其数。天祚帝乾统四年（1104），通圆因疾而终，寿55岁。天祚皇帝敕葬，建灵骨舍利塔于本寺祖茔之中。

通理，讳恒策，字开玄，姓王氏，西京道奉圣州矾山县新安镇（今河北省涿鹿县矾山堡镇）人。生于辽重熙十八年（1049），父名保寿，母亲刘氏。弟兄三人，通理行三。他自幼出家于宝峰寺，礼崇谨为师，七岁得度，法号义从。宝峰寺在北京门头沟区斋堂镇斋堂村西北二里的山坡间，此寺至今犹存。据说，通理幼年就有不凡的表现，曾独伏二虎。

　　关于通理的师承，碑文两处提及："十六启讲后习，性相靡不圆通，永泰寺守司徒欲摄为资，师资道合，方改今号。""师讳恒简，姓高氏，蓟州玉田县三女河人也，母王氏。在襁褓间喜见佛事，稍长志慕出家，遂礼燕京永泰寺疏主臻公为师，与通理策师同门尔。"

　　文中云其师为"守司徒""臻公"。另据《大辽析津府良乡县张君于谷积山院读藏经之记》："当山疏主崇禄大夫守司徒通慧大师赐紫沙门守臻。"可见，通理门师为永泰寺住持守臻，此人受封为"崇禄大夫守司徒通慧大师"，故文称"永泰寺守司徒欲摄为资"。永泰寺守司徒，即守臻。

　　16岁时，通理被永泰寺高僧守臻看中，收为门下弟子，改法号义从为恒策。23岁，跟随守臻到辽国国都上京朝拜，宗天皇太后、道宗皇帝见重，特赐紫袍、通理之号。宗天皇太后，为兴宗皇太后萧挞里，辽兴宗仁懿皇后，道宗母。重熙四年（1035），立为皇后。重熙二十三年（1054），号贞懿慈和文惠孝敬广爱崇圣皇后。道宗即位，尊为皇太后。道宗清宁二年（1056），上尊号曰慈懿仁和文惠孝敬广爱宗天皇太后。大康二年（1076）崩，谥仁懿皇后。

　　《大辽析津府良乡县张君于谷积山院读藏经之记》立于辽大康四年（1078）。身为永泰寺住持的守臻，一度兼任良乡县谷积山疏主。疏主，讲解佛经的僧职。其弟子通理、通悟，在谷积寺以西25公里的大安山延福寺结庵而居。亦可从一个侧面反映今房山区在辽代为法眼宗传播要地。

　　文献上称赞通理为"曹溪嫡传、法眼玄孙，为此方宗派之原，传心之首者"。看来通理同时传曹溪和法眼宗。其师守臻为法眼宗四代传人，通理为五代传人，通理与寂照、通圆同为法眼宗传播的宗教领袖。而永泰寺，是辽国法眼宗的中心。

　　通理曾先后活动于佛崖山（今京西百花山）佛崖寺、王家岛（在今辽宁省庄河市）、银山宝岩禅寺（在今北京昌平）。在佛崖山时，慧聚寺（今戒台寺）著名律僧悟敏曾亲往参礼，并于通理"言下有省，豁然有所指归"。在王家岛时有僧人崇昱问禅于他，他向崇昱"授以达摩传心之要"。在银山宝岩禅寺，他曾继寿昌间满公禅师法席而为该寺之住持。

通理自王家岛到涿州讲经，游白带山，宿于云居寺中，"慨石经未圆，有续造之念"。大安九年（1093）正月，通理在云居寺开放戒坛，以筹集刻经经费，至暮春而止，共获施助钱万余镪，付门人通慧圆照大师善定，校刊刻经。通理师徒对刻经进行了改革，经石由大板改为小板，由大字改为小字，并借鉴了印板的优点，由单面刻经改为两面刻经，这样一块经石能刻两页纸经，从而提高了工效，节省了费用。大安十年（1094），募得的钱用完了，通理师徒的刻经告一段落。通理师徒共刻佛经62部，431卷，经碑4080片。通理时代所刻佛经与前代有所不同，以前所刻多为大乘的经，通理所刻多为律和大乘论。由是补前人所刻之缺，使大乘经、律、论三藏完备。这是通理对房山石经的一大贡献。辽代早期刻经均藏于石经山藏经洞内，由于石经山各洞已满，通理师徒所刻四千余片经碑和道宗刻经碑180片，暂时放在山下。

通理续刻房山石经是在他45岁、46岁间。完成刻经以后，通理来到房山西北山区的大安山延福寺莲花峪结庵而居，后为道宗皇帝宣请为内殿忏悔主。又加检校司空，通理坚辞不受。通理应邀来到南京（今北京）永泰寺开坛讲经，当时五京僧侣闻风而至，纷纷前来听讲。

通理一生共度菩萨戒弟子150余万，剃度门徒48人。皇储以下及百官等80余人、公主国妃以下50余人礼通理为师。寿昌四年（1098）二月十三日入灭。寿50岁。

昌平银山宝岩禅寺，乃满公禅师创建于辽寿昌间（1095—1101）。从情形看，宝岩禅寺创建于寿昌初，通理住持宝岩禅寺，应是在该寺落成不久。通理结束续刻房山石经，一度返大安山莲花峪，由莲花峪再到昌平宝岩禅寺，寿昌四年（1098）春入灭。看来通理的最后时光，当是在昌平宝岩禅寺度过的，他的生命亦应结束在宝岩禅寺。

通理圆寂时，奉圣州（今河北省涿鹿县）的大桥突然倾覆，不少行人留滞在两岸。据说通理荼毗之日，双眼与颔齿经火犹存。"灵骨舍利分葬四处，各起灵塔。"这四处，一处必是他圆寂的昌平宝岩禅寺，一处应是他出家的门头沟宝峰寺，一处应是他从师受业的永泰寺。另一处不应是王家岛。王家岛在今大连庄河市的王家岛镇——距昌平1670余里的大海中。在当时的交通条件下，无法实现。那么，还有两处可能是第四处分葬建塔之所，即佛崖山佛崖寺（今百花山显光寺），抑或大安山莲花峪？

通理一生，著述宏富，碑文记载他著有《梵行直释》3卷、《记文》4卷及其他遗文。所幸的是他的一些撰著在房山石经和俄国所藏黑水城遗书中保存了下来。在房山石经中保存有他的两篇短文：《先师通理三制律》和《通理大师集金刚礼一本》。在俄国所藏黑水城遗书里有《通理大师立志铭》《性海解脱三制律》等。以通理师承、修学和弘法情况再结合他的撰著看，通理的佛学修养是极其丰富和全面的，体现有禅宗、律宗、唯识、三论、密宗、华严等多个方面，几乎涵盖了辽代全部佛学流派。通理成功地主持了规模宏大的刻经事业，应与他的这一广博的佛学修养密不可分。

通理大师故去后，其弟子善锐、善定"念先人遗风不能扇，经碑未藏或有残坏"，于天庆七年（1117）在云居寺西南隅穿地为穴，将通理、道宗所刻经碑瘗藏于内，并于天庆八年（1118）在地穴上建石塔一座。这就是云居寺续秘藏石经塔，世称"压经塔"。

通悟，号恒简，姓高氏，蓟州玉田县三女河（今河北唐山市丰润区三女河乡三女河村）人。母王氏。在襁褓间喜见佛事，稍长志慕出家，礼燕京永泰寺疏主守臻为师，与通理恒策师同同一门。受具之后，入学肆习《维识论经》。寻游山水，造访通理之庵，论经于此，得入堂奥。随缘杖锡名山，来到中京大定府（今内蒙古赤峰市宁城），在山中古刹挂锡。就学依附，不减八百之数。中京檀信，坚请下山，入中京开化，学徒闻风齐至，日不减七千之数，其余信众不减五千徒。天祚皇帝得知，立即请他入朝，亲施礼敬，龙颜大悦，请为内殿忏悔主，赐紫衣袍，加检校太师、通悟之号。此后，天祚帝对他愈加钦重。再赴燕京开化。通悟自弃讲学，访寻古迹，志在林泉，至乾统十年（1110），杖锡大安山莲花深谷。此为通圆、通理道场，二师早于寿昌四年（1098）乾统四年（1104）示寂，人去山空，空庵二座，蓬蒿侵没。通悟重先人之迹，建议改建通圆、通理旧庵为观音堂。是年末，杖锡东征，至西山石榴道，僧众请驻锡寺内。不足十日，天庆元年（1111）正月一日，以身化世，灵骨敕葬于延福寺流水堂下。

当寺故山主弘臻，俗姓李氏，良乡县西紫草务里（今房山区阎村镇大紫草坞村）人。幼而神奕，长而壮勇，辞音清朗，骨气琼隆。受具之后，天俊时时亲附，缁门龙象频频。真俗双运，宇量过人，名闻五京。乾统五年（1105）二月二十二日，退老，付弟子道坚住持。乾统八年（1108）二月十日归寂。所度门资20余人。寿88，腊71，灵骨葬于本寺。按其生年应为辽圣宗开泰九年（1020），应为兴宗时入延福寺出家，历道宗至天祚乾统末。其住山期间，寂照感、通圆法赜、通理悟策、通悟恒简诸师相继于寺中莲花峪养静，弘臻长通圆法赜、通理恒策29岁，亦应长于寂照感、通悟恒简。他与诸师相守延福寺，见证了延福寺在辽代的兴盛，虽不可与诸师相提并论，也非无名之辈。毫无疑问，他在辽代曹洞宗、法眼宗传播中，也是推波助澜的人物。

〇一五　大安山延福寺李山主实行录

门资遵撰

恭闻大安山主者，良乡人也，俗姓李氏，释讳供臻。童龀别爱从释，于延福办李出家，师礼于归雅。清闲气貌，乃越良才之外。勇锐人慈，可□奇人之士。德行深而四海莫测，慧亮高而五岳那欺。蕴其志也，同润于千山之玉。施其慧也，若洒万州之雨。释外别嘉，更多妙哉。去众崄之危，未假攘襟。突群寇之难，何劳奋袂。得幸居于此者，宿寔之因，山之瑞应感其人也。今得重修，再加崇建，是我山主上仁为之首矣。致乃剃度门资，数满百人，上者道坚惟嘱已讫，立造精蓝上下二处。云毕，寿俱俗年甲子及五百贰拾捌数终也。别别有多，贞待其碣，录之为幢记。

天庆十年十一月戊子戊戌朔二十三日庚申时建立并讫

信士胡云翼，山主门资提点讲论经道坚、讲经沙门洪渊、讲经论沙门道遵、讲经沙门道琛、讲经沙门道祥、持念沙门道鉴、讲经沙门道俦、持念沙门道信、持念沙门道志、持念沙门道钦、持念沙门道荣、持念沙门道仅、寺主沙门道俦、尚座沙门善重、都维那沙门善崇。

佛顶尊胜陁罗尼　三藏沙门不空译

曩谟婆誐嚩帝怛喇路枳也钵啰底尾始瑟吒野没驮野婆誐嚩帝怛你也他唵尾

成驮野尾成驮野娑麽娑麽三满多嚩婆娑娑颇啰拏蘖帝诶贺曩娑嚩娑嚩尾秋弟阿鼻洗左睹輪素蘖多啰嚩左曩阿蜜哩多鼻洒罽摩贺鲁怛啰播乃阿贺啰阿贺啰阿庚散驮啰捉成驮野成驮野诶诶曩尾秋第邬瑟腻洒尾惹野尾秋第娑贺萨啰啰湿铭散祖你帝萨啰怛他蘖哆嚩路迦地领煞吒橘啰弭哆跛哩布啰捉萨嚩怛他蘖哆纥哩娜野地瑟姹曩地瑟耻跢摩贺母捺哩嚩啰迦野僧贺跢曩尾秋第萨嚩嚩啰拏跛野讷蘖帝跛哩尾秋弟钵啰底领袜跢野阿欲尾秋弟三摩野地瑟耻帝麽柅麽柅摩贺麽柅怛闷哆部跢句致跛哩秋弟尾窣普吒没地秋弟惹野惹野尾惹野尾惹野娑麽啰娑麽啰娑麽啰萨嚩地瑟耻哆秋弟噼哩噼啰蘖陛噇婆嚩睹麽麽舍哩噇萨嚩萨嚩难左迦野尾秋弟萨嚩诶帝跛哩秋弟萨嚩怛他蘖哆他蘖哆三麽湿嚩娑演睹萨嚩怛他蘖哆三麽湿嚩娑地瑟耻帝没地野没地野尾没地野尾没地野冒驮野冒驮野尾没驮野没驮野尾三满哆跛哩秋弟萨嚩怛他蘖哆纥哩娜野地瑟姹曩地瑟耻多摩贺母捺隶娑嚩贺。

碑刻说明

辽刻。原立于寺尚村延福寺，现存房山区文物管理所。汉白玉石质，幢高110厘米，小八角，大棱宽17厘米，小棱宽13厘米。铭文13行，大字满行27字，小字满行47字。正书。右为《佛顶尊胜陀罗尼经》。

碑文考释

此幢与《大辽燕京西大安山延福寺莲花峪更改通圆、通理旧庵为观音堂记并诸师实行录》记载应为同一人，即弘臻事迹。释弘臻，幢文录为"释讳供臻"，弘臻、供臻，当是同一僧人名称的不同写法。幢云："上者道坚惟嘱已讫"，碑云："委嘱山门与上足弟子道坚讫"，幢、碑皆云道坚为其弟子，故碑、幢所载山主为同一人。

幢云："大安山主者，良乡人也，俗姓李氏。"据前碑知为良乡紫草务村人，今属房山区阎村镇大紫草坞村。可见大紫草坞村原名紫草务，辽圣宗时已经存在，依情形推断，应在唐代即有。

弘臻自幼别爱从释，于延福寺出家。据碑，弘臻出生于辽圣宗开泰九年（1020）。他在延福寺出家，当在兴宗重熙初（1032）前后，自兴宗历道宗至天祚帝乾统八年（1108），从出家到继住持，在延福寺凡70余年。遵其遗嘱，其弟子道坚，重修延福寺，并创建下院。"今得重修，再加崇建，是我山主上仁为之首矣。……道坚惟嘱已讫，立造精蓝上下二处。"这是延福寺历史上的重要事件。

弘臻示寂12年，天庆十年（1120）十一月二十三日，其弟子道坚及阇院僧众为其立幢。此幢未记载弘臻卒年和寿数，因前碑已记载甚详。

大安山

大安山乡政府所在地。村北有刘仁恭大安馆遗址，西南邻寺尚村，东北邻瞧煤涧村。唐天祐三年（906），刘仁恭建大安馆于大安山村北的山上，僭拟宫掖，俨然刘仁恭之"陪都"。后梁乾化三年（913）十一月，幽州城失陷，刘仁恭父子被擒，大安山惨遭兵祸，大安馆化为乌有。大安山村是大安山区最早形成的村落，清康熙三年（1664）《房山县志》、民国十七年（1928）《房山县志》大安山村1村在册，水峪村、瞧煤涧村、中山村、宝地洼村、赵亩地村、西苑村、寺尚村均无记载。村中有清代建古桥一座，名为重善桥。

本卷收录大安山村碑刻1件：清代1件，其中收录碑文1篇。

〇一六　重善桥记

房山西北乡大安山龙头沟下游，于光绪戊子河决成灾，涉者多溺，玉堂目击焉，与都中朱大人嵩生、驾部梁济吴伯钰、水部声振商请建桥，助款京平松银二百金，嗣连年岁款转移不遑。丙申夏五月，邀里人宋喜旺、张国富鸠工庀材，创修大北河桥一座，工坚料实，剋日告葺，里人来往便之，名曰重善桥。桥北买地长十五丈，宽二丈，桥南张国富施长五丈，宽一丈五尺。

光绪丙申孟冬王玉堂记　冬月于鸿逵书

碑刻说明

清刻，在重善桥北，山坡下院内，光绪丙申年（1896）立。碑高105厘米，宽52厘米，厚12厘米。碑额正书"重善桥"。

碑刻说明

光绪丙申年，即光绪二十二年（1896）。

驾部，车驾司，属兵部。掌管驿传、邮符及牧马之政。

水部，都水司，属工部。司掌稽核、估销河道、海塘、江防、沟渠、水利、桥梁、道路工程经费。

大安山龙头沟下游，光绪戊子即光绪十四年（1888）山洪暴发，过河的人多被洪水淹没。京都朱嵩生，车驾司梁济、吴伯钰，都水司声振，商请建桥，助款京平松银二百两。此款迟迟不能到位，直到丙申即光绪二十二年（1896）五月，才得以动工兴建。大安山村宋喜旺、张国富主持，创修大北河桥一座，工坚料实，名为"重善桥"。桥北买地长十五丈，宽二丈。桥南张国富施地长五丈，宽一丈五尺。

平松银，晚清的一种银票，即纸制货币。

房山碑刻通志

霞云岭乡

周属燕国。西汉宣帝甘露元年（前53）在上、下石堡置利乡县，王莽时改名章符，今霞云岭乡当年为利乡县、章符县治所。东汉利乡县废，属良乡县。历三国、晋、北魏，属良乡县。北齐天保七年（556），良乡省入蓟县，属蓟县。武平六年（575），复置良乡县，属良乡县。此后历代均属良乡县。金大定二十九年（1189），割范阳、宛平、良乡三县地，置万宁县，霞云岭境划归万宁县。明昌二年（1191）改万宁县为奉先县，属奉先县。元世祖至元二十七年（1290）年改奉先县为房山县，属房山县。明清属房山县。民国初，房山划分五区，属第五区。民国五年（1916）二月改设九区，属第九区。

新中国成立初为房山县第一区。1950年为房山县第六区。1953年设霞云岭乡。1958年3月，房山县、良乡县合并，成立周口店区，改属周口店区。同年9月，以霞云岭乡建霞云岭人民公社。1960年周口店区改房山县，复属房山县。

1983年改霞云岭人民公社为霞云岭乡。1987年，房山县、燕山区合并，成立房山区，霞云岭乡属房山区。

本卷收录霞云岭乡碑刻3件，分布于庄户台、下石堡2村，其中庄户台1件、下石堡2件。收录碑文4篇。

庄户台

　　在霞云岭乡西南。与大地港村、上石堡村、龙门台村、下石堡村相邻。原名庄窠台,村中有三圣观,始建于明嘉靖,故知该村成村不晚于明。清光绪二十八年(1902)《重修庄窠台村三圣观记》:"庄窠台村在房山城西百二十里。"清代早期属房山县石堡里。民国初,房山县划分五区,庄户台名庄窠台,属第五区。民国五年(1916)二月,改设九区,始名庄户台,属第九区。今属房山区霞云岭乡。

　　本卷收录庄户台村碑刻1件:清代1件,其中收录碑文1篇。

〇一七　重修庄窠台村三圣观记

庄窠台村在房山城西百二十里，冈岭环抱，径路深窈，固幽燕奥室也。予侨寓四十余年，山水之游，颇寻佳胜，而斯地曾未之及，非以险远不易至故耶。今年秋，杨道士通春以重修庙记请，询其故，盖庙创始明嘉靖，间居村之隅，历有年所，及道光九年，村人因住持宜得人，以庙遥隶城中城隍庙，世世永司其事。同治中，曾加修葺。今又三十余年矣，栋宇倾陊，黝垩暗敝，非大更张之，不足以昭妥侑，而近岁以来，风鹤频惊，物力窘绌，集资兴举，殊难为谋。杨道士以先代旧庙，毅然从事，鸠工庀材，不惮艰苦，阅数月而告成功，可谓坚忍有志者矣。庙殿旧二楹，祀关圣帝君、观音菩萨。杨道士改作三楹，复貌孚佑帝君，居其右。为三龛，同殿各正其位。颜之曰："三圣观"。礼也。夫以圣威严呵护，以佛力善慈悲，而更以神术阴调灾诊，则民居奠民命，延其福于斯土有不深且远者哉？噫，兴废时也，而攸关人事，使能诚心竭力，则虽时不易遇而事可必成。若兹庙之修，亦可验也。予嘉其恪宗家法，勉致苦行，理宜勒珉，垂久以示后世，爰不以文辞而为之记。

就拣丁酉科举人剑川李张瑞撰文

房邑河加台文童李明伦书丹并篆

住持道士戒衲杨道春，弟子杨□、刘宗真、段瑞

经理人杨泽、蔡成魁、杨兴魁、安德□、郑守□、任宏□、李明书、李明伦、□如玉、郑国恒、李全林、□□□、□□□、□□□、□□□、郑守安

石窝村匠续俊陞、齐明勒石

大清光绪二十有八年十月吉日立

碑刻说明

清刻,在庄户台村三圣观。拓片碑身高145厘米,宽77厘米。碑额篆书"重修三圣观记"。

碑刻说明

此碑载庄户台村三圣观重修事。

三圣观,创始于明嘉靖年间。道光九年(1829),村人公议,由住持出面,将三圣观隶房山县城之城隍庙,为城隍庙下院。同治年间,曾动工修缮。后30余年,栋宇倾圮。清光绪二十八年(1902)道士杨道春重修,数月告竣。三圣观原来有殿两间,祀关圣帝、观音菩萨。杨道春扩建为3间,中祀观音菩萨,左祀关帝,右祀孚佑帝君吕洞宾。吕洞宾,俗名吕岩,民间称孚佑帝君。题额"三圣观"。

下石堡

在霞云岭乡东北。唐代名石窟堡,又名石堡,后为上、下石堡。古为燕国地,西汉为利乡县治所,东汉属良乡县。此后历代,均属良乡县。其间北齐天保七年(556),良乡县省入蓟县,一度属蓟县。武平六年(575),复置良乡县,又属良乡县。

唐代威州威化县曾寄治于此。《旧唐书·志第十九·地理二》:"契丹陷营州,乃南迁,寄治于良乡县石窟堡,为威化县,州治也。"

金大定二十九年(1189),割范阳、宛平、良乡三县地,置万宁县,划归万宁县。明昌二年(1191)改万宁县为奉先县,属奉先县。元世祖至元二十七年(1290)年改奉先县为房山县,属房山县。明清为房山县石堡里。民国初,名下石堡,房山划分五区,属第五区。民国五年(1916)二月改设九区,属第九区。今属霞云岭乡。晚清,村中曾建文昌阁。

本卷收录下石堡碑刻2件:清代1件、民国1件,其中收录碑文3篇。

〇一八　京都顺天府房山县下时铺村众善人等建造文昌阁碑记

盖闻上古以文为主者，伏羲时有龙马负图之兆，文王时有凤鸣于岐山之瑞，皆圣王之吉兆也。虽然，美且善亦人之所难为也。当此时也，□世□□□天真离，分崩离析之意见矣，而愚民亦无所措手，又无善术可施也。偶然□同治元年，因此而合村公议置官房陆间，道院皆通，价银多寡莫记，以为后生诵读之所。始可感发村中之善志，惩创一村之逸志。而尽心竭力，只为好善。而好善以修德为要，而累仁以好施为先，古善人仗义轻财、募众士而成巨功者匪易易也。又因于同治三年共发同心建造东阁数间，高有数丈，以供尊神之宝殿。又同心议以造西阁数间，高有数丈，以安尊神之贵位。以阁告成，虽功成而未浩，亦难成也。其无募化万方，以愿及于四方村中之民，老幼而齐心协力，并无退所于前，财前俱争先恐后□□□□民视之犹平地也，虽一篑之募，积小而累成高大，不日而成也。神有殿□有所而众首之心慰矣。删诗书，定礼乐，演周易，修春秋，善教之以诵读者，乃文昌之神也。手持朱笔而生花，感后世之士登高者，奎星之神也。镇压凶恶者，九天真武之神也。于此而同心建造，厥功告成，虽曰人心之齐也，亦余一乡之祥也。第恐自今以往，□志之传文无据，而后之人亦无以知其创建之意于斯时也，为之记云。无书村浅，孤陋寡闻。永垂不朽。

大清同治陆年岁次丁卯五月谷旦立　雕刻匠人武勇　信士弟子齐胜　题

碑刻说明

清刻。在下石堡村。碑通高152厘米，碑首高49厘米，宽70厘米，厚15厘米。碑身高103厘米，宽67厘米，厚13厘米。碑额正书"万古流芳"。

碑文考释

碑文载建文昌阁事。

同治元年（1862），阖村公议置官房六间，后为当地子弟读书之所。同治三年（1864），建造东阁、西阁数间，高数丈，供奉文昌、奎星。

清末，国势不堪，房山山区民众，仍然发奋自强，创办乡校，建造文昌阁，一心发展教育。

〇一九　下石堡建造村公所碑

尝观于世人建功立业垂铭于久者，为后裔一览则明也。既留名，相传于万古千秋不朽也，无不创始共公有益之业耶。夫共公有益者而无一己之私也，譬如夏禹疏九河、铸九鼎之功，秦筑长城并百郡之能。此非常之圣作非常之事，立非常之德也。我非非常之人，造微区之劳，建微区之功者何也？是我村之公所素不堪局，又遇天灾，起于民国十三年七月一日日暮，骤雨成灾，□□洪水冲刷，清晨肝其骇瞩，俾一时街南之房屋片瓦而无存也。又加连年薄歉窒塞，经济困难，诚为水尽山穷之秋。民无聊生，何以整顿公业焉？延至二十年春季，凑巧王姓之宅院出售，公共会议商愿购置，虽即鸠工建筑公所成局，北房五间后靠官街，东房两间紧连通衢，西房两间西以火道赵中起，门楼天井壹所，外修泊岸，造起围垣至到南河。一日告竣，焕然一新，士农逍游，以作壮观。规定公约，需公款以村属地亩分摊。公立学校提人才，造文明之基础，振兴文化，置公产立公所，集会之行，虽未浩然之工程，较大比之小，无不各尽其诚而竭其力也。楮笔而无文，垂鉴于后，镌碑以表其记。

陈文泰撰文　赵峰书丹　石窝村张志　刘顺刻

建筑公所监工人员郑荣增　郑尊　郑英　郑荣桂　赵兰　邢德斌　赵恺　赵仑　赵德功

临时办公人郑荣民　郑荣身　赵伶　宋增　郑宗良　郑玉恒　邢德润　郑宗宪　郑全景　赵文财　郑玉文　郑玉旺　郑玉和　邝德文　田德常

中华民国二十四年岁次乙亥仲春上浣　谷旦

碑阴

盖人生于天地之间，则终身不惜创始之难，亦当为守成之旧业耳。既守成者以流传于后世，万古千秋而不磨蔑，从实作起，善后而不虚传也。是村公产之交具历久而年深，纸腐或字模糊，有被兵燹水冲而损矢，惟恐后疑而生乱也。原籍村东有官房三间，自清历同治元年七月间，村人郑潘村中村南有房六间，因居住不安，自遣中人郑建知、郑宝聚、赵聚、邢聚万等说合，以三间作为抵换村东官房三间居住，以三间卖与阎村，作价清钱壹百吊整，当即交清，两相情愿，绝不反悔。四至分明，北至官街，西至赵界，东至官街，南至王姓。六间皆属公有。至民国年间，三天水之，房屋因被水冲，零落不堪，住不相宜，亦遣中人郑荣增、邢德斌等说合，情愿卖与官会，作价银圆壹百块整，笔一交足，西至赵姓交界，南至大河，前后通归公所。又以村西七神庙官地之文契早年矢落无存，今将四至标明，西至岭头下以河沟，东至界墙、上通岩嘴邢姓交界，北至分水岭，南至大河，四至分清，其不相连。缘民国二十春季，七神庙修葺围垣，乐善之人无名士施大洋百圆。村东龙神庙、村西五道庙，二十四年重修，费洋百圆，亦善士同前人施助，俾儆善众效处。以上公产房地各界，重新修明，及善施者建碑嵌著，永保巩固不朽哉！

陈文泰录

河北省房山县石堡村阎会　民众公立

碑刻说明

民国刻。在下石堡村。碑通高160厘米，碑首高50厘米，宽65厘米，厚20厘米。碑身高110厘米，宽62厘米，厚18厘米。碑额正书双勾镌"万古流芳"。碑无题，题为著者添加。阴额篆书"永垂不朽"。阳、阴各有碑文1篇。

碑文考释

碑阳记载建造村公所事。

民国十三年（1924）七月一日傍晚，骤雨成灾，山洪暴发，下石堡村街南房屋片瓦无存，连年歉收，经济困难，"诚为水尽山穷之秋，民无聊生"。民国二十年（1931）春，王姓之宅院出售，阎村公议，购置下来，起建公所。北房5间，后靠官街，东房2间，紧连大路，西房2间，门楼天井1座，外修泊岸、造起围垣到南河。款项以村属地亩分摊。

建筑公所监工人郑荣增、郑尊、郑英、郑荣桂、赵兰、邢德斌、赵恺、赵仑、赵德功。临时办公人郑荣民、郑荣身、赵伶、宋增、郑宗良、郑玉恒、邢德润、郑宗宪、郑全景、赵文财、郑玉文、郑玉旺、郑玉和、邢德文、田德常。

民国二十四年（1935）立碑记事。

碑阴载村民郑潘换卖房产，及七神庙、龙神庙、五道庙诸事。

村东有官房3间。清同治元年（1862）七月，村民郑潘在村南有房六间，居住不适，托中人郑建知、郑宝聚、赵聚、邢聚万等说合，以其中3间抵换村东官房3间居住，另外3间卖给村里，作价清钱100吊整。四至分明，北至官街，西至赵界，东至官街，南至王姓。六间皆为公有。到民国年间，三天大水，房屋被水冲击，零落不堪，不能再住，委托中人郑荣增、邢德斌等说合，情愿卖给村中官会，作价银圆100块整，西至赵姓交界，南至大河，前后通归公所。

村西七神庙官地文契，早年失落无存，将四至标明，西至岭头下以河沟，东至界墙上通岩嘴邢姓交界，北至分水岭，南至大河连。民国二十年（1931），七神庙修缮围墙，乐善之人无名士施大洋100元。

村东龙神庙、村西五道庙，二十四年（1935）重修，费洋100元，亦善士同前人施助。

房山碑刻通志

南窖乡

在房山区西北。古为燕国地,西汉属利乡县。东汉利乡县废,属良乡县,此后历代均属良乡县。其间北齐天保七年(556),良乡省入蓟县,一度属蓟县。武平六年(575),复置良乡县,又属良乡县。金贞元三年(1155),营大房山陵,南窖乡在金陵兆域之内。南窖沟在大石河左右岸,为金陵北界。

《大金集礼·卷十二至十七》:"自万安寺西山为头打量至西面尽北南郊涧口,旧封堠计地六十二里零一百四十四步。自南郊涧口旧封堠以西上冶村按连排立。"今南窖是由"南郊"演化而来。

八百年前的金代,南窖乡境为金陵兆域禁区,圣旨严禁砍柴打猎,更无居民。《金史·卷三十五·志第十六·礼八·大房山》:"敕封山陵地大房山神为保陵公,……其封域之内,禁无得樵采弋猎。著为令。"

金大定二十九年(1189),割范阳、宛平、良乡三县地,置万宁县,划归万宁县。明昌二年(1191)改万宁县为奉先县,属奉先县。元世祖至元二十七年(1290)年改奉先县为房山县,属房山县。明永乐年间,山西移民徙居南窖山区,最初村庄为南窖村、中窖村、三安子、水峪村。其他各村清代以后逐渐有人居住,民国时期尚未登记在册。民国初,房山划分五区,属第五区。民国五年(1916)二月改设九区,仍属第五区。

1952年划归京西矿区。1953年设南窖乡。1958年撤销南窖乡,为河北人民公社南窖管理区,属周口店区。1960年改周口店区为房山县,属房山县。1961年设南窖人民公社。1980年划归北京矿务局工农区办事处。1983年撤销南窖人民公社,成立南窖乡。1992年划归房山区。

本卷收录南窖乡碑刻2件,均在南窖村。收录碑文2篇、碑阴题1则、附录钟铭1篇。

南窖村

南窖乡政府所在地。北邻中窖，东邻三安子，南邻水峪村，西邻花港村。古名南郊。八百年前为金陵禁地，一向荒无人烟。明永乐年间，山西移民徙居成村。此地沟通山里山外、河套上下，古为交通要冲，盛产煤炭，特殊的地理位置和煤炭交易，使南窖村成为房山十大古商镇之一，也是西北山区惟一的商镇。清光绪二十二年（1896），卢保铁路（卢沟桥至保定）琉周支线、良坨支线竣工通车。清宣统三年（1911）五月坨青高线竣工。交通的改善，促进了南窖山区采煤业的空前繁荣，进而促进南窖商镇的繁华。历六百年至今，南窖村仍然保存了古商镇的原貌，原汁原味的古商街、古翁子、古民居，明代古庙北极玄帝庙、碧霞元君祠，清代古戏楼，成为京西古商镇的活标本。

本卷收录南窖村碑刻2件：清代1件、民国1件，其中收录碑文2篇、碑阴题1则、附录钟铭1篇。

○二○　重修仁义局碑记

　　仁者爱之德，义者事之宜，仁义之名古今并重。我村风称仁，里久号义，乡充乎其仁，仁可以昭日月；精乎其义，义可以薄云天。仁义入人深矣。乃有一二好仁慕义者出，既备仁义之名，当责仁义之实，于是阖村公议由道光年间始建仁义局碑记，凡一切差务不出于村中，而独出于仁义局者，良以仁义局所入水前自有足年差务者，何必责差务于一村哉！是以阖村安堵，共享太平。富厚之家既免追呼之苦，贫穷之户亦无租税之忧，皆仁义之立，所以留贻于未艾也。於戏！前辈遥矣，而未遥者其仁。前人往矣，而未往者其义。仁至义尽，而令千载后之人莫不收其仁而思其义也，不亦善乎？不料光绪十四年七月初五日山水暴潦，一夜之间，忽将我村仁义局碑记荡然无存，村董事诸人目睹心伤，不忍旧制终湮，由是阖村公议，重建碑记，姑为仁义局之志云尔。

　　本村廪膳生荫枝　果树并撰文书丹

　　本邑铁笔人贾兴　王义镌刻

　　本村来五　李天福书丹

　　经理人刘浩　蔡廷玉　郑宝贤　杨德　赵瑞　冯银　史德祥　赵宗魁　冯德禄　史玉瑞　陈德正　蔡廷玺　罗鉴　霍保祥　傅永　王顺

　　大清光绪二十三年岁次丁酉十月既望谷旦　阖村公立

碑阴

　　重修仁义局阖村公用众驼店规费并一切置到施舍坡地、井道、树木，人名间列于后：

　　本村众驼店规费一日每驼清制钱壹拾文。

　　中窖村

花儿巷众驼店规费，每店照旧年；办理阁村规费，每店照旧年。

黄土岩

一王景有同侄王峰施舍中窖村祖遗界域之内有河沟一段：上至王姓，下至朱姓，南至厂外大墙根，北至厂外大墙根。

一董兰施舍北面坡场一段：东至黑牛石，西至董姓水流沟，上至李姓，下至水流沟。

一于全同胞弟朝、同胞侄德江施舍祖遗碾子壹盘，归阁村公用。

一韩永安施舍祖遗街前地方壹块：东至道，西至横墙，南至火道，北至官街。

一阁村置到李万财清水港沟口道路一条，每年归阁村修补开砍，不准李姓当夺。

一阁村置到霍德芳同子旬、银，孙三辛北坡山场一段，上至坡尖，下至横道，东至岭，西至水流沟。

一史玉芳施舍史家台槐树一棵。

大清光绪二十三年孟冬月中浣谷旦　阁村公立

碑刻说明

清刻。在南窖村碧霞娘娘行宫。碑高230厘米，宽73厘米，厚20厘米。碑额正书"义著千秋"。

碑文考释

此碑记载重修仁义局石碑的因由经过，而不是重修仁义局。

仁义局，是南窖商镇的一个商号。当年，因为仁义局收入丰厚可观，又以"仁义"为商号名称，南窖村全村公议，村里一切差务费用不出于村中，而由仁义局承担，富厚之家既免追呼之苦，贫穷之户亦无租税之忧。为做个见证，道光年间，在南窖村西庙即碧霞娘娘行宫立碑记下约定。不料，光绪十四年（1888）七月初五日，山洪暴发，将仁义局碑冲走。阁村公议，重建此碑，于光绪二十三年（1897）十月十五日，立于西庙二进院中。碑阴记载南窖、中窖、花儿巷驼店规费数目，及南窖村置道、置地，村民于全同等舍地、舍碾、舍树事。

今人见碑记题《重修仁义局碑记》，误认为此碑所在之建筑为仁义局，这是望文生义的错误，以至文物登记误录为"仁义局"。其实，此建筑实为碧霞娘娘行宫。

碧霞娘娘行宫，俗称娘娘庙。坐落于南窖村西头。始建于明代。碧霞娘娘，为碧霞元君，俗称泰山娘娘，在道教中是庇佑众生、灵应九州、统摄岳府神兵、照察人间善恶的女神。碧霞娘娘行宫前院正北有正殿3间，前出廊柱，前廊两侧有壁画，东西庑殿各3间。后院正殿3间，东西配殿各3间，东侧有跨院。此庙做过粮店，后来做过小学校、村公所。因年久失修，部分殿宇坍塌。2015年，房山区文化委员会启动碧霞元君祠修缮工程，年内竣工。

〇二一　重修玄帝庙碑记

（缺文）过加以爱惜，深其保护，便其旷日持久，勿为今一（缺文）有亦更物有损坏，成者不能保其终成，守者不能望其终守。（缺文）而以继创始之艰，此东迁而后周京者所以有禾黍之感。（缺文）神灵之显赫，以及佛像之庄严，遐迩咸仰者，其创造之年在（缺文）已二次，□□残碑断碣，依稀可识也。殿前古柏便拱，不抱廊下（缺文）之，侵蚀既久，墙壁倒而宝阁脊梁折而日漏，神像之不堪非缺（缺文）如年荒岁馑，欲再重修，而力不足。幸于民国十年，本村乐善（缺文）位善士暨远近好施君子，庶几集腋成裘，善事可举。因鸠工（缺文）肇修，不数月而告竣。又于庙之前后两殿禅房甕门围墙（缺文）人力成之，实由神灵之默祐，与夫慷慨者不惜财督率者不辞（缺文）。

中华民国十二年夏月　谷旦敬立

碑刻说明

民国刻。在南窖村玄帝庙。碑残高120厘米，宽70厘米，厚14厘米。碑额正书"名重不朽"。

碑文考释

玄帝庙，位南于南窖村中偏东，始建于明朝初年，距今已有600余年。进西翁桥，沿南窖古街东行，一座古庙赫然在望，这就是真武庙。真武庙坐北朝南，占地五亩，三进院落，主要建筑有影壁、山门、前中后三大殿及东西配殿，四周是青瓦花墙。进山门，前殿2间，左右配殿各2间。正殿供奉刘、关、张、赵云的神像。中殿2间，左右配殿各2间。正殿供真武大帝。后殿2间，左右配殿各2间。正殿供菩萨神像。真武庙自创建后，有记载的重修有4次。清代3次，民国1次。分别是清康熙四年（1665），清嘉庆年间（1796—1820），清光绪二十二年（1896），最后一次重修在民国十年（1921）。1956年，在玄帝庙西面的空地上建立南窖中学。2001年南窖小学改扩建，修葺仅存的玄帝庙的中殿和后殿，修瓦，彩绘，上漆。 至今，山门仍是明代时建筑。玄帝庙见证了南窖古村的历史。

此残碑记载了民国十年（1921）重修玄帝庙的经过。

附录

北安村白衣庵大钟铭文

钟肩

皇图永久天运隆昌道日光明法轮常转

上部

京都顺天府涿州房山县太平里三庵村白衣庵铸造大钟信士开列于后：

东庵村信士罗文肇；男，罗三桂、郭氏，男，罗珽、罗湖。罗文卿、元氏；男，罗三才；男，驴子。罗文礼、刘氏；男，罗三顺、杨氏。罗文仕；罗三肖、李氏；男，长命。罗三智、安氏；罗三慧、李氏；罗文奇；侄，罗三益、曹氏。罗门王氏；男，罗三谏、傅氏；罗三光、刘氏；罗三福。罗门谢氏口口；罗三重；侄男，罗显六儿。罗三礼、牛氏；男，罗星。李门李氏；男，李守基、陈氏；李守显、王氏；李守明。西庵信士傅秋；男，傅应诚、刘氏；傅应扬、口氏；傅联口，张氏。傅成、杨氏；男，傅应口、杨氏。傅应、口郭氏；傅应口、陈氏；傅应口、李氏；傅应江；傅应选、董氏。傅应昌、赵氏；男口儿。傅应元、李氏；傅连显、刘氏；傅连悦；傅连旺。

信女傅门李氏。袁门蕲氏；男，袁启明、张氏□儿。李文良、付氏；男，李成、李氏；李清；李浩。傅应凤、李氏。赵进忠、沈氏；男，良□。傅门、赵氏；男，傅应□、吴氏。付门陈氏；付应富。傅应殿、于氏；傅联兴。傅应珍、孙氏；男，□显。傅应宝、□氏；傅连桂。沈门彭氏；男，沈奇、王氏；沈刚；沈□、郝氏。□□，赵进义、王氏。

北庵村信士沈杰、陈氏；男，沈□□、贾氏。王有智、史氏；男，王自公、景氏；王自□、□氏。傅宽、王氏；男，□□。沈良、高氏；男，沈王才。傅儒，傅门冯氏；男，成儿。傅高王氏；四儿；三儿。傅门、孟氏；男，傅杰、马氏；男三□、付氏、□氏。王□□、张氏。蔡英玉；男，蔡文龙、马氏；蔡文□、王氏。蔡门贺氏；男，蔡文□、杨氏；蔡文同、李氏。蔡门徐氏；男，蔡江。李□□、罗氏；男，李似林、张氏；李似奉。张□□□，杨甫。信士王朝宾。

□□村信士张明德。张懋德。李□，李珍。李门于氏，李凤。西石甫信士王永贵、山氏；男王征。

南窑村信士赵□□、霍世艾、隗文学、史进礼、王自文、霍世柱、陈邦瑞、李进善、李境兰、郄宗支、李学善、王友志、李朝南、于跃云、杨朝凤、张德明、于跃渊、于跃瀚、李明善、聂自顺、郑如汗、郑子凤、许福、李望兰、陈□□。

信女李门李氏、马门李氏、郄门杨氏、史门贾氏、王门张氏、孔门秦氏、王门李氏。

天仙庵住持比丘僧慧成。水峪村信士王宗□、王自先、杨自见、王进善、杨自有、陈万同、杨春、杨全、刘有德、刘有功、隗自贵、王进表、陈景、贾问炳、杨自隆、杨夏、王进印。

常操村信士杨弘太，郦才、史氏。北窑村信士高尚忠，高朝云、李氏，杨添性、罗氏，杨添存、周氏，聂夆，蒲文学、王氏，隗应夏，崔弘基。

河南村生员郑子瑶，京都御马监信士，郑之麒、李氏，，郑国桂、李氏，景晋弘、冯氏，王明洞，郑仓米。真定府信士安世禄、范望、孙大瑞。山西信士武进有、王谏。

顺天府大城县信士白士英。河南彰德府汤阴县信士索佳印。

良乡县果各庄信士张士虎，陈如、卢氏，段之贤、陈氏，炼门姜氏、炼甫照。

太上弥罗无上天，妙有玄真境。渺渺紫金阙，太微玉清宫。无极无上圣，廓落发光明。寂寂浩无宗，玄范总十方。湛寂真常道，恢漠大神通。玉皇大天尊，玄穹高上帝。

旹大清康熙二十二年岁次癸亥季夏月吉日虔造

下部

罗三重、李氏，六儿。罗门谢氏，罗显，六儿。罗三礼、牛氏，罗星。李门李氏，李守基、付氏，李守显、王氏，李守明。

西庵村信士傅义、霍氏，傅秋，傅成、杨氏，傅杰、马氏，傅亮、王氏，傅宽、王氏，傅儒、张氏，傅应江，傅应宫，傅应□，傅应选、董氏，傅应殿、于氏，傅应聘、吴氏，傅应□、杨氏，傅应诚、刘氏，傅应□、□氏，傅应显、赵氏，傅应珍、孙氏，傅应旗、陈氏，傅应凤、李氏，傅应朝、张氏，傅应宝、栗氏，傅应元、李氏，傅应扬、高氏，傅应□、李氏，傅应达，傅应启，傅联升，傅联显、刘氏，傅联芳、张氏，傅联贵，傅联兴，傅联悦、□□，傅联弼，傅联美，信女傅门孟氏，傅门李氏，袁门□氏，傅门赵氏，傅门冯氏，信士赵进忠、沈氏，赵祥，李添良、付氏，李清，李成□，赵进益、王氏，李浩。北庵村信士蔡万□，蔡文龙、马氏，蔡文□、□氏，蔡门贺氏，蔡文□、□氏，蔡门徐氏，蔡文□、李氏，蔡□，沈杰、隗氏，沈玉英、□氏，沈良、高氏，沈玉才，沈玉志，沈刚，沈儒、□氏，沈门彭氏，沈奇、王氏，王有智、史氏，王自公、景氏，王自□、□氏，李根沈、罗氏，李似林、张氏，李似凤。信女于门杜氏，王门王氏，李门魏氏。

宛平县信女杨门刘氏，□房村信士邬朝杰，本庵焚修住持系山西乐平县人玄子常一鉴，房山县道会司赵福约，宛平县西山清水社上清水村住人王吉稳、王二学、王吉邦、马汝秀、李应俊、梁德思。

大钟说明

北安村白衣庵铁钟，现存于北京大钟寺。清康熙二十二年（1683）铸造。通高148.5厘米，口径99.5厘米，有残缺。据钟上铭文及图案来看，此钟应是一口道教用钟。蒲牢钟钮。钟肩饰莲瓣一周16朵。莲瓣下有一周铭文。钟腰以三道凸弦纹将钟体分成上下两部分，每部分有8个以范线分区的铭文区。下部两个区内铸有花草、莲花、飞鹤、龙、树木等图案。钟裙上部铸有八卦符号，符号之间有云纹。钟裙部铸有花纹及四枚撞击钟月。

房山碑刻通志

佛子庄乡

在房山区西北。东与河北镇交界，南连燕山地区、周口店镇、南窖乡，西邻霞云岭、史家营乡、大安山乡，北与门头沟区接壤。

古为燕国地。西汉属利乡县。东汉属良乡县。此后历代均属良乡县。其间北齐天保七年（556），良乡省入蓟县，一度属蓟县。武平六年（575），复置良乡县，又属良乡县。金大定二十九年（1189），割范阳、宛平、良乡三县地，置万宁县，为万宁县神宁乡。明昌二年（1191）改万宁县为奉先县，为奉先县神宁乡。元初仍为奉先县神宁乡。元世祖至元二十七年（1290）年改奉先县为房山县，属房山县。明清代属房山县。

清康熙三年（1664）《房山县志》6 村在册：陈家台、班各庄、佛子庄村、长操村、北窑、英水村。另有黑龙关、贾峪口 2 村属宛平县。

光绪十二年（1886）《顺天府志》10 村在册：陈家台、班各庄、英水三、西安村、查儿村、佛子庄村、北窑村、长操村。另有黑龙关、贾峪口 2 村属宛平县。

民国初，房山县划分五区，陈家台、北窑村、查儿村、上英水村、下英水村、中英水村、佛子庄村、长操村、西安村、北窑村、东班各庄、西班各庄属第五区。民国五年（1916）二月改设九区，仍属第五区。贾峪口、黑龙关 2 村属宛平县。

1952 年 9 月归属京西矿区，1958 年 4 月归属周口店区，1958 年 9 月归属周口店区河北人民公社。1960 年，撤销周口店区，恢复房山县，属房山县。1961 年设佛子庄人民公社，1962 年改佛子庄人民公社为班各庄人民公社，1971 年改班各庄人民公社为东班各庄人民公社。1980 年划归北京矿务局工农区办事处管理。1983年撤销东班各庄人民公社，建立东班各庄乡。1993年6月东班各庄乡改属房山区，与长操乡合并设立佛子庄乡。辖陈家台村、东班各庄村、西班各庄村、陈家坟村、北峪村、黑龙关村、佛子庄村、红煤厂村、北窖村、下英水村、中英水村、上英水村、西安村、查儿村、长操村、山川村、贾峪口村、石板房村18村。其中陈家坟村、北峪村、红煤厂村、山川村、石板房村5村民国《房山县志》无载，成村较晚。

自五代时期，刘仁恭便在佛子庄乡的白城湾设关隘，明代为内三关西山要隘，名乌龙口，又叫黑龙关。黑龙潭古为祈雨胜地，元代创建龙神庙于潭侧。

本卷收录佛子庄乡碑刻6件，分布东班各庄、黑龙关、上英水3村，其中东班各庄1件、黑龙关4件、上英水1件。收录碑文5篇、碑阴题2则、墓题1则。

东班各庄

在佛子庄乡东北。西与西班各庄隔河相望,东南邻陈家台。初名班各庄,见清康熙三年(1664)《房山县志》,为佛子庄乡六古村之一。民国时分东、西班各庄。民国初,房山划分五区,东班各庄属第五区,民国五年(1916)二月改设九区,东班各庄仍属第五区。今属房山区佛子庄乡。

本卷收录东班各庄碑刻1件:金代1件,其中收录碑文1篇。

〇二二　大安山龙泉峪西石堂尼院第二代山主超师塔

涿郡石经义藏谨为铭

吾佛设八敬法，度苾刍尼已，悬记将来，有能禀受，有不能者。今山主超师，肃严妙行，禅律兼融，号能禀受奉行者，善继其前，无忝于后，不可得而称也。法名善超，姓刘，武清县田左里人。年二十九落发，礼都城五华院开座主为师。皇统中登戒品，觉花以照，智炬内明，参觐清安大士，辅弼临潢先山主益师开山建院，助力居多。大定二十四年三月二十六日，以疾示化于西石堂院，寿八十有五。具戒门人圆通，为师崇建石塔，以藏灵骨于本院之阳。呜呼！山主平生谦光老实，仁爱慈恕。山居五十余年，诚谛之操，初无改节。此由天纵，不假外饰而已。于是，归崇者浸广，信向者弘多。其于荷众精勤，惟恐行愿不备。故得山门整饬，日愈月隆。门人圆通，继主院事。慎终如始，或转茂于前。次门人圆信、圆明、圆行，皆盖世。义藏瞻风峭行为久，铭曰：

大师既教年世深，阳春白雪声□□。龙华燕崿云濛濛，清安妙玄无弦琴。调高和寡无赏音，阿师锻炼求安心。八十五年功德倦，瞥然一晌殊古今。有□□碍转瑶琳，如来寂无诸相侵。

七俱胝佛母心大尊那真言（梵文）

尊坛

大定二十九年三月十六日　山主普净　门人大众等同建

碑刻说明

金刻。在东班各庄村。为金代经幢，拓八纸，尺寸相同，每拓高76厘米，宽17厘米。

幢文考释

幢题"大安山龙泉峪西石堂尼院第二代山主超师塔"。一般概念,大安山指大安山乡之大安山,误以此幢在大安山乡。其实,大安山乡之大安山乃大安山主峰,此幢之"大安山",即大安山脉。大石河发源于百花山之大寒岭,穿行于西北山区而东流,左岸山脉统称大安山,右岸山脉统称大房山。故此处佛子庄乡东班各庄村西石堂院称"大安山",而处于下游的黑龙关龙也称"大安山"。

山主善超,姓刘,武清县田庄里(今属天津市武清区)人。29岁落发,礼都城五华院开座主为师。皇统中登戒品,"参觐清安大士,辅弼临潢先山主益师开山建院,助力居多"。知东班各庄村山院为金代所建。善超为创建人之一。善超山居50余年,大定二十四年(1184)三月二十六日,示化于西石堂院,寿85。门人圆通继主院事,大定二十九年(1189)三月十六日建石塔,藏灵骨于本院之阳。门人圆信、圆明、圆行早逝。

按其卒年,善超生于辽道宗寿昌五年(1099),29岁在五华院落发,时在金天会六年(1128)。

五华院,即今十方普觉寺,位于北京市西山北的寿牛山南麓、香山东侧。该寺始建于唐贞观年间(627—649),原名兜率寺,又名寿安寺。辽代及金初,称五华院。金代大定年间寺址建有五华观,直到元代后期五华观一直由全真派道士们主持。元英宗至治初期,观址划归佛教,在此修建寿安山寺。元末寿安山寺(大昭孝寺)建造工程浩大,历经英宗、泰定帝、文宗时期,长达10余年才告落成。当时冶铜50万斤,铸造伟巨精美的铜卧佛造像,保存至今日。明初一度改名洪庆寺。明代正统年间重修,称寿安寺。景泰、成化、嘉靖、万历年间皆予重修,寺名依旧。清雍正十二年(1734)重修后改名为普觉寺。寺内有唐代檀木雕成的卧佛,元代又铸造释迦牟尼佛涅槃铜像一尊,因此俗称"卧佛寺"。

"皇统中登戒品,参觐清安大士,辅弼临潢先山主益师开山建院,助力居多"。金熙宗皇统年间善超受戒,先谒清安大士,后协助临潢先山主益师开山创建西石堂院。"益师"为第一代山主,善超为第二代山主,到大定二十四年(1184)示化。自其29岁到五华院出家,至于示化,整整56年。故幢文称其"山居五十余年"。

善超在五华院大约 10 余年，至金皇统受戒，此后移住东班各庄西石堂，协助临潢益师创建西石堂院。益师示寂，善超继为第二代山主。善超过世，其弟子圆通普净为第三代山主。

《七俱胝佛母心大尊那真言》，出自《佛说七俱胝佛母心大准提陀罗尼经》，唐垂拱二年（686）天竺三藏地婆诃罗译。

黑龙关

在佛子庄乡西。南邻佛子庄,北邻东、西班各庄。古为燕国境。西汉属利乡县。自东汉始,历代属良乡县。五代时,刘仁恭据险设隘,名白城湾。金大定二十九年(1189),划归万宁县。明昌二年(1191)改属奉先县。元属房山县。明成化二十年(1484)在村头设乌龙口,亦称黑龙关,黑龙关村从此属宛平县。历清至民国初,属宛平县。至民国二十五年(1936)复归房山县,属房山县第五区。今属房山区佛子庄乡。黑龙关村有黑龙潭,潭上有龙神庙,古为祈雨之地。

本卷收录黑龙关碑刻4件:元代1件、清代3件,其中收录碑文3篇、碑阴题2则、墓题1则。

〇二三　房山县大安山龙海观创建黑龙潭庙记

翰林学士承旨光禄大夫知制诰兼修国史欧阳玄撰
前大都路房山县儒学教谕杨德庸书
大中大夫崇文太监周伯琦篆

房山之大安山，山之上有龙湫，深不见底，以纼度之，下彻山趾，世相传有黑龙君居之。至正十年岁庚寅夏五月至六月不雨，今银青荣禄大夫中书平章政事搠思监奉诏留镇京师，召京尹赤县令等官遍走群望，又率僚属诣在京名寺观咸祷焉。雨不至，平章公忧之。归家露香祷于庭，左右曰："房山有黑龙潭，祷雨辄应，盍往扣之？"登遣今留守司都事萨理弥实奉香币行，仍戒有司遣价，又玉虚宫十一代真人张公门徒明道洞微大师毕辅贵偕往。既至，辅贵等沥平章公闵雨之诚于龙。明日，龙见灵异。观者喜曰："雨之征也。"既而大雷电以雨，圻甸方数百里皆霑足，槁苗尽起。及秋，五谷胥熟。于是，父老以龙君未有祠，请作新庙，以彰神休。辅贵愿募众财，凭潭依山，叠石筑坛，高二丈许，广可二百余步，因坛为庙，中作正殿三间，东西屋如之。外为神门，设阑楯，临潭上。中塑龙君像，服饰如贵者仪，旁列雷雨部诸神以侑。次及祀神之庖、守祠之舍，内外偕作。经始于十年之秋，落成于十二年之冬，费楮币五万三千缗有奇。十四年夏六月，京师又逾月不雨，公复遣萨理弥实祷如前。将行，致公之意，以庙记属玄。时玄感暑下痢，连日病不能兴，闻命强起而默祷曰："龙君即致甘澍已时灾，当力疾以偿诺责。"十三日壬寅往祷，丙午大雨，己酉又大雨，自是雨屡集，是岁有秋。都人每雨，见风云雷电皆起西南，自房山来，知为龙君所致。萨理弥实竣事还，以喜雨告，玄疾亦稍甦，乃记之曰：天有三德，帝坐所在，诸星环之。国有京城，天子所居，百神卫之。房山密迩燕都，多深山修谷，实生神龙，疏附奔奏，居百神之先，理之必然也。且京师天下之本，盛夏兼旬不雨，舟漕不甈，物贾日翔，四方辐凑者忧之。又旬日不雨，饥馑疾疫将作，居民忧之。斗讼盗贼滋蕃，朝廷有司忧之。一雨而百忧释，四方安。故房山之龙能雨京师，有功于国甚大。《礼记·祭法》曰："能御大灾者祀之，能捍大患者祀之。"新庙之作，于祭法为宜。或曰："社壝而不宇，今庙焉以居龙何？"曰："地载神气，神气风霆，风霆荒形，庶物灵生，社欲其露处以受生气也。龙者天之生气，能为膏泽以生万物者也。其质为阳，阳动必静，静必伏藏宇以栖神宜。"又曰："肖龙像以人何？"曰："龙有变化，不测之神。人而为龙，龙而为人，古今多有之。异时襃崇之典，请于大廷，议于奉常，为侯为公，衣冠牲特，祝号祭式，必视人爵。庙也，像也，揆之事理皆宜。"平章公蒙古怯烈氏，国初以来，元勋世臣之胄。其父祖、子孙、群从、昆弟，丞相、御史大夫，接踵不绝于朝。故其体国也切，其忧民也深，其祷神也能竭其诚。乃作迎享送神诗，俾工歌其辞以祀，并刻之石。辞曰：

龙胡为兮山之鳌？风气固密兮冈峦绸缪。龙奉命兮宅阻幽，扈帝室兮拱神州。神州兮盛夏不雨，相臣忧兮奉牲醑。牲肥兮斋香，龙来歆兮不遑处，大震电兮从玄冥。云飞炮兮雨建瓴，雨优渥兮年谷熟。年谷熟兮神州足，神州足兮万邦福。龙盘枢兮此有屋，龙欻起兮安之乘。灵和兮薄希夷，风雨旗兮绝天河。瀚玄云兮扬素波，帝曰劳女兮复女居。新庙翼翼兮山盘纡，房之山兮雨之府。鼓坎坎兮巫屡舞，泽我民兮万万古，国有秩兮食兹土。

至正拾肆年岁在甲午拾月己丑朔癸卯日　朝真宫明道洞微大师毕辅贵吉时建　石匠赵义刊

碑刻说明

元刻。在黑龙关村。拓片碑高140厘米，宽79厘米。碑额篆书"大都房山县大安山创修黑龙潭庙记"。

碑文考释

碑题"房山县大安山龙海观创建黑龙潭庙记"可见，元在黑龙潭所在的黑龙关属房山县无疑。大石河北岸统称大安山，大石河南岸统称大房山。黑龙潭居大石河北岸，其山故称大安山。

此碑载黑龙潭龙王庙创建事。

至正十年（1350）五月至六月，久旱不雨，银青荣禄大夫中书平章政事搠思监奉诏留镇大都，召京尹和宛平、大兴县令等官遍走群望，又率僚属亲往大都著名寺观祷告，仍然滴雨不降，搠思监深为忧虑。回到家里，在宅院焚香祈祷。身边的人说："房山县有黑龙潭，祷雨灵验，何不前去求雨？"于是命留守司都事萨理弥实奉香币去房山县黑龙潭，责令官员差遣仆从跟随，又差玉虚宫十一代真人张公门徒明道洞微大师毕辅贵同往。到了黑龙潭，毕辅贵等向神龙代述了平章政事搠思监求雨的至诚之心。翌日，果然雷雨大作，大都方圆数百里雨量充足，枯萎的庄稼恢复了生机。到了秋季，五谷丰登。

父老因龙君尚无祠庙，请求在龙潭旁建龙王庙。毕辅贵自愿募化众财，凭潭依山，叠石筑坛，高2丈许，广200余步，建庙于坛上，中间正殿3间，东、西配殿各3间。外为山门，临潭设栏楯。正殿塑龙王像，两旁列雷雨部诸神。祀神厨房、守祠屋舍俱全。至正十年（1350）秋兴工，至正十二年（1352）冬落成，历时两年有余，耗资五万三千余缗。

至正十四年（1354）夏六月，大都又一个多月不下雨，搠思监又命萨理弥实到黑龙潭祈雨。六月十三日壬寅祷告，丙午时分大雨即降，己酉又降，自此雨屡降，这年秋天，又获丰收。

此碑碑阴因碑文风化，字迹模糊，没有抄录。经辨认，碑额正书"良乡县官吏道教助耆老"，碑阴记载了功德主名号，排前为元代官使，继为寺观住持，可辨认的寺观有白雪寺、智信寺、龙泉寺、祐玄观等。继而为良乡县相关村善众的名号，如紫草务（今紫草坞）、永安村、赵村等。碑右有宛平县善众题名一则。尾为黑龙关龙王庙香火地四置。值得注意的是，碑文中并未出现黑龙关村，个中因由需赖出现新的证据支撑，然后再下结论。

搠思监，野先不花孙，湖广行省左丞相亦怜真子。泰定（1324—1328）初，袭宿卫长，任必阇赤（令史）怯薛官。文宗至顺二年（1331），任内八府宰相。顺帝元统初（1333），任福建宣慰使都元帅。（后）至元三年（1337），任江浙行省参知政事，受命督理海运，漕米300余万石于京师。六年，升右丞，整治福建盐法。至正年间，历任中政使、中书参知政事、右丞、御使大夫、中书平章等要职。至正十六年（1356）弹劾中书左丞相哈麻谋立皇太子爱献识理达腊，以顺帝为太上皇事，杖杀哈麻，进中书左丞相。次年，升右丞相。以恃权擅政，贪受贿赂，印造伪钞，匿报军情，鬻狱卖官，屡遭朝臣弹劾。至正十九年（1359），出为辽阳行省左丞相。次年，复中书右丞相。阴结资政院使宦者朴不花，欲使顺帝禅位于皇太子，对四方警报、将臣功奏皆匿而不奏。与拥兵在外的中书平章扩廓帖木儿相结，排斥异己，使内臣遭陷，外臣失权。至正二十四年（1364），中书平章孛罗帖木儿称兵犯阙，必欲除搠思监方休，迫顺帝将其交出。后被孛罗帖木儿处死。《元史》列传第九十二有传。

欧阳玄，字元功，号圭斋，祖籍分宜县防里村，湖南浏阳（今湖南浏阳）人，是欧阳修之后裔，元代文学家。生于元世祖至元二十年（1283），延祐二年（1315）诏行科举，欧阳玄取中进士第三名，为官四十余年，六入翰林，两为祭酒，以史学成就为最，以诗文闻名天下。因其学识渊博，文绩卓著，人称"一代宗师"，与王约并称元代"鸿笔"。元统元年（1333），改任太常礼仪院事，拜为翰林直学士，编修四朝实录。不久又兼国子祭酒。后又应诏到中都商讨事务，升为侍讲学士，再兼国子祭酒。(后)至元五年（1339），因足患麻木症，请假南归医治，元顺帝未允，授予翰林学士。不久恳请辞官，元顺帝仍不允，让他上朝时免于行礼。改元"至正"，更改朝政，凡行不便之事，在宫廷中议政时，他都直言无忌。不久南归。后又起任翰林学士，因病未行。皇帝下诏修辽、金、宋三代历史，玄任总裁官。他为此制定统一的条例，文中有不合要求者，玄亲笔改正，至于论、赞、表、奏都由玄执笔。 至正五年（1345），顺帝因他历任几朝的官职，且修三史有功，又任命他为翰林学士承旨。不久他又请求辞官，顺帝仍未答应。御史台奏请任命他为福建廉访使，行至浙西，旧病复发，请求退休，隐居南山。后又任翰林学士承旨。玄多次恳切辞官，未获批准，授他湖广行中书省右丞的职务，并赐白玉束带，给以终身的俸养。正要动身，元顺帝又不同意，仍命其任翰林学士承旨，进阶光禄大夫。元惠帝下诏修撰辽、金、宋三史时，以欧阳玄为总裁官。至正十一年（1351），元朝以贾鲁为总治河防使负责治理黄河，功成后又命欧阳玄制作河平碑文以表彰此次治河的功绩。至正十七年（1357）十二月二十九日，欧阳玄病逝于大都，享年八十五岁。

周伯琦，字伯温，自号玉雪坡真逸、坚白居士，元饶州鄱阳（今江西波阳）人。生于元大德二年（1298），幼随父宦游大都（今北京），入国学，为上舍生。

曾为翰林修撰。元顺帝至正元年（1341），改奎章阁为宣文阁，伯琦任授经郎。十三年，迁崇文太监，兼经筵官。历任翰林直学士、监察御史、浙西肃政廉访使。元亡翌年（1369）卒于家中。《元史》本传称："伯琦博学工文章，尤以篆隶真草擅名当时。"篆书习徐铉、张有行笔，其字肥润可爱。至正二十二年（1362）临《石鼓文》册，现藏故宫博物院。著有《六书正讹》《说文字源》及《近光集》三卷，《扈从集》一卷。周伯琦工书，名显于当时，《元史》记载"帝以伯琦工书法，命篆宣文阁宝，乃题匾宣文阁及摹王羲之所书《兰亭序》、智永所书《千字文》，刻石阁中。自是累转官皆宣文、崇文之间，而眷遇日隆矣。"同赵孟頫一样，也是皇帝"字而不名"的人物。

○二四　黑龙关龙王庙出家道号至崐之墓

奶地京都顺天府房山县佛头庄李

生于康熙五十年八月二十六日

黑龙关龙王庙出家道号至崐之墓

羽化于乾隆三十七年五月二十日

大清乾隆三十八年岁次癸巳孟夏吉日立

碑刻说明

清刻。在黑龙关村龙神庙。碑额正书"万古流芳"。碑题为添加。

碑文考释

据此碑，至崐姓李，顺天府房山县佛头庄人。出家于黑龙关龙王庙，今称龙神庙。生于康熙五十年（1711）八月二十六日，卒于乾隆三十七年（1772）五月二十日，寿61。

顺天府房山县佛头庄，即今北京市房山区佛子庄乡佛子庄村，知今佛子庄早年有佛头庄之名。

〇二五　修补龙神庙碑记

祭法云："祭时于泰昭，祭寒暑于坎坛。"王宫祭日，夜明祭月，幽宗祭星。载在祀典者，何一一彪炳于人寰？而求其嘘气成云，不崇朝而雨遍天下者，灵固莫灵于龙也。易曰："飞龙在天。"礼曰："龙以为畜。"世传神禹治水，有黄龙相助。龙之见于经传以及诸子百家之书者，亦何可胜数，然皆已往之陈迹，要不若近而可考者之有足征也。兹房山之西北六十里有乌龙关，其龙神则确然有据者矣。此地有崇山峻岭，叠峦层起。又有清流环绕，一望如带。山之下有深潭，窥之而根底莫测，非有龙寄于斯，何以流水活□而此处独深也？所以昔之人尝靠山依水，积石筑坛，建祠以栖神，名曰龙神庙，盖相沿数百年矣。记曰："法施于民则祀之，以死勤事则祀之，以劳定国则祀之，能御大灾则祀之，能捍大患则祀之。"龙神殆所谓御大灾捍大患者乎，立庙以祀之，设钟鼓以乐之也固宜。龙神之灵异亦未暇殚述。元至正十年，平章政事搠公祷雨而应。十四年夏，祷雨而雨又应之。咸以为龙神所致，曾书之于石以志焉。至明万历三十捌年，邑侯李公忧旱殊甚，洁牲祈祷于祠下，既而果雨，一时之人，咸颂龙神之德而不衰，又曾书之于石以志之。此皆事之约略可指而实有足凭者也。延及本朝世宗宪皇帝御笔亲题曰："甘泽普应"。倘非龙神有灵，乌能致御笔旌表，诚心敬服如是哉？以此见龙神之为灵昭昭矣。伊迩居民常蒙雨露之恩，时获丰登之庆。山原畎亩，优渥霈足。其神功之及于斯者，岂浅鲜耶？历观累代歌功颂德，鸠工抡材，莫不各有修补，但相缘日久，不无倾颓，使任其倾颓而弗修，非所以继前人而奉明神也。故今者钟鼓二楼倒坏，正殿前厦几危，即不能焕然一新，亦必竭力而为之。圮者葺，缺者补。俾人闻鼓钟之并奏，遂思夫雷动雨润之休。觇大厦之崇隆，恍见夫海宴河清之象。庶几稍酬神恩于万一耳。是以勒之于石，以求永垂不朽。

高阳县儒学生员常尔瑜撰文　儒学生员常庆云书丹

房山县儒学生员马佺篆额

经理人佟庆　李明　栗宗富

住持燕理经　鲁宗政

大清乾隆肆拾肆年岁次己亥六月辛未朔癸丑日建　石工李相镌

碑阴

众善芳名开列于后：

汾邑张凤鸣钱叁千五百，新城李玉钱叁千，汾邑张宗耀钱叁千，介邑王亨进钱叁千，口李和邻钱叁百叁十，西温泰钱叁百叁十，桑峪社贾茂祥、王义儒、黄龙西村钱贰千五百，陵水村钱贰千，火泉村钱贰千，马栏村钱壹千七百卅，东北山钱贰千贰百，双石头村钱壹千，三里村钱贰千，川地村钱壹千壹百四十，白胡头村钱贰千陆十，东斋堂钱捌千，高窝铺钱贰千，西胡家林钱叁千四百八十，东胡家林钱壹千七百七十，西斋堂钱贰千，军下村钱壹千，牛战村钱壹千捌百，庄头村钱贰百，西北山钱叁千壹百。

吉儿台钱壹千九百，史家营钱叁千陆百，大安山钱陆千贰百，长操村钱贰千贰百五十，石堡村钱壹千五百二十，南窑村钱拾贰千，北窑村崔文钱五百、陈梅钱叁百叁十、隗成宝钱叁百叁十、富义号钱贰百、濮印会钱叁百叁十、核桃树窑钱壹千、大南坡窑钱五百、通盛窑钱壹千五百、杏树窑钱五百，西安村、蚂蚁槽、上英水、查儿村四村共钱拾叁千，下胁肢窑钱叁千，核桃树窑钱壹千，聂兴钱叁百叁十，下英水钱叁千，东庄村钱叁千。

塌窑儿村孟才钱叁百叁十、孟自美钱叁百叁十、孟自敏钱叁百叁十、孟连钱贰百、吕文绅钱五百、张文顺钱叁百叁十、张大成钱叁百叁十、榆树窑钱贰千、上白利窑钱壹千、天桥窑钱五百、嘴霸窑钱贰千，杏园村李知恭钱五百、李化焕钱叁百叁十、大成窑钱叁千、春树窑钱壹千、三合窑钱壹千，黄院村核桃树窑钱叁千、风口槽窑钱壹千，河北村钱五千，柳林水钱五百五十，辛庄村皮和钱五百，北峪沟共钱壹千陆百。

涞水县李相钱壹千，代岭张庭璧钱壹千四百，高店村马尽孝钱四百，李各庄孙德钱壹千、谢文义钱壹千、杨国福钱贰百，中英水韩明远钱叁百叁十、韩明均钱叁百叁十，河南村贾天锡、郑国臣、张仁、张屺、张君璧、张朝相、卢锦七人共钱贰千壹百，佛子庄合村钱拾千，黑龙关合村钱拾千，东西班各庄村钱拾千。

陈家台村钱拾千，马朝廉钱叁千，马湛钱壹千，李国云钱壹千九十，马朝铎钱壹千九十，李稳钱壹千九十，佟宗口、佟宗芳、佟庆、佟进钱贰千，安明恕钱壹千，安明亮钱叁百叁十，安明学钱叁百叁十，安琦钱叁百叁十，栗宗富钱贰千，李明钱贰千，李瑞钱贰千，栗知畏钱贰千，李聪钱五百，燕旺钱五百，郭洪亮钱贰百，栗宗兴钱壹千，姜钵钱壹千，韩文达钱贰千，姜国相钱壹千，姜国兴钱壹千，姜国增钱壹千，姜国义钱叁百叁十，姜士彦钱壹千，姜士达钱五百，姜士得钱五百，刘福钱五百。

碑刻说明

清刻。在黑龙关村龙神庙。拓片碑身高110厘米，宽62厘米。碑额高22厘米，宽22厘米。碑额正书，双勾题"万古流芳"。

碑文考释

此碑先载此庙祈雨故事，再述补修钟鼓楼及前殿事。

据碑，元至正十年（1350）六月，银青荣禄大夫中书平章政事掬思监遣留守司都事萨理弥实祈雨应验。元至十四年（1354）六月，掬思监再遣萨理弥实祈雨应验。此事由欧阳玄撰文书于石碑。

明万历三十八年（1610），"邑侯李公忧旱殊甚，洁牲祈祷于祠下，既而果雨，一时之人，咸颂龙神之德而不衰，又曾书之于石以志之。"

考民国十七年（1928）《房山县志·卷四·职官·明代县尹表》："李庭干，三原举人。"那么，"邑侯李公"为房山知县李庭干。明万历三十八年（1610）李庭干忧天旱不雨，具祭品到黑龙关龙王庙祈雨，果然如愿。当年曾书石立碑，可惜此碑已失。

清世宗雍正皇帝，得知黑龙关龙王神十分灵验，御笔亲题曰："甘泽普应"，悬于黑龙关龙王庙中。至乾隆四十四年（1779），龙王庙钟楼、鼓楼倒塌，正殿前厦倾斜，佟庆、李明、栗宗富主持重修。当年庙中住持为燕理经、鲁宗政。

此碑为黑龙关龙王庙的重要碑刻，所记明、清史实弥足珍贵。

碑阴记载捐助者里籍姓名，或商号、煤窑名称，捐资额度。捐资者50村，以宛平县、房山县为主，足见门头沟区当年在生产生活、民俗文化等方面和房山西北山区关系紧密。

宛平县23村，其中19村属今门头沟区斋堂镇，1村属今门头沟区永定镇，3村属今房山区史家营乡。

桑峪社，今门头沟区斋堂镇前、后桑峪村。

黄龙西村，今门头沟区斋堂镇黄岭西村。

陵水村，今门头沟区斋堂镇灵水村。

火泉村，今门头沟区斋堂镇火村，明代称火钻村。

马栏村，今门头沟区斋堂镇马栏村。

东北山，斋堂附近自然村，已搬迁。

双石头村，今门头沟区斋堂镇双石头村，爨底下之前村庄。

三里村，斋堂水库修建所占，已经搬迁，旧村成为北京电视台影视基地。

川地村，今门头沟区斋堂镇爨底下村。

白胡头村，今门头沟区斋堂镇白虎头村。

东斋堂，今门头沟区东斋堂村，该村贾家是斋堂五十八村龙王大会主办者。

高窝铺，今门头沟区高铺村，修建斋堂水库搬迁至山下。

西胡家林，今门头沟区斋堂镇西胡林村，清水河右岸。

东胡家林，斋堂镇东胡林村，清水河左岸。东胡林人遗址所在地。

西斋堂，今门头沟区斋堂镇西斋堂村。

军下村，今门头沟区斋堂镇军响村。

牛战村，今门头沟区斋堂镇牛站村。

庄头村，靠近涞水方向，清水社庄头村。

西北山，斋堂后山自然村，靠近灵岳寺，与东北山村相对。

高店村，今门头沟区安定镇高店村。

吉儿台，今房山区史家营乡金鸡台村。

史家营，今房山区史家营乡史家营村。

柳林水，今属房山区史家营乡柳林水村。

房山县26村，1村今属房山区大安山乡，1村今属房山区霞云岭乡，1村今属房山区南窖乡，14村今属房山区佛子庄乡，8村今属房山区河北镇，1村今属房山区周口店镇。

大安山，今属房山区大安山乡。

石堡村，今上下石堡村，属房山区霞云岭乡。

南窖村，今属房山区南窖乡。

长操村、北峪村、北窖村、上英水、下英水、中英水、佛子庄、黑龙关、东西班各庄、陈家台村、查儿村、西安村13村，今属房山区佛子庄乡，为黑龙关龙王庙所在地。蚂蚁槽，今无此村，亦在今佛子庄乡境内。

河北村、口儿村、辛庄村、东庄村（今东庄子村）、河南村、塌窖儿村（今他窖村）、杏园村、李各庄8村，今属房山区河北镇。

黄院村，今属房山区周口店镇。

代岭1村无考，疑属宛平县，在今门头沟境内。

上述50村，多在百花山、大安山南麓或北麓，只有黄院1村除外。

房山县本地商号、煤窑共26家。商号3家：西温泰、富义号、濮印会。煤窑15家：核桃树、大南坡窑、通盛窑、杏树窑、下胁肢窑、核桃树窑、榆树窑、上百利窑、天桥窑、嘴霸窑、大成窑、春树窑、三合窑，黄院村核桃树窑、风口槽窑。上述煤窑除核桃树窑、风口槽窑在黄院村外，其余均在西北山区。

其他县如汾邑、介邑、新城、涞水县也有捐助。汾邑，山西省临汾市。介邑，山西省晋中市介休市。新城，今河北省高碑店市。涞水县，今河北省涞水县。

〇二六 重修戏楼碑记

尝读鲁论云："乐，则韶舞。"乐者何音也？歌也，舞也，音则有节，歌则有章，舞则有典。是古帝王制乐以著功，制乐以象德。用之于朝以宴宾客，用之于庙以享鬼神。故孔子曰："成于乐，乐有九成，未易易也。"迨至世降叔季。梨园子弟始于唐皇彩服报亲，由于老莱而戏出焉。戏也者，嬉顽也。似近轻玩之事也。虽然，往代之兴衰，古人之忠佞皆可借今人而传之，亦劝善惩恶之一道也。故有人焉亦仿效之，有音、有歌、有舞而演成焉。朝野国中皆有之，天子庶人皆用之。何也？盖农人以食为天，而食必赖龙天，雨霖之恩而得焉。和风甘雨，乃有秋成。吾辈生于斯，长于斯，祈报亦于斯。斯地也，有崇山峻岭、曲水平沙，而龙君居焉。龙之潭深不可测，龙之宫壮而可观。此庙屡祈屡应，神哉龙哉，默佑斯民哉！无戏不足以悦神，无楼不足以演戏。原有戏楼一座，创造之年不记，重修之日已铭。每岁答报神庥，必用戏以悦神而和人也。乃于光绪十四年秋七月朔五日，暴雨后夜，山水冲刷，楼趾已尽，幸而庙外辅墙仍在焉。缓至二十三年春二月，住持道衲叩请四村社末议曰："工程浩大，独力难成，募化善资以助义举可乎？"众皆曰："善。"于是四月兴工，首事经理，七月告竣。秋后九月，开光现戏，已毕乃事。谨将此举镂碑以志。

四村首事人经理

陈家台儒学生员马良昶撰文

班各庄儒生佟修书篆

大清光绪二十三年岁次丁酉辛亥石工一人李得名刻

碑阴

四乡助善贵村布施铭列于后：

南窖村施银四十两，安子村施银二十两，水峪村施银二十两，上英水村施银伍拾两，中英水村施银五两，下英水村施银十二两，西安村施银六两，查儿村施银十一两，蚂蚁槽村施银六两，北窖村施银三十两，河北村施银十五两，河南村施银五两，辛庄村施银五两，大安山施银拾五两，中山、水峪二村施银五两，东斋堂村施银四两，东庄子村施银十两。

陈家台村施银贰百两，班各庄村施银贰百两，黑龙关村施银贰百两，佛子庄村施银贰百两，长生祥施银二十两，马良昶施银一两，李得名施银二钱，李得兴施银五钱，佟顺施银一两，安永康施银一两，刘正旺施银五钱，张永刚施银五钱，王得春施银五钱，王国宝施银五钱，郭治君施银一两，燕玉振施银一两五钱，姜问施银五钱。

李勤施银一两，姜文朝施银一两，姜元瑞施银一两，崔天福施银一两，石工宗师付施银一两，瓦式安好施银一两，木工安师付施银一两，画工田师付施银一两，姜文普施银一两，郭治崐施银五钱，马文恒施银五钱。

碑刻说明

清刻。在黑龙关村龙神庙。拓片碑身阳、阴均高110厘米，宽62厘米。碑额阳、阴高宽均19厘米。碑额正书"万古流芳"。

碑文考释

末议：议论的谦称。

此碑记载重修龙王庙戏楼事。

黑龙潭龙王庙原有戏楼一座，始建之年失考，每年在此唱戏，报答龙神护佑。光绪十四年（1888）七月五日天降暴雨，后半夜，戏楼根基被山水冲刷殆尽，幸好有庙外护墙在。至光绪二十三年（1897）二月，本庙住持道人募化重修，四月兴工，七月告竣，九月开光。

碑阴记载远近村庄及个人施助款目，捐资村庄共21村，今房山区20村，今门头沟1村：

大安山、中山、水峪3村，今属房山区大安山乡。

南窖村、安子村、水峪村3村，今属房山区南窖乡。

上英水村、中英水村、下英水村、西安村、北窖村、查儿村、陈家台村、班各庄村、黑龙关村、佛子庄村10村，今属房山区佛子庄乡，为黑龙关龙王庙所在地。其中陈家台村、班各庄村、黑龙关村、佛子庄村4村，在龙王庙附近，故捐款数最多，每村捐银200两。蚂蚁槽村，亦在佛子庄乡境，今无此村。

河北村、辛庄村、东庄3村，今属房山区河北镇。

东斋堂村，今属门头沟区斋堂镇。

上英水

在佛子庄乡东南。西邻中英水，东邻查儿村。原名英水，见清康熙三年（1664）《房山县志》，为佛子庄乡六古村之一。清光绪分上、中、下英水。民国初，房山划分五区，上英水属第五区。民国五年（1916）二月改设九区，上英水仍属第五区。今属房山区佛子庄乡。村中有真武庙、娘娘庙、九神庙。

本卷收录上英水碑刻1件：民国1件，其中收录碑文1篇。

〇二七　重修上英水村真武庙记

自海禁大开，科学昌明，迷信之风一革。于是时，房山县上英水村独以修庙闻，不亦异乎？虽然，古人有言，有其废之莫敢举也，有其举之莫敢废也。村之有是庙由来已久，乡父老春祈秋报，聚族党于其中，固亦锡□愿蜡之所也。康熙乙巳岁因圮重修，阅时既久，后渐倾毁。上英水村朱君□等集六村父老建议续修，经始于光绪三十一年，至宣统元年竣事。缺者补之，倾者建之。丹其楹，垩其壁，前殿奉碧霞元君，后殿奉真武，东西筑禅房各三楹，山门左右建钟鼓楼各二楹，门□□□□□□鸣□，焕然一新。□出于募集经粮者，乡六村之纠首也。此后荐馨香、昭祚乐、聚族党而致诚敬，桑梓之□，由是益教迷信云乎哉。六村者，上、中、下三英水，暨蚂蚁槽、查儿、西安等村。是工既毕，爰志其颠末如右。

涿县□存□撰文　坨里秦从周书丹　主持僧园□　昌庆

中华民国十三年四月　谷旦立

碑刻说明

民国刻。在上英水村真武庙。碑高170厘米，宽70厘米，厚14厘米。碑座高58厘米，宽81厘米，厚34厘米。碑额正书"永垂不朽"。

碑文考释

此碑载重修真武庙事。

上英水真武庙康熙乙巳岁即康熙四年（1665）重修，创建必在明代，该村成村不晚于明代。

阅时既久,后渐倾毁。上英水村朱君集上、中、下三英水,蚂蚁槽、查儿、西安6村父老公议重修,光绪三十一年(1905)兴工,宣统元年(1909)告竣。缺者补之,倾者建之。前后二进,前殿奉碧霞元君,后殿奉真武。东西禅房各3间,山门左右建钟楼、鼓楼。华民国十三年四月立碑记事。

河北镇

房山碑刻通志

在房山区西北山区，东与坨里镇接壤，西与佛子庄乡毗邻，北与门头沟区交界，南与燕山街道相连。古为燕国境。西汉属利乡县。自东汉始历代属良乡县。其间北齐天保七年（556），良乡省入蓟县，一度属蓟县。武平六年（575），复置良乡县，又属良乡县。金大定二十九年（1189），割范阳、宛平、良乡三县地，置万宁县，属万宁县神宁乡。明昌二年（1191）改万宁县为奉先县，属奉先县神宁乡。元初仍属奉先县神宁乡。元世祖至元二十七年（1290）年改奉先县为房山县，属房山县。清属房山县。

清康熙三年（1664）《房山县志》，磁家务、李各庄、河北村、河南村、辛庄村、潭子港（今檀木港村）、杏园村7村在册。光绪十二年（1886）《顺天府志》，李各庄、河北村、河南村、河南新庄（今辛庄村）、杏园村、半壁店、南车营、他窖村、口儿村、潭子港村（今檀木港村）10村。（磁家务村漏载）

民国初，房山划分五区，属第五区，磁家务、李各庄、河北村、河南村、辛庄村、杏园村、半壁店、东庄子、檀木港、口儿村、南车营11村在册。（他窖村漏载）

民国五年（1916）二月改设九区，属第四区。磁家务、李各庄、河北村、河南村、辛庄村、杏园村、半壁店、东庄子、檀木港、口儿村、南车营、河东村、他窖村13村在册。

中华人民共和国成立后属河北省房山县。1952年划归京西矿区。1958年房山县与良乡县合并，划归北京市，成立周口店区，属周口店百花山人民公社，后成立河北人民公社。1960年改周口店区为房山县，属房山县。1980年，划归北京矿务局工农区办事处。1983年改河北人民公社为河北乡。1990年2月，设河北镇。1993年，改属房山区，辖磁家务村、万佛堂村、半壁店村、黄土坡村、三福村、河东村、东庄子村、檀木港村、三十亩地村、东港村、李各庄村、河北村、河南村、北辛庄村、南道村、杏园村、口儿村、他窖村、南车营村19村。

本卷收录河北镇碑刻29件，分布于河北村、檀木港等8村，其中河北村1件、檀木港1件、三福村1件、黄土坡1件、他窑村1件、口儿村8件、半壁店1件、万佛堂9件、磁家务6件。收录碑文30篇、诗9首、碑阴题2则、崖题1则、塔题1则。

河北村

为河北镇政府所在地。东北邻李各庄村,南与河南村隔河相望。见于清康熙三年(1664)《房山县志》,为河北镇七古村之一。民国初,房山划分五区,该村属第五区。民国五年(1916)二月改设九区,属第四区。有胜泉庵,今正殿及后殿铁瓦殿尚存。

本卷收录河北村碑刻1件:清代1件,其中收录碑文1篇。

〇二八　重修铁瓦殿记

　　予乡胜泉庵后有佛殿一楹，以铁为瓦，而殿因以名焉。内布佛尊像，有流泉经其下，乡之人漱润灌溉，莫不取资于是，倘所谓杨枝甘露之遗者耶。第殿之名，乡之父老习闻已久，而贞珉无考，不知经始于何年。使后之人徒袭其铁瓦之名，未得其创建之意，良可叹惜！虽然，余尝闻夫金之为物也至坚，而历年也最久，作者以之志以有终古不敝之思乎。自庚申岁，坤舆震荡，而殿宇不无坼裂之患。吾乡父老虑其渐就剥蚀，鸠众重修，治其缝，补其罅，瓦以合而殿以新焉。呜呼！昔人成此亦綦劳，所惜记载无传，是以奕世而后湮没而弗彰然。后之视今，亦犹今之视昔也。厥工告竣，爰志诸珉以诏来者。庶昔人之意与斯殿之存，得以终古而不敝矣。是为记。

　　旹康熙二十二年岁次辛酉月谷旦邑后学弟子赵明奎薰沐拜手题

碑刻说明

清刻。在河北村河北镇政府院内。

碑文考释

铁瓦寺位于房山区河北镇政府院内，因殿顶铺满铁瓦而闻名。

铁瓦寺坐北朝南，背倚山岩，前临大石河。寺中古银杏树四人合围、高40余米，素有"铁瓦宝树，银杏之祖"的美誉。每当盛春花开，繁花盈寺，簇簇蕾蕾，皓色接天，成为寺内的一大景观。寺后清泉汨汨流淌，沿暗沟而下，从院前的石窦流出，汇于大石河，别有一番景致。

铁瓦寺原来是胜泉庵的一座圆形小殿，自成院落，位于胜泉庵最后。由于历史的变迁，胜泉庵已经面貌皆非。依据遗存判断，胜泉庵前为山门，山门左右各有钟楼、鼓楼，共三进规模。岁月轮回，胜泉庵早已消失在风雨中，唯有铁瓦寺屹立不倒。

铁瓦寺自成一院，高居于原胜泉庵二进殿后的一个高台上，背依绝崖，俯视全寺，形势绝佳。铁瓦寺脚下，有3间明清时期遗留下来的古老建筑，这是胜泉庵主殿。从主殿东侧绕行，穿过竹阴遮蔽的小径，拾级而上，便到达铁瓦寺山门。进山门两旁各有配殿2间，单檐、清水脊。中间正殿为铁瓦殿。和其他殿堂不同的是，铁瓦殿是一座圆形的建筑，高6米，直径近6米，殿墙刷成铁红色，券形门窗与大殿的圆柱形非常和谐。攒尖式殿顶，铁质塔刹，顶尖由宝珠收拢，顶上自塔刹垂下6道铁质殿脊，将顶面均分成6个扇面形。顶面铺盖铁瓦共458块，每块瓦重约4公斤，长31厘米，直径13厘米，总重量约1832公斤。

铁瓦殿建于明正德年间。清康熙十九年（1680），北京地区发生八级以上地震，次年发生余震，铁瓦寺造成严重破坏，当地乡绅担心铁瓦寺日后倒塌，合力修复，补齐在地震中破损的铁瓦，砌合圻裂的殿壁和殿顶，恢复了铁瓦殿的原貌，使铁瓦殿保存至今。清康熙二十二年（1683）《重修铁瓦殿记》即是记载康熙十九年（1680）后重修铁瓦殿事。铁瓦殿造型奇特，是房山佛教建筑的一处奇观。以铁瓦建造的殿宇，在北京地区极为罕见，因此弥足珍贵。

铁瓦殿铁瓦大部分铸于明代，个别是清康熙修缮时补上的。一些铁瓦表面有铸字，如"菩萨顶正德十年造""五台山菩萨顶铁瓦寺"，这些铸字显示了铁瓦寺与佛教圣地五台山的渊源。

菩萨顶位于五台山灵鹫峰上。这座始建于北魏时期的佛寺，原叫大文殊院，明朝永乐初，才有菩萨顶的名称。五台山菩萨顶原是铁瓦寺的上院，大明正德十年（1515），五台山菩萨顶的和尚选中了房山西北山区的大石河左岸的这块宝地，在这里起建下院。他们出资建寺，铸造铁瓦，这才有了铁瓦寺前世今生的五百年传奇。

檀木港

在河北镇东北。南邻东庄子村,东邻三十亩地。初名潭子港,见于清康熙三年(1664)《房山县志》,为河北镇七古村之一。民国时期,始称檀木港。民国初,房山县划分五区,檀木港村属第四区。民国五年(1916)二月,改设九区,属第五区。有古迹"玉室洞天"。元代为全真教三山福地之一。

本卷收录檀木港碑刻1件:元代1件,其中收录碑文1篇、诗4首。

〇二九　黄山玉室洞天记

奉先神宁乡黄山玉室洞天者，《太平寰宇记》所载详矣。路多险阻，乱石塞间，外高侧行，六七里无水，人到者稀，所以名不振于京师。夫仙境无尘，故隔绝俗嚣甚远，亦自然之势也。虽含光隐耀有年于兹，然天道运而不积，物无终晦之理，开显之日，必有所待也。适甲寅年春望日，大醮礼终，当投简名山为大茂金龙洞，地理修远，往复殆烦，欲求诸近地。夏四月初，因访西山遗老，或告余曰："吾神宁乡之西北，山行一舍，有黄山仙人洞者，气象不凡，穹窿高广，圆转宽博，如大幕丛生，可容千人。顶之中，悬一石钟，长数尺许，击之有声。洞北有穴，复通一洞，形势宽大，如是者七。故老相传，昔汉张子房栖隐于是，端若玉京兰台，上有玉人琪树之状，不可得而悉喻焉。愈深愈晦，真仙圣之所居也。"余闻之，意欲一游，为乱石丛木，荒梗无路，兼夏暑向炎，遂决金龙洞之行。乃嘱清和宫刘公，大师愿为治道开洞以需，其回至五月十二日，复至清和，刘公治道既毕，因率是乡耆艾，持疏见邀，辄诺其请，明日遂行。十五日至洞所，路狭而峻，肩舆以登。是日同游者七十余人，莫不欢欣赞叹，自谓各有夙缘，皆为仙境中人。即日肃陈香火，明水果食茗醑之供，致拜谒之文。三献礼终，因刻"玉室洞天"四字于门额，盖以追述昔人之旧录也。与众盘桓，游览其侧。已而洞口云生，冷浸衣袂，夏天无暑，日夕忘归。各以绿叶籍地，宿于树下。但觉身栖广漠，神清气爽，梦想不生，恍然若在华胥氏之国矣。翌日乃还。谓刘公大师曰："仙洞之开显，适可是时矣。若非道运之推临，孰能启于斯乎？公当任之，守而勿失。倘开建有成，高士游集，学人炼真，赖圣仙之玄荫，将见至人继继而出，长生度世不为少矣。如果则收功道域，集福人天，倚斯以传不朽，实汝今生莫大之幸也。刘公其慎守此言哉。"仍作是诗以记之：

　　仙人玉洞久无传，洞府开时付有缘。一径萦迂三十里，数峰突兀几千年。

弗劳遣欲尘应远，岂假澄心智自圆。有客终身能处此，真光无日不朝天。

是月二十五日真常子记。

壁立群峰倚碧天，蜿蜒一径入云烟。携将紫府清都客，来谒金堂玉室仙。
妥石乱蒙云锦密，幽泉杂出镜湖圆。可怜此地人难到，好倩营丘老笔传。

己未夏四月诚明子题，编修官赵敬和诚明诗韵。

地位清高尺五天，真灵胜概倚霏烟。赤松子去曾为伴，黄石公来已遇仙。
泉液发源岩际远，石钟悬顶洞中圆。灵书一卷无沦毁，依旧张家第几传。

甘河王道明继前诗韵。

汉相神踪故老传，黄山玉室好因缘。去都相近百余里，凿径以来三十年。
寰宇记中标境胜，宗师碑内纪功圆。巉岩峭壁凌霄汉，别是人间一洞天。

至元戊子夏四月吉日门下张志履书。

玄门掌教大宗师辅元履道玄逸真人张志仙建

碑刻说明

元刻。在檀木港。

碑文考释

至元戊子，即元世祖至元二十五年（1288）。

此碑为真常子所记，真常子，为李志常道号。

李志常，字浩然，其先洺州（治所在今河北永年）人，宋季徙居开州观城（今山东范县）。生于金章宗明昌四年（1193），幼孤，养于伯父家。金崇庆元年（1212），19岁，不从伯父为之议婚，负书曳杖作云水游。初隐东莱之牢山，复徙天柱山之仙人宫，宫之主者嘱咐往从丘处机。元太祖十三年（1218），闻丘处机自登州（今山东省烟台市牟平区）转居莱州（今山东省莱州市），乃束装往拜席下，赐号真常子。次年，丘处机应召西觐元太祖，被选为18随行弟子之一。追处机东返，随师居燕京长春宫。"凡教门公事，必与闻之。"元太祖二十二年

（1227）处机逝世，尹志平嗣教，委之为都道录兼领长春宫事。太宗时期，汗廷鲜有儒家士人，太宗知李志常博通儒学，遂命创建国子学，选汉族教师以教蒙古贵官子弟。时在太宗五年（1233）。志常承旨后，荐冯志亨佐其事。时京城残破，国子学即设于长春宫内。蒙古贵族入主中原，亟须学习"汉法"以治汉地，全真道首领适逢其会，成为蒙古族学习"汉法"之师。李志常也因此受到太宗的殊遇。元太宗十年（1238）春，尹志平以年老荐李志常继任掌教。同年三月，加封为"玄门正派嗣法演教真常真人"。四月赴阙，奏请扩建其祖师王重阳修真之所终南山灵虚观，得旨赐重阳官号，命大为营建。海迷失后二年（1250），李志常及随丘处机赴西域的其余17人，皆奉旨封大师。宪宗元年（1251），奉命遍祭岳渎。

宪宗三年（1253），受命作金箓大斋，并随路给散道士、女冠普度戒牒。金箓大醮，是"太上金箓罗天大醮"的简称。是道教祭祀仪式之一，也是最高级别的祭祀仪式。道士设坛念经做法事。

甲寅年即宪宗四年（1254）春，大醮礼终，李志常本打算前往大茂山金龙洞，投金龙玉简于洞内龙池。（大茂山，古属北岳区，在今河北省阜平县。山上有金龙洞，在阜平县大台乡大台神的自然村金龙洞村。）因路遥远，往返不易，想找了较近的地方。时至四月初。访西山遗老，得知奉先县（元初延用金代县名）神宁乡西北，有黄山仙人洞，相传汉张良在此隐居。若玉京兰台，有玉人琪树之状，为仙圣之所居。李志常想去，无奈乱石丛木，荒梗无路，加之夏暑炎热，只好作罢，最终还是决定去金龙洞。

临行前，李志常吩咐清和宫刘公（刘志厚，字伯淳，道号广阳子。全真教第六任掌教尹志平弟子。）治道开洞。刘公欣然接受，愿意尽力开辟道路、修治洞府。五月十二日，李志常从金龙洞返回，再次来到清和宫，刘公已经把道开妥，见李志常驾临，率乡间耆老，诚请李志常前往黄山仙人洞。于是李志常于十三日启行，十五日抵达。因路狭险峻，乡民一路抬着轿子把李志常送到洞口，70余人一同前往。一行人设香火供品，致谒文，行三献礼，在洞额刻"玉室洞天"4字。与众盘桓，游览其侧。当时各以绿叶铺地，宿在树下。翌日一早折返。是月二十五日，李志常作《黄山玉室洞天记》记其事，并赋诗一首："仙人玉洞久无传，洞府开时付有缘。一径萦迂三十里，数峰突兀几千年。弗劳遣欲尘应

远，岂假澄心智自圆。有客终身能处此，真光无日不朝天。"

宪宗五年（1255），李志常受到宪宗皇帝数次召见，咨以治国保民之术。当年，佛道矛盾激化，爆发了关于《化胡经》和《老子八十一化图》之争，全真道在辩论中失败，被勒令焚毁道经，全真道遭到严重打击，鼎盛局面从此结束。李志常感到屈辱与愤懑，第二年六月将教事付张志敬后去世。中统二年（1261），追赠"真常上德宣教真人"。至大三年（1310），加封"真常妙应显文弘济大真人"。著作有《又玄集》二十卷，已佚。《长春真人西游记》二卷，现存于《正统道藏》中。

张志敬掌教第四年，元宪宗九年（1259），张志敬与编修官赵敬，朝谒李志常旧迹"玉室洞天"，即赋"壁立群峰倚碧天，蜿蜒一径入云烟。携将紫府清都客，来谒金堂玉室仙"。编修官赵敬随和一首："妥石乱蒙云锦密，幽泉杂出镜湖圆。可怜此地人难到，好倩营丘老笔传。"署"己未夏四月 诚明子题 编修官赵敬和诚明诗韵"。己未，即元宪宗九年（1259）。诚明子，即张志敬。张志敬，字义卿，号诚明子，元初道士，燕京安次（今廊坊市安次区）人。幼清癯，寡言笑，闻道经则谛听不忍去。8岁入长春宫，拜李志常为师，因善诵工书，为志常所特爱，读志常所藏书万卷。李志常临终，以其为掌教。

此后，提点终南甘河镇（今陕西省鄠邑区甘河镇）遇仙宫事知常盛德大师王道明继踵而临，赋七律一首："地位清高尺五天，真灵胜概倚霏烟。赤松子去曾为伴，黄石公来已遇仙。泉液发源岩际远，石钟悬顶洞中圆。灵书一卷无沦毁，依旧张家第几传。"署"甘河王道明继前诗韵"。遇仙宫，为王重阳遇吕洞宾悟道出家处。

张志敬传王志坦，王志坦传祁志诚，祁志诚传张志仙。

至元戊子夏四月，即世祖至元二十五年（1288）四月，张志仙继全真教任掌第4年，携道士张志履临"玉室洞天"，赋七律一首："汉相神踪故老传，黄山玉室好因缘。去都相近百余里，凿径以来三十年。寰宇记中标境胜，宗师碑内纪功圆。巉岩峭壁凌霄汉，别是人间一洞天。"

张志仙立碑于"玉室洞天"前，碑文镌李志常《黄山玉室洞天记》，后附诗张志敬等历年诗作。此时，距李志常作《黄山玉室洞天记》34年，李志常去世32年。

"黄山玉室洞天",初载于《太平寰宇记》。《太平寰宇记》是北宋初期一部著名的地理总志,乐史撰。可见此人文遗迹至少有上千年的历史。自元宪宗四年(1254),至元世祖忽必烈至元二十五年(1288)年的34年间,全真教前后三任掌教李志常、张志敬、张志仙,相继临此并留下碑记和诗作。全真教掌教尹志平弟子刘志厚,奉李志常命在房山西北山区营"三山洞府"。以"黄山仙人洞"命名的"黄山玉室洞天"为全真教"三山洞府"之一。"黄山玉室洞天"为元代全真教圣地。

三福村

在河北镇东偏南。东邻磁家务村,西邻东庄子村。清康熙三年(1664)《房山县志》、民国十七年(1928)《房山县志》均无此村,该村应形成于民国后期。村北山古称君都山,上有仙人洞,今称朝阳洞,为元代全真教三山福地之一。

本卷收录三福村碑刻1件:元代1件,其中收录碑文1篇、诗4首。

○三○　玄靖达观大师刘公墓志铭

濮川文道广撰　通玄致道大师张志履书丹

缙绅庙堂，进退百官，非达也。勒铭钟鼎，揄扬英誉，非达也。超幻化之境，穷性命之源，而方寸洞然者，其达人之大观者乎！练师刘公，尝从事于斯矣。公讳志厚，字伯淳，道号广阳子。世业应州，富而且仁。公少时记识聪敏，及长志量豪逸，为时辈所钦，辟充省掾。会朔方有警，朝议以公有筹边之略，畀之虎符及兵师千众，委镇上党。在仕途中，立论谠正，举措异常。一日脱然有悟，遂弃职隐遁，避地辽沁间，因谋归道。岁甲申，从铜川赵观主为师。赵辞之，令往拜长春师门下，公从其议。尝游食鲁赵间，昼则一食，夜则忘寐，每专炁入精，淡然与神明伍，向所谓湖海之气、荣观之宠，一洒而俱泯也。公于儒书，每见涉猎。而于老庄之学，尤得其旨，时人以庄子刘先生称之。又精草隶书，自作一家楷式。己丑来燕，会葬长春师。未几，复隐缙山秋阳观，主者韩君长卿待之甚厚。丁酉掌教清和宗师以杜侯恳，诣沁原行醮。归途抵洺州，公适有事于磁，闻师之来，敬谒行馆，愿执拔篲以备洒扫。师素得人于眉睫间，以公为玄门重器，常置诸左右，使与宾客言及代书翰。庚子，侍师造陕西祖庭，往返数千里。凡应对出纳之事，必尽精谨，未尝以倦弛形于辞色。前后余二十年，其尊师重道之心，愈久愈敬。每谈及性命事，师必就其灵府发见之端而开导之，其后大有所得。与燕城士大夫酬唱，词翰俱美，无半点尘气，方外诸人皆以清和座下为得人矣。有顷，保充五华宫、清和宫提点之副。由是道价崇重，门徒辐辏。立观凡四：魏县之重阳、临漳之迎仙、磁州之长春、怀州之清和，皆公主之。戊申春，诏长春宫设普天醮，公预高道之选，恩例赐金襕紫服及今之师号。辛亥，先师委蜕，心丧不怠。迨真常宗师之嗣教也，因观《寰宇记》，知燕之西山有神仙洞府，而径路崚巇，人际罕到，命公往相视之。公不惮劳苦，径往奉先，寻诸耆老，果于神宁乡西北得黄山玉室洞天，俗云汉留侯栖隐之所。又得仙都山仙君洞、大房山潜真洞，皆非人世所有。公复命，真常师甚善，即命葺居之。时五华提点阙任，有难其行者言之宗师，师责曰：五华因缘大概已就，但得一长者主之足矣。今三洞福地，大费经理，微刘公谁可托者？言者悚退。公即受命，馨已赀以为营构之具。先于仙君洞下创观以居，仍率众凿开洞门，始终计工千百。再年，师推公为三山洞主。大缘未竟，公勿处顺，盖丁巳三月初十日也。春秋五十有九，所度弟子百余众，方公未疾之前曾书公遗其徒焦志润，有"神游八极""位列仙班"之语。由是观之，可谓达生死之机而了了于胸次者矣。门人卜地洞山之南隙而安厝之，礼也。四月晦，涿郡翠华坛郭子元、李子云等陈祭，方盂之始，有群鹤翔集，人皆异之。葬毕，志润等丐志其墓，余寓长春，辱与公邻，且数得请益，用是不克乎让。姑为编次其实，而系之铭曰：

维此畸人，玄门梁栋。即道是身，识世大梦。左右清和，笔头拈弄。来无所将，去无所送。玄鹤一归，三山空洞。勒铭翠琰，千载取重。

至元戊子四月十九日

门人题名

任道一、杜志淳、马志进、张道和、张志明、邢德童、王道忠、郑志玄、金志固、李道恕、张庆童、杜志冲、张志元、焦志润、张寿童、马兰童、王道宁、吴志超、霍志辉、王善童、杨兴童、王道兴、马志元、霍志希。

助缘会首

刘守善、傅氏、李德周、赵仲玉、冯德元、韩仲端、胡从善、赵氏、吴从善、刘仲仁、耿仲明、刘德辉、李氏。

功德主治明居士李革、弟李鼎、侄男李自明、吕长寿。

前知五华宫事悟真大师贾志希立石

碑侧

玄靖大师遗世颂

碧天皓月，绿水青山。翠薇深处，独乐优闲。神游八极，气透三关。功圆行备，位列仙班。

挽章　编修官赵著

在已无居者,寻常仰广阳。破聋从喻马,解碍自亡羊。雌伏来人世,雄飞入帝乡。十年亲爱泪,不得洒沱滂。

濮川文道广

曾陪师匠试牛刀,未了诸缘志已高。虽是洞山瑶室好,其如上界玉楼何?长天淡淡沉孤鹤,沧海漫漫去一鳌。惆怅西园几方丈,春风有恨落庭柯。

酎泉李志全

金于福地挺畸人,亲炙清河二十春。学竟老庄全德性,法功草隶见精神。桂丛悯默无山仰,玉室荒凉孰鼎新。一恸临风挥涕泪,遗粗睹妙出情尘。

坟山助缘人王仲柔、郭忠、张大川、沈得顺、高元、谢成、张璞、萧大姐。

碑刻说明

元刻。在河北镇三福村北。碑高123厘米,宽63,厚23厘米。

碑文考释

至元戊子,即元世祖至元二十五年(1288)。

此碑为全真教道士刘志厚墓碑,记载其生平。

刘志厚,字伯淳,号广阳子,元初著名道士,全真教六代宗师尹志平弟子。世居应州(今山西省应县),家世颇富。出生于金章宗承安三年(1198),少年聪敏,长大以后志量豪逸,为时辈所钦。刘志厚通于儒学,尤精老庄,时人称以"庄子刘先生"称之。又精草隶书,自成一家楷式。刘志厚年轻时期,正逢金末,初步仕途,为"省掾"。他立论谠正,举措有方,堪称能吏。后来成吉思汗的蒙古大军频繁侵扰金朝疆土,边地吃紧,金王朝以他有筹边之略,授之兵权,命他率领千人,镇守上党(今山西省长治市)。不久,他厌于世乱,毅然弃职,隐于上党的辽沁一带(今山西省长治市境内),出家做了道士。

元太祖十九年(1224),刘志厚从铜川(今陕西省铜川市)赵观主为师。这一年,应诏归元的长春真人丘处机在大雪山朝觐成吉思汗后返回燕京,受命掌管天下道教。赵观主令刘志厚前往燕京,投奔丘处机。刘志厚辞别赵观主,从铜川出发,沿黄河北岸,取道山西、河南、山东、河北前往燕京。他昼则一食,夜则忘寐,达到专一忘我,神气精妙,淡然无物而通于神明的境界。

历时5年，太宗元年（1229），刘志厚终于到达了燕京。长春真人丘处机已于两年前去世，长春宫道士在继任掌教宗师尹志平的主持下，正在为丘祖师举行葬礼，刘志厚参与其间。奉安丘祖于新落成的白云观后，刘志厚离燕，退隐缙山县（今北京延庆区）秋阳观，掌观道长韩长卿待之甚厚。

太宗九年（1237）刘志厚因故自缙山来到磁州（今河北省南部的磁县），这时全真教宗师尹志平自沁州（今山西省沁源）行醮归来，路过此地，刘厚志到行馆谒见，求拜为师。尹志平观刘志厚为玄门重器，将他收在门下。刘志厚深得尹志平器重，时常伴随尹志平左右，宾客往来由他接待，书信往来由他代笔。

元太宗十年（1238）春，尹志平将教事付李志常，退居燕京西南大房山龙舍峪的清和宫，刘志厚入清和宫服侍师尊。

考《清和妙道广化真人尹宗师碑铭并序》，元太宗十年（1238）春，尹志平年届70，将教事付李志常，卜筑五华宫，并增葺大房山之真阳观，更名清和宫，十一年（1239）告竣。尹志平提点五华、清和宫事。刘志厚被保举为燕京西山五华宫、奉先县清和宫副提点。时尹志平70岁高龄，实际执掌五华、清和宫事者，应是刘志厚。

两年以后，尹志平朝谒陕西祖庭重阳宫（位于西安城西南鄠邑区祖庵镇），刘志厚是随行弟子之一，掌管往来接待，财务出纳等要务。一路上，事必精谨，未尝以倦施于形色。

刘志厚追随尹志平多年，尊师重道之心愈来愈敬，每当向尹志平问及性命的领悟，尹志平必就其灵府启见之端开导他，使他在修道上大有所得。刘志厚能文，不时与燕京城内的士大夫唱和，词翰俱美，无半点尘气。燕京道教界对尹宗师门下这位高徒非常赞赏。不久，刘志厚被保举为燕京西山五华宫、奉先县（今房山区）清和宫副提点。此后，刘志厚在燕京地区的影响迅速扩大，深得道僧两教人士的推崇和倚重，门徒日众，他创立并掌管着魏县（今河北省魏县）重阳观、临漳（今河北省邯郸市临漳县）迎仙观、磁州长春观、怀州（今河南省沁阳市）清和观等4座道观。

元定宗三年（1248）下诏，在燕京长春宫设普天醮，刘志厚作为特邀的高道之一随师傅尹志平参与盛典，恩例赐金襕紫服，并赐"玄靖达观大师"的封号。宪宗元年（1251）春，师尊尹志平逝于清和宫，刘志厚和众门人礼葬了师尊，并在清和宫守孝。全真教继任宗师李志常看到《太平环宇记》记载，房山西北山区有神仙洞府，而路途险阻，人迹罕至，便派刘志厚前往，访查道迹。刘志厚衔宗师之命，不辞劳苦，深入荒绝之地，遍访乡老，先后访查到黄山玉室洞天、仙都山仙君洞、大房山潜真洞三个洞府，而后到长春宫向李志常复命，李志常即命加以修葺，辟为道场。当年，五华宫提点阙任，刘志厚以副提点主五华宫事，有人恐刘志厚前往西山经营，五华宫无主，把所虑说与李志常。李志常说："五华因缘大概已就，只要选一位长者主持就行了！而三洞福地，修整起来要大费周折，除了刘公没人能胜任此事！"于是刘志厚受命，再往房山西北山区主持工役。他献出自己多年的积蓄，首先来到仙都山下，在仙君洞下创建道观，又率道俗开凿洞门。一年以后，全真教宗师李志常委任他为"三山洞主"。宪宗七年（1257）三月初三日，当三山营建工程正在继续进行的时候，刘志厚忽然病逝，时年59岁。刘志厚去世后，门人择仙都山仙君洞南葬之。

距其去世31年，至元戊子四月十九日，即至元二十五年（1288）四月十九日，刘志厚门人并前知五华宫事悟真大师贾志希为其立碑于墓侧。同年同月，在檀木港村的张良洞，即黄山玉室洞天，全真教掌教张志仙，为李志常立碑，镌李志常《黄山玉室洞天记》于其上。从时间上看，张志仙似参加了刘志厚墓的立碑仪式。《黄山玉室洞天记》署"门下张志履书"，《玄靖达观大师刘公墓志铭》署"通玄致道大师张志履书丹"，可见二碑同为一人所书。由此进一步佐证，刘志厚立碑仪式应有全真教掌教张志仙出席。

元代全真教的"三山福地"，均在今房山区河北镇：一为君都山仙君洞，今称朝阳洞，在河北镇三福村北山上；一为大房山潜真洞，即今石花洞，在河北镇南车营村；一为黄山玉室洞天，今俗称张良洞，在河北镇檀木港村。"三山福地"是全真教掌教李志常亲命经营。自元宪宗四年（1254），至元世祖忽必烈至元二十五年（1288）的34年间。李志常、张志敬、张志仙先后三任掌教莅临"黄山玉室洞天""君都山仙君洞"等"三山福地"，全真教道士亦每有涉足，并在此留下诗文碑刻。河北镇实为北京白云观外，元代最重要的全真道场，是西山全真教圣地。

黄土坡

在河北镇东南大石河右岸的山谷中,东北邻南车营村。清康熙三年(1664)《房山县志》、民国十七年(1928)《房山县志》均无此村,该村应形成于民国晚期。西村有清资政大夫毛一麟墓。

本卷收录黄土坡村碑刻1件:清代1件,其中收录碑文1篇。

○三一　皇清资政大夫江南布政使司右布政使圣兆毛公墓碑记

圣兆毛公既葬之三年为康熙辛未，姚江黄百家以史事留京师，子郡司□文铨俾记公墓石。谨按，公讳一麟，字瑞趾，号圣兆，辽阳广宁卫人。高祖讳英起家指挥佥事，父讳世富，诰赠如公官，公母蔡封夫人。公生而颖敏，顺治丁亥，年十七，以贡授开州知州，剔抉猾蠹，震豪强。巨盗张七作乱，公身练士卒剿且抚，卒讨平之。辛卯迁汉中知府，汉中时为吴三桂所镇，兵马络绎，民苦徭役，公议请缨，驿费岁万金。丙申擢陕西按察司副使，整饬临洮道，丁酉移山东布政司参政，防海登策。戊戌迁浙江提刑按察使，公甫行，值海寇破镇江，冠江宁，人情汹汹，公不为少沮，慷慨击楫，进舟丹阳，思合募为声援。会贼败拒任成平，欲藉民屋以居，白昼鼓噪，上下束手。公持牛佰密结大将军，严令禁之，民获安堵。江南财赋号天下半，左右藩并驻会城，逋积会渻，吏缘中饱，官民交困，公议剖上下江地，俾两藩分理之，督抚上公计于朝，于是移右于苏，两藩分设自公始。辛丑会失重臣，意罢归，时公年甫壮，即不计复出，怡然自悔，见二十一史多残阙补而序之。康熙己未六月日卒，距生于天聪辛未六月日时，年四十有九，元配张氏封夫人。公天性仁慈，才识敏达，历政所至，多有奇猷，故其罢归江南也，百姓多焚香涕泣送之。逝世时嗣子尚幼，遗事散亡，所得于母夫人之口者仅如此。顾公之知开州也，当国家初建，民志未孚，开为畿甸地，东西连接豫、兖，巨寇出没剽掠，远近骚然，公以英年筮仕，即能以弹丸之力使渠魁授首，三辅用宁。暨江南，又能创兴硕画，分藩分臬。顺治十八年，移右布政使驻苏州。康熙三年，又分南北按察使。五年，奉停按察使、南北布政使左右之名，改左藩北臬为安徽等处，左藩南臬为江苏等处，俾江南无鞭长之虑，是公之设施。即此足以略观其概矣。子一，即文铨，副室杨宜人出，候补府同知；女四，长适汉川知县佟世茂，次适江宁府同知迟炳，次适候补州司知杨崴，次适候补笔帖式赵珒。孙女二。窃思文章之事，当世必归台阁。公之葬，文铨既求范阳布衣杜郊为之志，而丽牲之石复属于百家，文铨必有取尔也，百家不敢辞，然滋怯矣，敢以浮词相谀乎？

直隶保定府祁州深泽县知县海宁陈奕禧书

碑刻说明

清刻。在黄土坡村毛一麟墓。高 340 厘米，宽 105 厘米，厚 40 厘米。黄百家撰文，陈奕禧书丹。

碑文考释

康熙己未，即康熙十八年（1679）。康熙辛未，即康熙三十年（1691）。

毛一麟墓，位于房山区河北镇黄土坡村，背西面东，背靠西山一脉，正后方一峰凸起，左右峰岭舒展，状如鹰隼振翅。墓地环境清幽，杂林成林。年代久远，墓地建筑无存，穿过一段密林间的小径，远远地看到墓碑 1 通，螭首龟趺。距墓碑 10 余米，残存石供桌一具，上面原来石五供，已佚。

毛一麟，字瑞趾，号圣兆，辽阳广宁卫（今辽宁省广宁县）人，官至资政大夫江南布政使司右布政使。高祖毛英为指挥佥事，父亲毛世富，诰赠资政大夫，母亲蔡氏封夫人。毛一麟生于天聪五年（1631）六月，自幼聪颖敏达，清顺治四年（1647），17 岁入仕途，任开州（今河南濮阳市）知州，惩治奸狡之民，清除吏政的腐败，地方豪强为之震惊。顺治十三年（1656）擢升陕西按察司副使，翌年改任山东布政司参政。顺治十五年（1658）改任浙江提刑按察使，当时明朝残余势力与清军的战事正炽。顺治十六年（1659）五月，郑成功、张煌言进军长江，发动对清军的进攻，一举攻克瓜州、镇江。六月二十二日到达江宁，从仪凤门登陆，在岳庙山屯营。而后分兵出击。一军出溧阳，攻广德；一军镇守池州，截断上游援军；一军攻和州，保卫采石；一军入宁国，攻徽州。一举攻克太平、宁国、池州、徽州等 4 府、3 州、22 县，江南震动。郑军势盛，清军上下一片混乱。毛一麟毅然由水路赶赴丹阳，打算招募兵众作为清军的声援。他征集牛百头供给清军，又严令地方，民心得以安定。顺治十八年（1661），毛一麟 30 岁，正值壮年，本该有一番作为，却因官场失意辞归，从此潜心研读二十一史。康熙十八年（1679），毛一麟辞世，终年48岁。毛一麟是清初一位有作为的官员，历职虽短，却颇有建树。在浙江提刑按察使任上，他为巩固清朝对江南的统治"创兴硕画"。顺治十八年（1661），清王朝移右布政使驻苏州。康熙三年（1664），分南、北按察使。五年（1666），停按察使、南北布政使左右之名，改左藩北臬为安徽等处、左藩南臬为江苏等处，使江南无鞭长之虑，便是采纳了毛一麟当年的建议。毛一麟去世10年后，康熙二十八年（1689），择地葬于清顺天府房山县西山吉地，即今房山区河北镇的黄土坡村。下葬第3个年头，康熙三十年（1691）立碑。

黄百家，字主一，号不失，又号未史，别号黄竹农家，清初浙江余姚通德乡（今属梁辉镇）黄竹浦人。父亲是黄宗羲，博览群籍，研习天文、历法、数学；母亲是叶宪祖之女叶氏。崇祯十六年（1643）生，清顺治五年（1648）随舅公氏翁逸读书，同时跟随宗叔黄宗裔学经学。康熙六年（1667），25岁与父黄宗羲弟子一同学习。清康熙二十六年（1687），明史总裁王鸿绪延请赴京入馆，编修《明史·天文志》，康熙二十七年（1688）携书回家编写。清康熙二十九年（1690）完稿，再次进京编写《明史·历志》，康熙三十年（1691，四月完稿。因为其父年老力衰，黄百家辞职回乡。黄百家撰写《皇清资政大夫江南布政使司右布政使圣兆毛公墓碑记》，应在康熙三十年（1691）四月黄百家辞职回乡前。毛一麟下葬第3个年头，毛一麟之子毛文铨，前往北京，请求黄百家为其父撰写碑文，当年黄百家编写的《明史·历志》正在收尾，故碑文云："姚江黄百家以史事留京师"。黄百家归乡18年，康熙四十八年（1709）辞世。黄百家好拳术，自幼师事鄞县内家拳师王来咸（王瑞伯），承其传，精通内家拳。著《内家拳法》，详细介绍王来咸拳法。又问业于梅文鼎，习推步法，有所得，撰《勾股矩测解原》。

陈奕禧，清代书法家。字六谦，又字子文、文一，号香泉，晚号葑叟，浙江海宁盐官人。陈奕禧生于清顺治五年（1648），出身名门，自幼即爱作诗学书，其诗"斜阳一川汧水北，秋山万点盆门西"曾得当时诗坛盟主王士祯赞许。康熙三十年（1691），陈奕禧时任直隶保定府祁州深泽县（河北省石家庄市深泽县）知县，应毛文铨之请，为毛一麟墓碑书《皇清资政大夫江南布政使司右布政使圣兆毛公墓碑记》。清康熙三十九年（1700），官户部郎中，分司大通桥。康熙

帝乘船经过，命其登船，于素绢上写字，深得赞赏。虽无科举功名，被破格召入，值南书房。后出任贵州石阡府知府，康熙四十七年（1708）擢江西南安知府，修学宫、纂府志、兴文教。康熙四十八年（1709）卒于官，享年61岁。诗歌、书法，著名当世。陈奕禧书法专法宋米芾、黄伯思，远近争求其作品，日本天皇曾出重金收购。

他窖村

在河北镇政府南偏西。北邻辛庄村，南邻口儿村。他窖村成村于晚清，初名他窖儿村。清康熙三年（1664）《房山县志》无他窖村。光绪十二年（1886）《顺天府志·卷二十九·地理志十一·村镇三·房山县》："四十里，他窖儿村。"他窖儿村，即他窖村。民国时期，始称他窖村。民国初，房山县划分五区，他窖村属第四区。民国五年（1916）二月改设九区，属第五区。村内在古庙九圣祠。

本卷收录他窖村碑刻1件：清代1件，其中收录碑文1篇。

○三二　重修九圣祠碑记

　　尝稽诸祀典云，凡御大灾、捍大患，有功于民者咸而祀之。即有神，则必有祠宇以妥其□矣。庙□旨，崇则观瞻，弗肃何以起斯世斯民之敬畏乎？他窑儿村旧有九圣祠乃一区，所奉事者至水旱瘟疫，无不于斯祠是祷，有求必应。斯祠也，所以报神也，乌可阙哉也。近因年久倾圮，乡民孟公讳守祥，好善乐施，倡□鸠众捐□，□□不吝，公橐费肆百余金，俾榱题华彩，四壁辉煌，庙貌聿新，观瞻□肃，宁不起斯世斯民之敬畏耶？□工告竣，虑乎无以劝来者，倩记于予。予愧不能文，□□公之好善乐施，不辞故陋，援笔而述其始末以记贞珉，□斯祠与孟公等之善施俱垂不朽云。孟公讳守祥，他窑儿村人。是常修□儿村真武圣帝祠，而捐金壹佰伍拾余两者，并宜为记。

　　旹康熙四十年甲午月谷旦　　后学弟子赵之瑜薰沐拜手题并书　住持僧□定
徒悟祥　悟云

碑刻说明

清刻。在他窑儿村九神庙。碑高194厘米，宽68厘米，厚16厘米。碑额正书"万古流芳"。

碑文考释

碑载康熙四十（1701）重修他窑村九神庙事。

九圣祠，俗称九圣庙，位于河北会镇他窑村，庙坐西朝东。始建于明，康熙四十年（1701）重修。前为山门，进山正殿面阔3间，进深3间。正殿两侧有南北配殿各3间。

正殿内奉龙王、山神、土地、药王、虫王、苗王、马王、牛王、财神9尊神像。两山墙绘有三国人物故事壁画各 25 幅，人物生动，色彩鲜艳。正殿建筑于 2006 修缮，南北配殿已圮。

九神庙是京西山区特有的地方性庙宇，庙内祀神和山民的生产生活息息相关。龙王，是水神，山区干旱缺水，龙王的奉祀是来自于祈雨的习俗；山神职在司山，山民住在山里，奉祀山神可保平安；土地职司一方，在旧俗中与山民生死相关；药王除病去灾；虫王司百虫，令虫害不作；苗王司青苗，保青苗茁壮；马王、牛王保山民牲畜繁衍；财神保山民财源茂盛。在京西山区九神的奉祀较为普遍，除他窑儿村，佛子庄乡的上英水村、门头沟区的西胡林村都有九圣庙。

口儿村

　　在河北镇南。东北邻杏园儿，北邻他窑村。成村于晚清。清康熙三年（1664）《房山县志》无口儿村。光绪十二年（1886）《顺天府志·卷二十九·地理志十一·村镇三·房山县》："五十里，口儿村。"民国初，房山县划分五区，口儿村属第四区。民国五年（1916）二月改设九区，属第五区。口儿村南山名连泉顶，有古刹连泉寺，为古弥勒道场。

　　本卷收录口儿村碑刻8件：明代8件，其中收录碑文6篇、诗1首、塔题1则。

○三三　重修大房山古刹连泉禅寺碑记

资善大夫礼部尚书前左春坊右谕德经筵日讲兼翰林院侍讲学士李时篆额

本山后学缁嗣太虚圆净撰

盖闻释迦世尊，修梵行于无量劫，来证佛果于贤劫之中。周朝降诞，现瑞祥光。汉帝感梦，罕遇金身。灵鹫拈花，迦叶破颜，显二十八祖之门风。所谓达摩初祖，少室面壁，一根生花，缁分五派，各称一宗。临济马祖，独显高峰，灯灯续焰，印印传心。利剑秉佛祖之威，权变块砾为珠玉之珍，启衲子之机关，彰丛林之榜样。无量机缘，尽是水中捞月。诸经录论，今则明矣。岁至今朝景泰辛未二年狝宾月内，兹者开山第一代祖，系山西万泉县吴姓族门子也，舍爱离俗，拜礼尊师明公讳净能，守尊一载，习阅《地藏经》，执经问师曰："地狱有无？"师曰："实有。"又曰："看经不了大事因缘。"辞别本师，信步游于南方，遂至终南，参大善知识东明、大潮。二老相援付法传衣，道号印宗者也。辞师遂诣北行，至京畿西南，涿郡西北，地浩大房山也。前山游玩大金章宗古墓，后眸崧顶巅峰，分林拨木，至此磐石，垂足而坐。四面观望，意中洒乐，抓手坩出弥勒古迹，碑记此山号曰"古刹连泉圣境"。次度徒嗣数百余众，昼夜苦炼身心，创建佛殿，庄塑圣像，伽蓝、祖殿，东西两堂，方丈厨房，廊庑修整。缁付法嗣无数，而上首弟子顺无牙、鉴无碍、泉无际等接其祖席。老祖迁于天顺七年岁次癸未九月二十九日，安然逝化，圆寂归源。起建浮屠丈室之后，传留诸子及十方檀信，永远供养。接续本山住持十数余代，各各不谬老祖之规成，晨夕焚香，上祝皇图巩固，下霭帝道遐昌，所以兹今正德己卯十四年大簇之月，所谓有住持德遑，视观殿宇朽坏，椽檩损伤，天垂紫泪，雨漏金身，每怀修整之心，佁己身而业寡，兹者遑公邀会合山同袍法侣，共义计会，一言允之，各发诚心，普化十方檀越，数目无穷，重修大雄宝殿，复金圣相佛身，创建山门，禅室重新,夏修伽蓝祖殿,后造移门,完矣备载。今于嘉靖岁次己丑八年正月内,兹以暹公同命住持圆昂偶然发心,恐失重修之次,迷没劳力之功,同义大众刊碑刻铭,遗传后进,旷劫远来,接续临济正宗之者矣。予曰:"吾虚子,平昔未到学人之地,并无智境开明,赖惟老祖之捷径,托前置造,师公之厚德备载之焉。言不敢繁,莫须云耳。"

时大明嘉靖八年岁次己丑中吕月上浣吉日立石

发心弟子德暹　德全　圆昂　圆智　圆锐　圆隐　圆东　圆资　圆累　圆龙　圆安

僧录司右阐教满堂　衣钵清淳　清斌　徒孙净和　净玶

敕建大兴隆寺奉钦依住持满常　僧会司僧会常会

房山县知县程勉学　县丞任璋　典史朱景铉

镌字匠齐山　刘堂　管宁　刘玉

碑刻说明

明刻。在口儿村连泉顶连泉禅寺。拓片高205厘米,宽82厘米。

碑文考释

景泰辛未,即景泰二年(1451)。蕤宾,即农历五月。天顺七年,即公元1463年。正德己卯十四年,即公元1519年。嘉靖岁次己丑八年,即公元1529年。

大簇即"太簇",为正月。古人将十二律与十二月相配,太簇配正月,因以为农历正月的别名。《吕氏春秋·音律》:"太簇之月,阳气始生,草木繁动。"高诱注:"太簇,正月。"

中吕月,为农历四月。

此碑记载印宗生平及开山事迹,兼述明正德十四年(1519)重修连泉禅寺经过。

开山第一代祖印宗,山西万泉县(今山西省运城市万荣县)人,吴姓,离俗出家,礼净能为师,住寺一载,辞别净能,信步游于南方,至终南参东明、大潮二僧,付法传衣,法号印宗。辞师北行,景泰二年(1451)五月,他来到京畿西南,涿郡西北的大房山,在号称燕南八景"道陵夕阳"的金章宗道陵凭

口儿村

吊一番，翻过金陵主山，分林拨木，攀上连泉顶，在寺院废墟中，"垱出弥勒古迹"，见古碑记载，此山号称"古刹连泉圣境"。

弥勒崇拜，盛于北朝时期。既是弥勒古迹，足见此地寺院创建之古。印宗在此再创佛殿、伽蓝、祖师殿，东西两堂，方丈厨房，廊庑齐备。

该寺遗址另有《重兴连泉寺碑》，记载印宗重建连泉寺经过，可惜碑文风化严重，无法辨认。碑阴左起文字"大明国北京顺天府涿州房山县周口里临济正宗"，再起为"大房山连泉禅寺开山大善知识印宗能禅师檀越名记碑"，以下为印宗重建连泉寺捐资者名号。此碑在连泉寺遗址偏北。

印宗度门徒数百，昼夜苦炼身心，上首弟子顺无牙、鉴无碍、泵无际等接其祖席。天顺七年（1463）九月二十九日，印宗圆寂，凡住山12年。众弟子建塔于丈室之后。

历成化、弘治至正德，其弟子接续本山住持十几代。正德十四年（1519）正月，住持德暹，见殿宇朽坏，椽檩损伤，发心重修。德暹邀集合山僧众，各发诚心，普化十方，重修大雄宝殿，创建山门，重建禅室、伽蓝、祖师殿。

嘉靖八年（1529）正月，圆昂时任本山住持，与德暹刊碑刻铭，载印宗开山始末，并正德十四年（1519）德暹重寺院修事。

碑阴记载自印宗始连泉寺的传承："开山第一代印宗能禅师；第二代住持常道、道龛；第三代住持：住持德玘、住持德舍、住持德钊、住持德蓬、住持德倚、住持德暹、住持德金、住持德馨，道座德恩、德原、德柔、德秒、德杲、德护、德领，耆旧德太、德显、德念、德山、德全、德聪、德进、德耐；第四代住持：住持圆华、住持圆住、住持圆昂，提点圆现，都管圆威，直岁圆聪，监司圆净、圆兴、圆关、圆智、圆□、圆□、圆退、圆资、圆存、圆累、圆觉、圆龙、圆罗。"

碑阴的记载非常重要，真实记录了自印宗开山的明景泰二年（1451）至嘉靖八年（1529），自代宗历英宗、宪宗、孝宗、武宗、世宗6世78年连泉禅寺的传承。

碑中的"代"指辈分，开山印宗，其弟子出2任住持；徒孙"德"字辈，出8任住持；曾孙"圆"字辈出3任住持。习惯上，称一任住持为一代，那么，自印宗共传4世14代住持，依次为：印宗、常道、道龛、德玘、德舍、德钊、德蓬、德倚、德暹、德金、德馨、圆华、圆住、圆昂。故碑文称"接续本山住持十数余代"。

碑阴还有"敕赐佑善寺住持圆香,拾字寺住持德景,吉祥寺圆聪,磐石庵正得,连泉庵德悟,临济正宗净道、湛明,敕赐普济寺住持德舍、圆力"的记载。

佑善寺,在北京市丰台区长辛店西峰寺村。拾字寺即十字寺,在房山区车场村。吉祥寺,在连泉寺附近的中和峪。连泉庵,在连泉寺旁。普济寺,在北京市西城区西海南沿48号。磐石庵今址不详。碑阴载下上述寺院及住持,对研究北京佛教史有重要意义。

〇三四　第五代住持禹缘和尚灵塔铭

辞世偈

日岁光阴一梦中,临终撒手绝罗笼。

今朝圆寂最真际,蕴界空分法界空。

七十余年老禹缘,四旬祝发届连泉。

自从识破娘生面,一点灵光照大千。

成化二十三年四月八日

碑刻说明

明刻。在口儿村连泉顶连泉禅寺。

碑文考释

据《重修大房山古刹连泉禅寺碑记》碑阴载,第5代住持为德舍,禹缘和尚既为第5代住持,应与德舍为同一人,为印宗徒孙辈。古代僧人有名、字、号,有时以字称之,有时以号称之,故同一人在不同的记载称呼有异。

"四旬祝发届连泉",说明禹缘是40岁才到连泉禅寺出家,时在代宗景泰末或英宗天顺初,印宗开山不足10年。"七十余年老禹缘",此僧活了70岁有余,在连泉寺为僧30余年。以此推断禹缘出生于明太祖朱元璋洪武十几年。

○三五　大房山连泉禅寺住持暹公寿铭

盖闻（缺文）涅盘，逝化双林。达摩立教，□迹流于此土。（缺文）弃缘寂灭，浮发屠（缺文）者，亲所寂成绮著，乃□□□□□□□□□祖贯系山西太原府路州屯流县明□里宋都村人，李姓族门刘氏之子也，龀岁髫稚，性超于群众，父母善□，每念舍于空门，后果从愿，舍与连泉寺，拜礼上堂贵公为受业。师讳暹公，号大川。自披剃后精戒行，保清规，乃为丛林标格之栋梁，实是僧中出众之领袖。大众保任本寺住持，给付札副。乃于正德癸酉年间，邀领僧众修补，殿宇重新，所度徒嗣圆□、圆宪，法孙悟朗等。圆寂乃化于嘉靖拾六年五月十三日，奄然尔逝，入龛殡茔。今以孝徒圆宪蒙师披剃之恩，常怀训教之德，无伸可报，今已普化檀那众等，就于本寺西南脚下建立浮屠，高丈尺，基内碑碣，遗传后续，永远供养□者矣。

本山后学本春译书

建塔　徒圆□　圆宪　法孙悟贡　悟朗　悟志　重孙本善　本地　本季　本赟　本文

时大明嘉靖十八年岁次己亥四月初八日立石　镌字匠人管宁

碑刻说明

明刻。在口儿村连泉顶连泉禅寺西南角。青石碑，云首，碑额楷书"建塔寿铭"。

碑文考释

暹公，即德暹，号大川。印宗大师再传弟子，连泉禅寺第9任住持。德暹祖贯山西太原府路州屯流县（今山西省长治市屯流县）宋都村人，姓李，母刘氏，舍与连泉寺，礼上堂贵公受业。寺僧公推任本寺住持，"正德癸酉年间，邀领僧众修补，殿宇重新"。正德癸酉年，为正德八年（1513）。那么，正德八年（1513）德暹曾重修连泉寺，而《重修大房山古刹连泉禅寺碑记》载"正德己卯十四年大族之月，所谓有住持德暹，视观殿宇朽坏，椽檩损伤，……普化十方檀越，数目无穷，重修大雄宝殿，复金圣相佛身，创建山门，禅室重新，夏修伽蓝祖殿，后造移门，完矣备载"。据此记载，德暹重修连泉寺在正德十四年（1519），两碑记载有异。如今看来，德暹应是自正德八年（1513）开工，正德十四年（1519）竣工。

嘉靖十六年（1537）五月十三日，德暹圆寂，入龛殡茔。徒圆宪，普化檀那，在寺院西南脚下建塔。

〇三六　大房山连泉寺建造倚公辞缘归空灵塔碑记

钦依内府汉经厂书文大慈仁提点雨天泽撰

大兴隆寺临济正宗清虚道人荣卉庵书丹

洪惟释氏源流，终无边际，法门最胜，凡圣莫测，一言难穷，于事整理三藏，无尽于华夷。圣贤出现，莫离于生死。凡夫幻躯，岂免于无常？生死之道，古今一尔。窃谓连泉堂上倚公者，乃金台宛平县刘姓子也。自生已来，聪敏慈善，温良忝让。幼而习儒，壮而从释。昔有闾阎士庶，尝闻开山印宗能禅师遗徒第二代玄公禅师，道学超群，事理达众，名闻诸方，声遍此土。由是，刘门将倚舍送出家，投公为师，法名德倚。于是隐山，禅讲颇通，戒行精严，出类拔萃，尊为住持，率众焚修，祝延圣寿，务物无增无减，是事有始有终。卒于嘉靖十三年十二月初八日，奄然顺世，忽尔西皈。茶毗荐悼，殡殓窀穸。有徒住持圆寿、圆隆，不胜剃度训诲之恩，命工建立浮屠之塔，虽有相而为虚妄，然无心而不作佛，是已建塔，请文勘碣为记，用作远图，永贻诸后知耳。

法徒圆寿　圆隆　法孙悟纪　悟官　重孙本春　本月　本晓　本学

累孙真清　真淮　真洪

大明嘉靖二十六年岁次丁未孟夏吉日立石

镌字匠齐山　刘堂　刘章　刘玉　赵文学　赵增

碑刻说明

明刻。在口儿村连泉顶连泉禅寺。

碑文考释

倚公，金台宛平县（今北京城内）人。刘姓，幼而习儒，舍送出家。投印宗弟子玄公为师，法名德倚，是为连泉寺第8任住持。嘉靖十三年（1534）十二月初八日圆寂。徒住持圆寿、圆隆建塔礼葬。

其徒圆寿，应是继圆昂之后第15代住持。

〇三七　满公塔铭

大房山连泉寺兼在京明月庵住持满公虚中灵塔

嘉靖丁未仲夏吉日造

碑刻说明

明刻。在口儿村连泉顶连泉禅寺。

碑文考释

嘉靖丁未，明嘉靖二十六年（1547）。

满公虚中，为连泉禅寺住持，兼北京明月庵住持。明月庵，地址不详。满公与德倚立刊铭于同年，或为德字辈僧人。

〇三八　大房山连泉禅寺住持常公寿铭

盖闻佛居鹫岭，弥勒住世，古迹圣境，数载迷宗。昔乃文殊化现，祖公印宗，明教接续，重修连泉禅林，度徒百众，人各逝化涅盘，寂灭双林，建立浮屠宝塔。兹者常公，祖贯系顺天府固安县当渠里王蟒店周姓族门赵氏之子也，父母善念，舍送空门，于景泰年间舍送于连泉寺，出家弃俗，拜礼大善知识印宗能禅师为受业明教，法讳常□。常公号寂安，于师上首弟子，昼夜勤劳，搬柴运水，撞建。精持戒律，宝守清规。向乃丛林之栋梁，实是僧中之领袖。大众保恳住持，于

弘治年间领众焚修香火，圆寂于正德十一年十二月二十九日。奄然逝化，寂灭归原。今者孝徒德进蒙师训教之恩，无伸可报，今以俞心普化檀那，辐辏赍粮，建立浮屠宝塔，遗流后续，永远供养。

孝徒德进　法孙圆月　重孙悟湛　悟力　悟定　悟景

累孙本义　本换　本钊

本山后学书记悟香撰

嘉靖三十一年三月初九日立石　镌字匠刘堂　刘章　刘玉　赵文孝

碑刻说明

明刻。在口儿村连泉顶连泉禅寺。

碑文考释

常公，号寂安。顺天府固安县（今河北省保定市固安县）当渠里王蟒店村人。周姓，母赵氏。母善念，景泰年间舍送于连泉寺出家，礼印宗禅师受业，为印宗上首弟子。弘治年间，由寺僧公推为住持。于正德十一年（1516）十二月二十九日圆寂。徒德进普化檀那，建立浮屠宝塔葬之。

○三九　大明敕赐英国公张氏山场记

赐同进士出身文林郎湖广道监察御史右东原李元徵撰文篆额

山场何人？君优厚重，□□以示□□也。山场而有□□□子纪载重典，所以昭殊恩也。元□人□□□我太祖高皇帝触□激中奋□□甸思，所以□□而一□之□□天征讨，不传檄而天下定。天下既定，论功行赏，凡一时效忠宣力之臣□见褒。□□张氏之祖曰：王者亦兴焉，□□从征，所向先捷，卒□命□□，既而□靖难，功赠推诚宣力武臣，进荣禄大夫右柱国荣国公。洪熙初赠河间王，谥忠武，□□庭。忠武之子□辅者，亦竭节□尽瘁国事，□而□平定交趾，功改封英国，加太师。正统间扈□死节，赠定兴王。□□河间王女，太宗文皇帝册为贵妃。定兴王女，仁宗昭皇帝册为敬妃。累因两朝勋□国功臣，一时

□□□□□中外，而□□□勋戚固无出其右者。□□□传之后，勋烈日著，门丁日充，朝廷特念其所得不足充其所用也，以故有□金碧之赐，山场庄田之赐，盖欲□□可以积□，可以□□，可以赡张氏之子姓也。其定兴王子特进光禄大夫左柱国太师兼太子太师英国公，□□朝□三十年，清直忠正，和易仁惠，以疾解兵务，及卒封宁阳王，谥恭靖。长子□舍人早卒，追封□国公，长孙仑袭封英国公。仲子钦锦衣卫都指挥使，季子铭累功锦衣卫都指挥佥事，充辽东副总兵官。因见前赐山场坐落于京西南隅房山之背中和峪下，其山耸势蟠郁，清流环抱，群峰拱秀，□若天成。山之下辟地□□利用丰大，张公得此，其源源之用，固可缘是而充，而裕，而无假外来者。其所以优厚重臣者，不其至乎？山场固有四至，东至□□□，南至大象石，西至□□下，北至煤儿岭。四至虽在，恐时久则湮没失真，公子用是惧，惧其愈久而愈失其真也，先捐俸赀耩山寺于中和峪隙处，命僧人无涯禅师徒孙圆惠主之。后复出资财，使守山场庄官高俊等理盖山门，修垫正路，治濬泉源，栽留树木。既完，取石为碑，特请为记。以记山场庄田，盖欲与此山相为悠久而不变也。因记之曰：国家□□兴兮必有忠良，□□□□兮三世封王，人君德重兮赐与山场，两朝勋戚兮万古流芳。立碑纪至兮永□无疆。

正德十一年三月二日无涯禅师第五代徒孙圆举大千募立 镌字匠齐山

碑刻说明

明刻。在口儿村连泉顶连泉禅寺。碑额篆书"大明敕赐英国公张氏山场记"。

碑文考释

耩，为"构"的白字。构，繁体为"構"，与"耩"形似。

考此碑，碑中所记明英国公张懋山场。张懋为张玉之孙、张辅之子。

张玉，字世美，祥符（今河南省开封市）人。元末至正三年（1343）生。张玉原为元朝枢密知院，后投降明朝，累功至燕山左护卫指挥佥事，隶属朱棣麾下。他在靖难之役中，夺取北平九门，升任都指挥佥事，并担任燕军先锋，大败南军主帅耿炳文。后为燕军中军主将，在郑村坝、白沟河两次击败李景隆。建文二年（1400）十二月，张玉参加东昌之战，为救朱棣，闯入敌军阵中，力

竭战死。永乐年间追封荣国公，谥忠显。洪熙元年（1425），进河间王，改谥忠武。

张辅，字文弼。河南祥符（今河南省开封市）人。明朝初年重臣、名将，河间王张玉长子。明洪武八年（1375）生，早年随父参加靖难之役，累封新城侯。永乐四年（1406），以右副将军随成国公朱能南征安南，旋即接任主帅，屡战告捷，于次年灭亡胡朝，改安南为交趾，设交趾布政司。战后因功受封英国公，予世券。自永乐七年（1409）至永乐十三年（1415），三次以总兵官讨平交趾叛乱。先后四至交趾，史称他"凡三擒伪王，威镇西南"，后世多以张辅不得世守交趾为恨。永乐二十年（1422）至永乐二十二年（1424）间，参与明成祖朱棣的第三、第四、第五次北征。洪熙元年（1425），改掌中军都督府事务，进位太师。次年，随明宣宗平定汉王朱高煦叛乱。宣德四年（1429），被解除兵权，加授特进光禄大夫、左柱国。明英宗即位后，加号翊连佐理功臣。张辅历事四朝，联姻帝室，与"三杨"、蹇义、夏元吉等同心辅政，促成"仁宣之治"，并维持了正统初年的朝政清明。正统十四年（1449），张辅随明英宗北征瓦剌，于"土木之变"中阵亡，年75。次年追封定兴郡王，谥号"忠烈"。

张玉之女嫁永乐帝，册为贵妃，谥"昭懿贵妃"。其子张辅女，嫁仁宗朱高炽，册为敬妃，谥"贞静敬妃"。故碑文载"河间王女，太宗文皇帝册为贵妃。定兴王女，仁宗昭皇帝（朱高炽）册为敬妃"。张玉洪熙元年（1425）加封河间王，张辅正统十五年（1450）追封定兴郡王。

张懋，字廷勉，祖籍河南祥符（今河南省开封市），京师（今北京市）人。明朝勋臣、将领，河间王张玉之孙、定兴王张辅庶长子。明正统四年（1441）生，9岁袭英国公。明宪宗阅骑射西苑时，他三发连中，帝赏赐金带，遂命掌中军都督府事，历掌京营、五军都督府等职。后加太子太傅，累进太师兼太子太师。正德十年（1515），张懋去世，年75。获赠宁阳王，谥号"恭靖"。张懋为人敦重，"生平无他艺能"，遭逢承平之世，"为公者六十六年，为太师者二十五年，握兵柄者四十年"，宠冠勋戚，以富贵寿考而令终。

碑文载："定兴王子特进光禄大夫左柱国太师兼太子太师英国公，□□朝□三十年，清直忠正，和易仁惠，以疾解兵务，及卒封宁阳王，谥恭靖。"

张懋长子早卒。次子张钦，拜锦衣卫都指挥使。四子张铭，晋锦衣卫都指挥佥事、充辽东副总兵官。张懋去世后，长孙张仑袭封英国公。

张仑与二叔张钦、三叔张铭见先皇所赐山场坐落于京西南房山中和峪下，捐俸在中和峪宽敞处建山寺，命僧人无涯禅师徒孙圆惠住持。又出资财，让守山场庄官高俊等修建山门，修垫正路，疏浚泉水，栽种树木。

诸工告竣，取石立碑，记英国公朱懋家世，并山场庄田。

〇四〇　大明重修中和峪吉祥寺碑记

赐进士出身承德郎户部主事海右巩思宪撰书

赐同进士出身文林郎湖广道监察御史东原李文芝篆额

尝闻周朝释起，佛始生于西国；汉梦金人，法教迎入东土。如来既化象教，相传阎浮世界，真僧间出。因此，感王公以敬仰，及士庶以从皈，或内塑像于布廛，或外建造于山野，此所谓以形象之教人也。今者，中和峪乃大元至正间古道庵也，废颓已有年矣。于宣德甲戌年中，有浙江僧人道顺，因来北谒戒坛，受持诸戒，闻燕西野大房山连泉顶寺有大善知识禅师印宗者，立教清净，普化群迷，内多德智，外有胜行。道顺投拜为师长，求传禅道，习演经典，因起号无涯。自是以来，朝夕侍奉印宗，淡泊随缘度日。后至天顺癸未季秋廿九日，印宗禅师端然化灭，无涯集本派弟无际、无碍，于连泉顶下建造浮图，藏师舍利于内窖。成化丁酉中，无涯下连泉顶，因访山玩水，寻游至此。此峪乃皇明赐特进光禄大夫左柱国太师兼太子太师英国公谥恭靖赠宁阳王山场中峪耳，无涯因见昔元故遗□迹犹存，及观此峪有藏风聚气之势，争缺水泉。无涯因爱本峪风景，息歇良久，按膝侍坐间，暂困盹中，忽有一老翁立于面前，无涯问曰："公何人欤？"老翁答曰："吾本峪西北水神也，特来一谒，乞尊师起赐一名，本峪水泉即有矣。"无涯随应声起曰："大德丰稔龙王。"言毕，猛觉梦寐。因奇此梦，随至梦所，用禅杖数搠，水即涌出，长流不息。因是，方结草为庵，德感本府功德山主及西山一带檀越，供送舍施，负运米粟，随建盖殿宇，内塑诸佛圣像，两廊亦造伽蓝护法，号名吉祥寺。自此，无涯陆□□□□□□□□多。至弘治丙辰孟秋□□□□□□□□师俨然坐化。有首徒、徒孙等众于本峪建塔，将本师壳漏子荼毗，葬讫于□□□□□□□派徒孙圆举号大千者，因思重修本峪，无涯禅师在日，言行胜人，德智兼备，经典过僧□□□□，随发心募告。本府山主及本山庄官并西山五社檀越出助资财，先造供台一，花瓶二，供桌三，弥勒佛像一。后于西山下取石，为碑二，前书师祖之源流，背开檀那之名姓。故作此，以为传芳名永远之记云。铭曰：

无涯本性非凡夫，梦神献水古来无。重修山寺立规模，动感王裔资助扶。守持五戒度□徒，禅机公案究纯熟。清闲泊淡自欢娱，奥妙经法留有余。老师舍利藏浮屠，我铭用作千□图。

正德十一年三月二日立

碑刻说明

明刻。在口儿村连泉顶连泉禅寺。

碑文考释

此碑，对研究连泉禅寺历史十分重要，可与《重修大房山古刹连泉寺碑记》相互印证。

宣德甲戌，宣德无甲戌，甲戌为景泰五年（1454）。故知宣德甲戌为景泰甲戌之误。又《大明重修中和峪吉祥寺碑记》记载，印宗于景泰二年（1451）五月到达大房山连泉顶重建连泉寺，《大明重修中和峪吉祥寺碑记》记载宣德甲戌浙江僧人道顺投大房山连泉禅寺印宗为师，显然"宣德"为误，宣德时印宗尚未开山建寺。因此，道顺应是景泰五年（1454）来到大房山连泉禅寺，投印宗为师。

据此碑考之，景泰五年（1454），浙江僧人道顺北谒京西戒台受戒，闻大房山连泉禅寺印宗立教普化，投拜连泉禅寺印宗为师，法号无涯。

《重修大房山古刹连泉禅寺碑记》记载："岁至今朝景泰辛未二年癸寅月内，兹者开山第一代祖，……缁付法嗣无数，而上首弟子顺无牙、鉴无碍、景无际等接其祖席。"顺无牙，即道顺，无涯，又作"无牙"。由此知道顺是印宗连泉禅寺开山后第一位弟子，无碍、无际则是无涯的两位师弟。天顺癸未即天顺七年（1463）九月二十九日，印宗圆寂。无涯集本门弟无碍、无际，在连泉顶上建塔礼葬印宗。

成化丁酉即成化十三年（1477），无涯下连泉顶，访山玩水，寻游到中和峪，此峪乃大明本朝敕赐特进光禄大夫左柱国太师兼太子太师英国公谥恭靖赠宁阳王张懋的山场。

中和峪中，有元至正年建古庵一座，圮废颇久，遗迹尚存。此峪有藏风聚气之势，只是缺水。相传无涯爱本峪风景，息歇良久，暂坐打盹，忽然见一位老翁站在面前，无涯问："老人家是哪一位？"老翁答道："我是中和峪西北水神，专诚拜见大和尚，恳请尊师起赐一名，本峪就有水泉了。"无涯应声说："就叫大德丰稔龙王吧。"说完梦醒，心觉奇怪，随即到梦中所言之处，用禅杖扎了几下儿，水就涌了出来，长流不息。于是结草为庵，本地山主张懋及西山一带檀越，供送舍施，负运米粟，起建殿宇，内塑诸佛，两廊造伽蓝护法，号"吉祥寺"。

弘治丙辰即弘治九年（1496）七月，无涯坐化。首徒、徒孙等在本峪建塔，将无涯荼毗礼葬。本门徒孙圆举号大千，发心募告，重修本峪。本府山主张仑、本山庄官高俊、西山五社檀越，出助资财，先造供台一具，花瓶二尊，供桌三面，弥勒佛像一尊。正德十一年（1516），取石于西山下，立碑记事。

半壁店

在河北镇东南。西北邻黄土坡村，东南邻万佛堂村。成村于晚清。清康熙三年（1664）《房山县志》无此村。光绪十二年（1886）《顺天府志·卷二十九·地理志十一·村镇三·房山县》："二十五里，北半壁店村。"北半壁店村，即半壁店村，因房山西南有亦半壁店村，故以"北"区别。民国初，房山县划分五区，半壁店村属第四区。民国五年（1916）二月改设九区，属第五区。有古迹王禅洞亦称王仙洞，洞旁有明清庆寿庵，今圮。

本卷收录半壁店碑刻1件：清代1件，其中收录碑文1篇、碑阴题1则。

史家营乡、大安山乡、霞云岭乡、南窖乡
佛子庄乡、河北镇、燕山办事处、青龙湖镇

○四一　王仙洞新建庆寿庵记

赐进士出身翰林院庶吉士知房山县事黎德符撰

磁务司巡检李芳书

房之磁务司，居万山之中。层峦叠嶂，幽深奇峭，不可胜纪，盖多前贤寄迹之区云。余自庚申夏四月承乏是职，公事繁剧，休沐无暇，有志游观而未之逮。署南三里许，有云梦山，山有王仙洞，邑乘所谓王禅隐居之地也。旧有庙宇，风雨倾颓，无有过而问者。岁三日，余梦一道人，仪容端严，问其姓氏，王仙也。醒而异之，厥明亟往，视积雪渐消，流泉鸣响，扳藤而上，得一洞，内有仙像，如梦所见。复登极顶得大钟，审视，知万历间僧人所铸，题曰庆寿庵，其为昔日洞前之庵名与否，则不可得而知矣。感旧迹之沦泯，慨然有兴起之思，乃谂土人以筹厥事，圮者起之，坏者修之，阙者补之，咸不日而就。洞之前建殿以奉关圣帝君，其左右为僧徒栖止之所。其东北数武复有二洞，以奉大士及诸神。建亭殿前，以悬旧钟，即以庆寿名其庵，存古迹也。惟我朝治教诞敷，中外禔福，斯地近在辇毂，固宜山挺其秀，神效其灵，卑民鼓舞欢忻，永有无疆之庆。爰泐石以记其缘起。凡出资者并列其姓氏于左：

知县黎德符捐银叁拾两，巡司李芳捐银拾伍两，宋玉捐钱伍拾千，官窑商人捐钱四拾伍千，张传业捐钱贰拾千，大有当捐钱拾伍千，泰源店捐钱拾贰千，东来厂、锦泰厂、四益厂、六合厂、隆春厂、万成厂、天德厂、同兴店、意合店、和顺店、殷从善、吕明、西晋源号、风口槽窑、王治宏、义和店、范同鑫、陈秉荣、杨义才、杨义□各捐钱拾千，通盛窑、北□窑、范得各捐钱捌千，义盛厂、东兴店、三合槽官窑各捐钱柒千，天兴局、元丰号、顺兴窑、李连步、于河各捐钱陆千，霍元勋、武学□、张朝俊、碾子窑、白岭窑、杏树窑、天成窑、新合店、马佺、顾成、吕之培、张传茂各捐钱伍千，孙成定、谢成、赵山、屈祥、

□亮各捐钱四千，张俊捐钱叁千伍百，和生额、张谟、赵成俊、马虎、西广成号、云从龙、郭自旺、永合店、荣耀宗、桃树窑、大槽窑、吉庆窑、王殿来、杨廷弼、孙富、李承、冯裕安、冯治安、冯式安、三合庄、永顺店、赵云麟、宝福厂、李起各捐钱叁千，新成当、天成店、天合号、永合店、天佑局、广顺裕、广顺隆、□成号、永成号、恒茂号、义盛店、宝成局共捐钱叁拾千，源远号、新成店、通泰店、隆泰号、天福厂、大悲庵各捐钱贰千伍百，天佑局、义和局、西□□、尹绪、孙成、□立□、锦峰号、天成店、张德福、宛得财、宛得明、宝来局、李成龙、宋天禄、蔡功、郭玉、柴祥、广恒店、张生、六合店、双合店、隆泰店、兴隆店、吕之俊、郝□、天顺号、德丰店、山□店、茶□店、刘浩仁、吕之瑞、张士亮、张希侯、周禄、张保、李敬、方盛号、吴祥麟、吴瑞麟、牛宽、赵进德、丁文相、靳忠、张士□、赵文科、黄振清、永顺兴、张廷贵、李国兴、牛之栋、靳永芝、董铁铺、杨顺、刘云、吴建、李自富、靳永通、王世杰、曹宽、靳永林、牛秉俊、李茂、安成□、刘成富、魏自宽、卢成金、梁洪仁、杨洪亮、齐锡□、王学明、温魁芳、李泰、殷平、吕荣、广隆店、刘文顺、李恒春、孙斌、德兴店、于开□、□□、核桃窑、冯天有、张呈玑、天盛号、永泰号、永庆局、子儿窑、天顺窑、李鸣才、佟大观各捐钱贰千，赵成杰、赵振宗、郭正年、元亨号、广盛号、万源号、□德盛、源来局、常盛号、万亨号、通泰号、富兴店、谢秀、孙虔、孙成瑞、高起仁、李阳春、增盛店、吕之孝、卢尚义、李泰、温让、荣禄、蔡富、唐福、高永、□□、王治国、郭铁铺、天成店、齐锡富、义盛庄、李琳、孙明、杜天通、于景祥、王茂祥、杨文安、王永聚、赵邦玺、苗凤、于淳、安玫、陈敬、王玉株、佟大化、永合店各捐钱钱一千五百，杨起亮捐钱一千叁百，杨廷弼又捐、李有亮、谢鹏程、赵文瑞、郭廷彦、王书林、王士林、刘逵、张兴、刘达、王梦龙、武瑞、煤垅□、云腾汉、悦来店、陈振兴、万合号、顺成铺、永和铺、张兴、马瑞、亨兴店、大兴店、王文才、孙照光、天裕号、广兴号、通顺染坊、中和店、魁元号、□□、刘得明、史元龙、周琏、刘智、天顺店、刘思明、马朝增、赵进义、段亮、刘煜、方玉、吴凯、吴世魁、杨文亮、高玉增、永泰号、孙世永、西丰□店、杨□□、复成店、祁自明、范国兴、王进德、史发茂、王有良、永和号、李肉铺、孙魁、高连、关甫、李之恭、老吾窑、李喜、马义、马逵、马朝陞、朱兴，各捐钱一千。

碑阴

李举、朱会、李绅、李红、李继点、王兴禄、王天寿、蒲荣、王福、方城、郑荣、陈壮观、任明、李福、王通、陈大成、陈善、翟全、杨希美、杨大官、杜太和、李全功、王华、魏志、冯永安、王存义、贾德礽、李积玉、公顺店、广义店、大丰店、王国志、郝文魁、东兴庄、囗宝、永隆号、王德、徐林、熊士英、高成美、高功、于让、翟囗、张荣、于囗、王君锡、金人杰、赵际玉、张天禄、史自禄、陈自达、李廷玉、王自成、陈贵、王沛、囗囗囗、孙克显、霍文兴、安泰号、隗成浩、王德崇、王永耀、王永惠、王永达、于景福、张文汉、于鹏、赵宗、许成名、王玉芳、王兴官、郭自功、三合店、韩德、李聪、佟大林、郭天寿、要国太、武魁、苏会由、屈进禄、王瑞、囗喜、王囗、刘文炳、吴博通、郜国泰、景富、苏文祥、龚秉仁、囗廷珍、沈自芳、王琳、马相点、刘元囗，各捐钱一千。

刘瑞、佟豹各捐钱九百。张九成、梁义囗、张兴柱、郑囗囗、范代绅、刘振信、王四、田喜、李珠、李敬、李宝各捐钱捌百。张士奎、贾自明、新顺店、李祥各捐钱七百。李旺、谢天玺、王山、甄陶、郭玺、王培元、刘文亮、永顺号、东来号、张文瑞各捐钱六百。

李有才、李才、李进、李全、于顺、李有芝、朱立、云起兴、萧匹杰、闫安、张璧、赵文武、赵文钦、李成显、李景文、赵成英、明纯、孙浩、宋镇、张明、李天洛、佟岳、仲安成、杨起山、杨起俊、杨起明、管成功、孙成功、刘存义、谢宗显、滕文云、杨可文、李安民、徐定、段玺、张本、吕之荣、龚呈祥、梁义礼、吕之玺、张兴让、宋尔义、刘继达、郭良、蒋国玺、郝亮、安兴、赵奇观、赵京、谢佩、谢迁善、谢遗、李爱、刘邦彦、刘得仁、王廷贵、刘炳、侯有章、张培元、张起仁、吴自敬、郑秀、曹旺、谢清、刘孝、王斌、杨九贵、虞兴、杨福禄、邓有辉、赵有、赵进禄、吴国琏、王士英、王士铎、李老、范玺、闫二、李宝、朱海、栗文会、张朝臣、郝凤义、王亮、王英、韩成、赵明亮、安国尧、刘进才、程杰、王玺、王成、王士文、翟硕杰、曹开泰、曹矣、李诗、张英、曹祥、李亮、张福、李国安、朱纯、田章、张明、安旺、安喜、孟连、张惠、牛继绪、殷玉、张兴、栗囗、吕士白、郑玉玺、李德、尹禄、郝文元、郝文学、刘法林、宇展长、薛旺、郑麟、秦显、陈囗、张自珍、常尚德、吕天相、孟国泰、陈玉龙、张凤、牛得禄、朱义、马□、任亮、任起盛、王良、吕成、梁福、唐士魁、刘文顺、樊贵德、王君德、王士英、王点、翟善禄、陈良相、陈璧、张澎、张彩、郑富、郑贵、孙贵、陈俊、陈□观、张伦□、王朝杰、陈美观、孙继虎、刘兴、武尚志、胡士俊、张继龙、王德、于海、于功、张天福、李璧、吕德、蔡中、宋斌、蔡□、潘有、章四、赵崇玉、赵崇峰、赵崇霖、泰和号、刘之贵、崔玫、姜禄、王禄、刘万金、张士杰、王盛德、陈福兴、师德、燕文、沈云龙、赵二、万二、李□、李奇义、徐克正、董礼连、刘国泰、□□宗、雷廷章、郭英、王炳、李通、马德顺、卢廷贵、韩世美、杨顺、杨德、于国梁、郝荣、恒远昌记、黄银、杨德、姜国儒、姜士佐、姜士宗、姜文通、姜国矣、韩得名、李琳、杨文昌、张文通、赵伟、张悦、刘海旺、栗之俊、孙守荣、燕达、栗宗孔、安珆、安国瑞、安国璧、安国兴、马珦、熊老、杨喜、王合、韩明、韩顺、王全、永兴号、马来旺、邵亮、沈自方、王朝柱、刘文、段德通、李焕、吴德龙、佟金、张德合、张德福、吴贵元、王勇、李良魁、吴博清、吴博达、赵士连、杨珍、王桂荣、王成辅、李成贵、王振邦、王国勋、范彩、于碧、张茂息各捐伍百，宋永、许虎、宋泽远、姚旺、李邦泰、曹起□、安□玉、刘自福、刘九如、王国常、张华各捐钱四百。

郑大、朱浩、张学、于国旺、于国成、袁九、于陆、李栋、王锦、杨陆、李宽、李秋、李有璧、李有玺、于德泉、□达、霍成、傅顺、尹功、张铎、萧世英、朱成、曹兴、王成、韩之凤、韩大、孙德、王六达、张杰、李四、孙二、李柱、柴俊、韩文郁、薛儒、张兴、明廷弼、张文茂、宋全、云锦、云旺、安成、张祥、云土、宋三达、宋兴、郭兴、郭金、柴杰、柴玉、孙岐鸣、张显、杜明、李顺、张起、孙贵、陈兴、孙生、孙成宝、孙成明、谢成、谢顺、孙成贵、谢成明、孙德、段庆德、于兴、丁良山、张起、张士彦、张士秀、张达、张希德、吴坤、谢文富、马天宝、段崇德、张自永、温兴、王成章、温自明、杨兴、杨计、贾茂宗、吴焕、刘达、张林、袁廷璧、田宏基、曹文炳、刘俊、刘名、郑德善、王成贵、姜文科、李河学、张华、任永、张士魁、李思泰、张荣、栗达、栗通、李全、李□、陈有贵、王有贵、张元贵、隗学功、李星、佟大兴各捐钱叁百。

孙成玉、谢宗贵、崔景儒、魏应春、王印、杨印、王进城、杨安、杨权、栗明、李斌、王奉、张元禄、李瑄、杨浦、王玺、李淇、栗山、张希曾各捐钱钱贰百。

佛子庄众等又捐钱弍千百文，长操村众等又捐钱弍千伍百文，半壁店孙成又捐白灰捌千斤，大富庄李万春捐清钱伍千文。

嘉庆玖年岁在甲子菊月谷旦立

监造会首刘达　魏立　柴祥　于鸿　李秀　李起　杨义成　孙成

总理督工高倩伦　承办布施马有义　写账龚云祥　承催布施郑永

住持道王宗仁

碑刻说明

清刻。在半壁店村王禅洞。碑通高 250 厘米，宽 80 厘米，厚 30 厘米。碑额正书双勾题"永垂不朽"。

碑文考释

此碑阳、阴一体，前文记事，述重修庆寿庵经过，后文载功德主姓名，碑阴继碑阳文续之。

庆寿庵，在河北镇半壁店村王禅洞，今仅存一碑。

民国十七年（1928）《房山县志》卷三·古迹·坛庙寺观》："王禅洞，在半壁店。"王禅洞，相传为王禅隐居之所。

王禅，鬼谷子王诩，道号玄微子，生卒年不详，战国时期显赫人物。著名谋略家、道家代表人物、兵法集大成者、纵横家的鼻祖，精通百家学问，因隐居云梦山鬼谷，故自称鬼谷先生。鬼谷子常入山修炼，深谙道法，神妙莫测。他通天彻地，智慧卓绝，人不能及。一曰数学，日星象纬，在其掌中，占往察来，言无不验；二曰兵学，六韬三略，变化无穷，布阵行兵，鬼神不测；三曰言学，广记多闻，明理审势，出辞吐辩，万口莫当；四曰出世，修真养性，祛病延年，服食导引，平地飞升。两千多年来，兵法家尊他为圣人，纵横家尊他为始祖，算命占卜的尊他为祖师爷，谋略家尊他为谋圣，名家尊他为师祖，道教尊其为王禅老祖。在文化史上，他与孔子、孟子、庄子、荀子、墨子、韩非子等先哲齐名。鬼谷子主要作品有《鬼谷子》《本经阴符七术》《鬼谷子天髓灵文》等。其著作被后世称为"旷世奇书"。

王禅隐居于此地说，实为子虚乌有，但是其传递的山区文化信息，令人回味：房山西北山区绝非荒蛮之地，而是有着浓厚的文化色彩。

王禅洞前有庆寿庵，不知创于何年。洞顶旧悬古钟一口，铭文载为明万历年间所铸，题"庆寿庵"，知为庆寿庵故物。清嘉庆九年（1804）秋重修。在王禅洞前建正殿，奉关帝，左右为僧徒栖止之所。东北几步远有二洞，奉观音大士诸神。在殿前建钟亭一座，将古钟移至亭内。仍名庆寿庵。

监造刘达、魏立、柴祥、于鸿、李秀、杨义成、孙成。督工高倩伦，承办布施马有义，写账龚云祥，承催布施郑永。庆寿庵落成，由道士王宗仁住持。

房山知县黎德符、巡司李芳以下，捐资者700余人。

捐资煤窑16家：风口槽窑、通盛窑、三合槽官窑、顺兴窑、北□窑、碾子窑、白岭窑、杏树窑、天成窑、桃树窑、大槽窑、吉庆窑、核桃窑、子儿窑、天顺窑、老吾窑。

捐资商号104家，其中41店、32号、10厂、8局、2当、5铺、2庄、1坊、1记，另有2家广顺裕、广顺隆。

41店：泰源店、同兴店、意合店、和顺店、义和店、东兴店、新合店、永顺店、永合店、天成店、永合店、广恒店、六合店、双合店、隆泰店、兴隆店、亨兴店、大兴店、天顺店、西丰□店、复成店、公顺店、广义店、大丰店、三合店、新顺店、新成店、通泰店、天成店、义盛店、德丰店、山□店、茶□店、广隆店、德兴店、富兴店、增盛店、天成店、永合店、悦来店、中和店。

32号：西晋源号、元丰号、□成号、永成号、恒茂号、西广成号、天合号、源远号、隆泰号、锦峰号、天顺号、方盛号、天盛号、永泰号、元亨号、广盛号、万源号、常盛号、万宁号、通泰号、天裕号、广兴号、万合号、魁元号、永泰号、永和号、永隆号、安泰号、永顺号、东来号、泰和号、永兴号。

10厂：东来厂、锦泰厂、四益厂、六合厂、隆春厂、万成厂、天德厂、义盛厂、宝福厂、天福厂。

8局：天兴局、宝成局、天佑局、义和局、宝来局、永庆局、源来局、天佑局。

2当：大有当、新成当。

5铺：董铁铺、郭铁铺、顺成铺、永和铺、孙肉铺。

2庄：义盛庄、东兴庄。

1坊1记：通顺染坊、恒远昌记。

有佛子庄、长操村、大富庄3村阖村捐助。

碑文所载煤窑、厂、商，为研究清中晚期房山经济提供了难得的史料。

万佛堂

在河北镇东南。北邻磁家务村，西北邻半壁店村。民国时期期有人居住，中华人民共和国成立后成村。因古刹万佛堂而得名。清康熙三年（1664）《房山县志》、光绪十二年（1886）《顺天府志》、民国十七年（1928）《房山县志》均无此村。

万佛堂创建于唐代宗大历五年（770），原名"大历禅寺"，寺名为代宗所赐。金、元名为"龙泉大历禅寺"，明代叫"大历万佛龙泉禅寺"，清以后叫"万佛堂"。现存佛殿3间，名为"万佛龙泉宝殿"，坐西朝东，为明代成化十二年（1476）所建。殿内后壁和两侧的山墙嵌汉白玉石浮雕《文殊、普贤万菩萨法会图》，长23.8米，宽2.4米，由31块方石构成，雕造于大历五年（770），最初嵌于孔水洞上端的石崖上，年深日久，时有脱落。明成化建"万佛龙泉宝殿"，将此图入殿嵌藏。

孔水洞为历史名洞，历代文献多有记载。北魏郦道元《水经注》记载，大防岭下有石穴，沙门释惠弥只身探洞。隋郎蔚之《隋州郡图经》："防山上有仙人玉堂。"明清为房山八景，号"孔水仙舟"。

距洞口不远处的对面石壁上雕有两龛佛像。左龛内一佛二菩萨，左右两侧雕骑牛大自在天各一，龛呈楣拱形，为隋代作品。右龛内雕菩萨一尊，保存较为完整。菩萨面部丰圆，神态肃穆，周身肌肉丰实，比例匀称，应为晚唐作品。洞壁有两处隋大业刻经和一处金大定题记。

孔水洞西北高处有辽代花塔，前有元代密檐塔，名"龄公和尚舍利塔"。

本卷收录万佛堂碑刻9件：隋代2件、唐代1件、金代1件、元代1件、明代2件、清代2件，其中收录碑文12篇、碑阴题1则、崖题1则。

○四二　隋大业刻经

诸行无常，是生灭法，生灭灭已，寂灭为乐。十方诸佛，皆因此偈，得灭重生，若能诵持，至□□养，最为第一，□□三课，□难生死，永无业□。大隋大业十年二月二十三日。

碑刻说明

隋刻。在万佛堂村孔水洞。

碑文考释

"诸行无常，是生灭法，生灭灭已，寂灭为乐。"出自《大般涅槃经》第十四卷。

二十三日为佛教十斋日之一。

○四三　隋大业刻经

大般涅槃经偈：汝虽生人道，已超第六天。我及一切众，今故稽首请。人中最胜尊，今当入涅槃。汝应愍我等，唯愿速请佛。久住于世间，利益无量众。演说智所赞，无上甘露法。汝若不请佛，我命将不全。是故应见为，稽请调御师。尔时纯陀欢喜踊跃，譬如有人父母卒丧忽然还活，纯陀欢喜亦复如是。复起礼佛而说偈言：快哉获己利，善得于人身。蠲除贪恚等，永离三恶道。快哉获己利，遇得金宝聚。值遇调御师，不惧堕畜生。佛如优昙花，值遇生信难。遇已种善根，永灭饿鬼苦。亦复能损减，阿修罗种类。芥子投针锋，佛出难于是。我以具足檀，度人天生死。佛不染世法，如莲花处水。善断水顶种，永度生死流。生世为人难，值佛世亦难。犹如大海中，盲龟遇浮孔。我今所奉食，愿得无上报。一切烦恼结，摧破无坚固。我今于此处，不求天人身。设使得之者，心亦不甘乐。如来受我供，欢喜无有量。犹如伊兰花，出于栴檀香。我身如伊兰，如来受我供。如出栴檀香，是故我欢喜。我今得现报，最胜上妙处。释梵诸天等，悉来供养我。一切诸世间，悉生大苦恼。以知佛世尊，今欲入涅槃。高声唱是言，世间无调御。不应舍众生，应视如一子。如来在僧中，演说无上法。如须弥宝山，安处于大海。佛智能善断，我等无明闇。犹如虚空中，云起得清凉。如来能善除，一切诸烦恼。犹如日出时，除云光普照。是诸众生等，恋慕增悲恸。悉皆为生死，苦水之所漂。以是故世尊，应长众生信。为断生死苦，久住于世间。

我观如来真妙身，清净无垢如莲华。智慧方便虚空等，解脱无碍能开遮。神通自在无边际，等视一切无偏耶。我今稽首大慧明，愿入无相义空寂。唯愿为我方便说，令除疑惑得惺悟。一实难知真法性，赐为现形使知处。哀愍我等诸迷子，普为大众广分别。敷演甚深真实义，震大法雷为我说。

三界说众生，恒为五阴缚。辗转三有中，不得解脱乐。亿劫受新苦，由有五阴身。不睹真儒性，是名生死人。我观如来身，清净如虚空。辩才智无碍，见者无不敬。方便无量力，能惠众生命。我众皆疑惑，愿为说究竟。

我闻佛音声，世所未曾有。所言真实者，应当修供养。仰为佛世尊，普为世间出。亦应垂哀愍，必令我得见。即生此念时，佛于空中现。普放净光明，显示无比身。胜鬘及眷属，头面接足礼。咸以清净心，叹佛实功德。如来妙色身，世间无与等。无比不思议，是故今敬礼。如来色无尽，智慧亦复然。一切法常住，是故礼法王。我愿常值佛，常愿得出家。常修净梵行，世世度众生。如来妙色身，世间无与等。无比不思议，是故今敬礼。如来色无尽，智慧亦复然。一切法常住，是故我归依。

莲华经观世音普门品第廿四：尔时无尽意菩萨即从坐起，偏袒右肩，合掌向佛而作是言："世尊，观世音菩萨以何因缘名观世音？"佛告无尽意菩萨："善男子若有无量百千万亿众生，受诸苦恼，闻是观世音菩萨，一心称名，观世音菩萨即时观其音声皆得解脱。若有持是观世音菩萨名者，设入大火，火不能烧，由是菩萨威神力故；若为大水所漂，称其名号，即得浅处；若有百千万亿众生，为求金、银、琉璃、砗磲、玛瑙、珊瑚、琥珀、真珠等宝，入于大海，假使黑风吹其船舫，漂坠罗刹鬼国，其中若有乃至一人称观世音菩萨名者，是诸人等皆得解脱罗刹之难。以是因缘，名观世音。若复有人临当被害，称观世音菩萨名者，彼所执刀杖，寻段段坏，而得解脱。若三千大千国土，满中夜叉、罗刹，欲来恼人，闻其称观世音菩萨名者，是诸恶鬼尚不能以恶眼视之，况复加害；设复有人，若有罪，若无罪，杻械枷锁检系其身，称观世音菩萨名者，皆悉断坏，即得解脱；若三千大千国土，满中怨贼，有一商主将诸商人，赍持重宝，经过险路，其中一人作是唱言：'诸善男子，勿得恐怖，汝等应当一心称观世音菩萨名号，是菩萨能以无畏施于众生，汝等若称名者，于此怨贼，当得解脱。众商人闻具发声言，南无观世音菩萨。称其名故，即得解脱。'无尽意，观世音菩萨摩诃萨威神之力，巍巍如是。若有众生多于淫欲，常念恭敬观世音菩萨，便得离欲；若多嗔恚，常念恭敬观世音菩萨，便得离嗔；若多愚痴，常念恭敬观世音菩萨，便得离痴。无尽意，观世音菩萨有如是等大威神力，多所饶益，是故众生常应心念。若有女人，设欲求男，礼拜供养观世音菩萨，便生福德智慧之男；设欲求女，便生端正有相之女，宿植德本，众人爱敬。无尽意，观世音菩萨有如是力。若有众生恭敬礼拜观世音菩萨，福不唐捐。是故众生皆应受持观世音菩萨名号。无尽意，若有人受持六十二亿恒河沙菩萨名字，复尽形供养饮食衣服卧具医药，于汝意云何？是善男子、善女人功德多不？"无尽意言："甚多世尊。"佛言："若复有人受持观世音菩萨名号，乃至一时礼拜供养，是二人福，正等无异，于百千万亿劫不可穷尽。无尽意，受持观世音菩萨名号，得如是无边福德之利。"无尽意菩萨白佛言："世尊，观世音菩萨云何游此娑婆世界？云何而为众生说法？方便之力，其事云何？"佛告无尽意菩萨："善男子，若有国土众生，应以佛身得度者，观世音菩萨即现佛身而为说法；应以辟支佛身得度者，即现辟支佛身而为说法；应以声闻身得度者，即现声闻身而为说法；应以梵王身得度者，即现梵王身而为说法；应以帝释身得度者，即现帝释身而为说法；应以自在天身得度者，即现自在天身而为说法；应以大自在天身得度者，即现大自在天身而为说法；应以天大将军身得度者，即现天大将军身而为说法；应以毗沙门身得度者，即现毗沙门身而为说法；应以小王身得度者，即现小王身而为说法；应以长者身得度者，即现长者身而为说法；应以居士身得度者，即现居士身而为说法；应以宰官身得度者，即现宰官身而为说法；应以婆罗门身得度者，即现婆罗门身而为说法；应以比丘、比丘尼、优婆塞、优婆夷身得度者，即现比丘、比丘尼、优婆塞、优婆夷身而为说法；应以长者居士、宰官、婆罗门妇女身得度者，即现妇女身而为说法；应以童男童女身得度者，即现童男童女身而为说法；应以天、龙、夜叉、乾闼婆、阿修罗、迦楼罗、紧那罗、摩睺罗伽、人、非人等身得度者，即现之而为说法；应以执金刚神得度者，即现执金刚神而为说法。无尽意，是观世音菩萨成就如是功德，以种种形游诸国土，度脱众生，是故汝等应当一心供养观世音菩萨。是观世音菩萨摩诃萨，于怖畏急难之中，能施无畏，是故此娑婆世界，皆号之为施无畏者。"无尽意菩萨白佛言："世尊，我今当供养观世音菩萨。"即解颈众宝珠璎珞，价值百千两金，而以予之。作是言："仁者受此法施珍宝璎珞。"时观世音菩萨不肯受之。无尽意复白观世音菩萨言："仁者愍我等故，受此璎珞。"尔时佛告观世音菩萨："当愍此无尽意菩萨及四众、天、龙、夜叉、乾闼婆、阿修罗、迦楼罗、紧那罗、摩睺罗伽、人、非人等故，受是璎珞。"即时观世音菩萨愍诸四众，及于天、龙、人、非人等，受其璎珞，分作二分，一分奉释迦牟尼佛，一分奉多宝佛塔。"无尽意，观世音菩萨有如是自在神力，游于娑婆世界。尔时持地菩萨即从座起，前白佛言："世尊，若有众生闻是观世音菩萨品自在之业，普门示现神通力者，当知是人功德不少。"佛说是普门品时，众中八万四千众生皆发无等等阿耨多罗三藐三菩提心。

大业十年四月八日慧日道场，僧道法□，□敕在此，□永行道，□……观世音经一部及余经偈上为皇图……诸王……师父母□世光灵犹出西方六趣……张供养……

碑刻说明

隋刻。在万佛堂村孔水洞，位置在隋大业十年（614）二月二十三日刻经的右下方。

碑文考释

第1段为《大般涅槃经偈》，第2、3段为《佛性海藏智慧解脱破心相经偈》，

第4段为《胜鬘经偈》，第5段为《妙法莲华经观世音普门品第廿四》。

四月八日，为佛诞日。

隋代孔水洞刻经，是迄今房山区发现有确切纪年的、年代最早的石刻佛经，有关专家认为，与石经山静琬刻经有关。值得深入研究。

〇四四　大房山孔水投龙、璧记

维开元廿七年岁在己卯春三月，府城西南有大房山孔水，其水也地僻幽闲，石堂华丽，云峰攒岭，宛度千龄。清泉引流，势将万古。耿介拔俗之士，度白云以方临。萧洒出尘之贤，干青天而直上。信知山水之灵矣。

伏惟开元圣文神武皇帝綦承洪业，肇自开元，率土宴清廿七年矣。去开元廿三年内供奉□□，吕慎盈奉敕于在水投龙、璧，暨廿四载□□□□□又奉敕于此投龙、璧。今又奉敕于此投龙、璧焉，于时有御史大夫南阳张公讳守珪为府主矣，监官功曹参军段昽、法师□□□□□使□坐，李义远、平步风、高味虚、张若水、庞味道、杜崇□、□西昇、□崇□、童子□延忠等，三日三夜，登坛投告，且夫陵谷推移，百龄讵几，仆遂斐然书美，封山刊焉。词曰：丹岭嵯峨，双峰逦迤。渌水涓涓，清泉泚泚。兰蕙凄凄，松风靡靡。百草开葩，众花吐蕊。刊龙、璧之有功，庶千龄兮无毁。

□□威仪张湛词

碑刻说明

唐刻。在万佛堂村孔水洞万佛堂，清道光十六年（1836）二月二十四日，该碑和孔水洞的卢襄诗碣被奕绘贝勒用10两银子买走，后不知下落。拓片高39厘米，宽73厘米。

碑文考释

考此碑，唐玄宗开元二十三年（735），吕慎盈奉敕在孔水洞投龙、璧，所谓"龙、璧"就是金龙和玉璧。翌年，再次奉敕投龙、璧。时隔3年，开元二十七年（739），奉敕三投龙、璧，有法师道李义远、平步风、高味虚、张若水、庞味道等10余人，临孔水洞三日三夜作法，登坛投告。是年三月，作记刊碑，故碑文云"维开元廿七年岁在己卯春三月"。1982年，孔水洞一度干涸，洞内出土了玄宗时吕慎盈投下的金龙7条，现为房山区文物管理所收藏。

"于时有御史大夫南阳张公讳守珪为府主"：张守珪，字元宝，陕州河北（今山西平陆）人。生于唐睿宗文明元年（684），为唐朝名将，长期戍边，戎马倥偬，从一名下级军官成长为威震一方的边帅。其主要事迹在唐中宗、睿宗和玄宗时期，战功卓著，官至御史大夫、辅国大将军、右羽林大将军，封南阳郡开国公。

开元二十一年（733），移镇幽州，迁幽州长史，兼御史中丞、营州都督、河北节度副大使，不久又加河北采访处置使。开元二十二年（734），平契丹首领屈刺、可突于，降李过折。开元二十三年（735）张守珪奉命亲往东都献捷。

开元二十六年（738）部将赵堪、白真陁罗等人假借张守珪之名，令平卢军使乌知义率领骑兵截击反叛的奚人于湟水之北，结果唐军先胜后败。张守珪隐瞒败绩而谎报大捷，事实泄漏又贿赂牛仙童蒙混过关。开元二十七年（739）事发，张守珪以旧功减罪，被贬为括州刺史。

吕慎盈奉敕投龙璧的开元二十三年（735）、二十四年（736），正逢张守珪功高蒙宠，故玄宗皇帝命臣下特点到其治下的孔水洞投龙、璧。

开元二十七年（739）三月，张守珪受部将牵连，遭逢厄运，预感在劫难逃。此时，唐玄宗第三次敕命遣使，再临孔水同投龙璧。张守珪特意在孔水洞前举办大型法会，并命人刊碑记事，或意在彰显玄宗的恩宠，心存一份侥幸。可惜，张守珪并未如愿。不久，牛仙童因为受贿一事被人发觉，张守珪以旧功减罪，被贬为括州刺史。

开元二十八年（740）五月六日，张守珪在括州官舍去世，享年57岁。赠凉州都督。同年葬于洛阳北邙山。距孔水洞刊碑仅1年。

○四五　乌林荅天锡题记

被旨诣大房山陵祀事毕，回游大房古刹，金施簋、佛殿应用钉、线。时大定庚子中元日。吏部尚书、驸马都尉乌林荅天锡题，婿曹河西完颜效疙疸侍行。

碑刻说明

金刻。在万佛堂村孔水洞，位置在隋大业十年（614）四月八日刻经的左下方。

碑文考释

大定庚子，即大定二十年（1180）。中元日，农历七月十五。

这是乌林荅天锡一行奉旨，七月十五祭祀大房山金陵后，游龙泉大历禅寺在孔水洞留下的题记。文献记载，大房山金陵祭祀除忌辰外，还有：元日、七月十五、冬至、寒食。

乌林荅天锡，乌林荅晖第3子。乌林荅晖，本名谋良虎，明德皇后兄。明德皇后，为金世宗嫡室乌林荅氏，大定二年（1162），追册为昭德皇后。章宗时，有司奏太祖谥有"昭德"字，改谥明德皇后。

《金史·列传第五十八·世戚》：乌林荅晖，本名谋良虎，明德皇后兄也。天眷初，充护卫，以捕宗磐、宗隽功授忠勇校尉，迁明威将军。从宗弼北征，迁广威将军，赏以金币、尚厩击球马。久之，除殿中侍御史，再除蒲速碗群牧使，谨畜牧，不事游宴，孳产蕃息，进秩，改特满群牧使。世宗即位，召见行在，除中都兵马都指挥使。世宗至中都，将遣使于宋，以晖为使。世宗曰："晖尝私用官钱五百贯。"乃数其罪而罢之，遣高忠建往。因谓宰臣曰："朕于赏罚，豪发无所假借。果公廉办治，虽素所不喜，必加升擢，若抵冒公法，虽至亲不少恕。"迁都点检，兼侍卫亲军副都指挥使。卒，遣官致祭，皇太子诸王百官会丧，赙银千两、重彩四十端、绢四十匹。诏以晖第三子天锡世袭纳邻河猛安亲管谋克。

乌林荅晖、乌林荅氏的父亲叫石土黑，骑射绝伦，从太祖伐辽，领行军猛安。以功授世袭谋克，为东京留守。此人为乌林荅天锡祖父。按辈分，乌林荅天锡是乌林荅氏的亲侄子，金世宗内侄。其父乌林荅晖为当朝国舅。

乌林荅天锡《金史》无传，只有两则零星记载。《金史·本纪第六·世宗上》：金大定十一年八月"己巳，以尚书刑部侍郎乌林荅天锡等为贺宋生日使，近侍局使刘珫为夏国生日使。"《金史·列传第二十八·移剌道》："点检乌林荅天锡属刑部使轻其罪，刑部以付大兴府鞫治，于是道及天锡、郎中丁昞仁皆坐解职。"

河南汝州香山寺金大定二十五年（1185）《重建汝州香山观音禅院记》记载："大定二十四年春……唐国主婿大兴府尹、驸马都尉、奉国上将军乌林荅天锡，移授河南路统军使。"该碑的落款"乌林荅天锡、皇女唐国公主建"。知唐国公主为金世宗女，乌林荅天锡为唐国公主丈夫。

《金史·列传第五十八·世戚·徒单思忠》："尚皇弟二女唐国公主。……大定元年十月，拜殿前左卫将军，二年，加驸马都尉，卒。"弟，为"第"。那么，唐国公主为金世宗第2女，先嫁徒单思忠，徒单思忠过世，再嫁乌林荅天锡，故乌林荅天锡加驸马都尉。由题记得知大定二十年（1180）大房山中元祭陵时，其官职是吏部尚书。

"婿曹河西完颜效疙疸侍行"：完颜效疙疸《金史》无载，无可考。河西，指完颜效疙疸的里籍。曹，辈；婿曹，女婿。意乌林荅天锡女婿完颜效疙疸随行。

有人引证《金代唐国公主并驸马朝礼灵岩祈福碑》，言乌林荅天锡无女，故婿曹是指侄女婿。

考《金代唐国公主并驸马朝礼灵岩祈福碑》所载"皇女唐国公主并驸马都尉镇国大将军行大理卿同入寺朝，礼观音后土祈嗣……大定十五年五月望日监寺僧宗旨立石"，唐国公主入灵岩寺，乃是求嗣。嗣，指子嗣，也就是儿子。故知唐国公主在大定十五年（1175）尚无子嗣，因到灵岩寺求子。"婿曹河西完颜效疙疸侍行"恰是证明，乌林荅天锡与唐国公主婚后有女，苦于十几年无子，且在大定二十年（1180）前，其女已经嫁完颜效疙疸。

大定二十年（1180）年中元祭祀大房山金陵，为什么命乌林荅天锡前往？原来，一年前，乌林荅天锡的姑妈世宗昭德皇后入葬大房山陵的坤厚陵。

《金史》记载，大定十九年（1179）改卜于大房山，建坤后陵，以东上閤门使兼太庙署令左光庆典坤后陵工役。十一月自土鲁原迁乌林荅氏梓宫，十一月甲寅，梓宫至中都近郊，百官奉迎。乙卯，世宗如杨村致祭。丙辰梓宫发往大房山，世宗登车送行，哭之恸。戊午奉安于磐宁宫。庚申，葬于坤厚陵。

大定十九年（1179）末，乌林苔氏山陵礼成。翌年，金世宗命其娘家侄子中元祭祀大房山金陵，实属意在乌林苔氏。

乌林苔天锡祭陵细节不得而知，他本次祭陵让自己的女婿完颜效疙疸随行，祭毕顺着巡陵路线，抵达兆域北界的龙泉大历禅寺游览，故题记云"回游大房古刹"，乌林苔天锡向该寺布施了席子等物。

亏得乌林苔天锡在孔水洞刻下题记，让后世知道这段谒陵故事。

○四六　重建龙泉大历禅寺之碑

竹林禅寺逍遥叟印彬撰

吾闻幽燕胜概者，房山也。排青献翠，泻碧堆蓝，耸五岳之高标，夺三山之秀气□□□□□□□□□□□□□□□□深不可测也。唐玄宗时，天雨不节，民祷于是，莫不应征耳。其间潜蛟宿蜃，控鲤蟠□□□□□□□□□□□□□□□□，风湛湛秋波沉半江之桂月。清冷滑甘可引曲折之渠，次供饮食、浣濯、灌畦之□□□□□□□□诸佛圣集之乡也。由是唐幽州卢龙节度使颖国公朱公，家邻胜所，里接仙乡，势□□□□□□□□□□□□□□□水之前创造伽蓝殿一所，廊庑雄壮，殿宇峥嵘。复诣洞之上造玉石文殊、普贤万菩萨法会图□□□□□□□□□□□含生沙界，奏赐大历之名。厥后年代浸远，成毁多端。及至辽末烽火，宋朝兵革，皆为灰烬之余。或闻海慧禅师复其前废□□□□□绳绳继踵，及后命汝州玄觉大师主持法席。觉，枯木之裔孙也。住持之间，复接嗣龙溪老人。觉于彼示灭，塔其舍利于彼。坟□□□□□□有司命龙溪老人开堂住持，未几适值干戈四起，廊庑一灰，唯存正殿一所。及至天皇圣帝创运以来，圣德圣明，中兴祖道，复我禅风。由乃龙溪老人于庚寅年退居圆明之后，复于旧隐搜奇选胜，自放山水之间，□□□□□，一日喟然叹曰："何期圣会消洒如此！"发上圣心，不任久废。舍己衣盂，复丐檀越。乃征之土工、木工、石工，备器执用，剪除榛芜，祛除繁秽，斩枝除荟，挑筐荷畚，陶瓴甓，垒垣墙，创建法堂方丈。祖堂宿德，云堂香积，海会临溪，内外三门，两廊有序，万佛争光，库司客位，莫不崇丽者矣。恢复水磨一盘，园林千株，地产数顷。由是恢弘旧制，完备新规。真可谓祇园凋而再睹春花，觉海干而重翻波浪。佛之所谓□成就者，此处成就也，以至胥徒黄发，耆艾野夫，莫不忭之、踏之。于乙未岁萃众安禅遵仪、守法严净。

住持德印一日□小师、堂头德祥谓逍遥老人曰："今重新大历，今已比工，请公为记，幸毋谦逊。"余应之曰："为文之事素非其工，焉敢为之？然老人与余为善知识久矣，义不可辞。"遂纪其实，乃铭之曰：

大房之山，龙泉之水。山隐鹿麋，水伏鲸鲤。堆青泻碧，崦胜潜奇。峰峦峭峙，波浪渺□。佛祖之乡，王侯之里。节度朱公，家世近此。巅峰竞秀，洞乳争蓝。乃作是愿，增益佛龛。择布金地，创成绀宇。奏名大历，厥名钟古。道宣四德，元亨利贞。有唐至宋，益毁益成。龙溪老人，枯木正裔。运大悲心，复饰前废。挑筐荷畚，不日成之。安禅萃众，严整威仪。奉为祝严，皇帝万岁。太子诸王，同沾妙利。千峰阴里，万佛堂前。刻辞金石，德播永年。

岁次丁酉五月十有六日建

本寺知事人

监寺德印　副寺德松　典座德彻　直岁定温　外库德月　首座善琛　书记德赞　维那德本　真堂主德升　殿主德应　洞主德谨　侍者德坦

化主□□

尊宿通玄大师普圆　提点通觉大师圆通　法嗣小师四人　庵主德贤　庵主德如　燕京十方圆明禅寺堂头德祥

太夫人徒单氏　元帅黄德震　广平郡夫人　签事高逢臣　宣抚使王楫　太原郡夫人张氏　功德主宣差大使刘合任

碑刻说明

元刻。在万佛堂村孔水洞万佛堂关帝庙西殿前。

碑文考释

岁次丁酉，即元太宗九年（1237）。

"唐幽州卢龙节度使颍国公朱公，家邻胜所，里接仙乡……水之前创造伽蓝殿一所。廊庑雄壮，殿宇峥嵘。复诣洞之上造玉石文殊、普贤……含生沙界，奏赐大历之名。"

幽州卢龙节度使颍国公朱公，为朱希彩。

朱希彩为幽州卢龙节度使李怀仙的部将，任兵马使之职。大历三年（768）杀李怀仙，自称留后。唐命恒州节度使张忠志讨之，不克。代宗不得已，赦其罪，任为幽州节度副使。寻任节度使。大历五年（770），进封高密郡王。

史书未记载朱希彩籍贯，碑文载其"家邻胜所，里接仙乡"，铭曰："节度朱公，家世近此。巅峰竞秀，洞乳争蓝。乃作是愿，增益佛龛。择布金地，创成绀宇。"

可见朱希彩里居就在孔水洞附近，他应是房山本土人士。他舍地出资，创建寺院。"水之前创造伽蓝殿一所。廊庑雄壮，殿宇峥嵘。复诣洞之上造玉石文殊、普贤万菩萨法会图"，知该寺为朱希彩创建。"奏赐大历之名"，应朱希彩奏请，代宗皇帝赐寺名"大历"。

万佛堂南山墙浮雕尚残存着发愿文："连天□□□□□□□杉榆与祈福佑君亲。唐大历五年三月八日。"那么，朱希彩创寺于唐代宗大历五年（770），这一年他进封高密郡王，他在孔水洞创寺造佛，应有夸封祈祥之意。

史书记载，朱希彩既得位，横暴自恣，人不堪命。大历七年（772），为部将孔目官李怀瑗所杀。此时，距其创建大历禅仅仅两年之久。

朱希彩所造巨幅汉白玉浮雕《文殊、普贤万菩萨法会图》，嵌于孔水洞上端的石崖上。龙泉大历禅寺创建以后，经"辽末烽火，宋朝兵革，皆为灰烬之余"。金初，海慧禅师将寺院修复。海慧之后该寺可考的住持僧是原籍汝州的玄觉大禅师，玄觉乃是佛教史上著名僧人枯木的嫡传。

法成禅师，号枯木，俗姓潘，秀州嘉兴（浙江嘉兴）人，北宋传曹洞宗高僧。生于北宋熙宁四年（1071），17岁出家为沙弥，参云门宗慧林宗本法嗣守一法真，受具足戒。问安心之法，参究累年。后四处游方，历参庐山子英、东林常总、真净克文、死心悟新、大沩慕喆、云盖智本、夹山自龄诸位名德。年33，又来到随州（湖北）大洪山，参芙蓉道楷禅师并得嗣其法。道楷禅师移居净因寺时，法成随侍在侧。大观元年（1107），法成禅师在汝州（河南）香山开堂。政和二年（1112），奉诏住持左街净因禅院。道楷禅师圆寂之后，法成禅师又先后住持潭州大沩密印、道林广慧、韶州南华宝林、镇江焦山普济等名刹。高宗建炎二年（1128）二月二十五日示寂，世寿58，法腊41，谥号"普证大师"。

大观元年（1107），法成禅师在汝州（河南）香山开堂，玄觉恰好原籍汝州，看来玄觉由宋入金，做了大历禅寺的住持。玄觉住持大历禅寺似在章宗时期，所传宗派为曹洞宗。玄觉的事迹，反映了金、宋两国的佛教关联。

玄觉过世后，其弟子龙溪奉官府指令，接任寺院住持，具体时间应在大安初。龙溪住持龙泉大历禅寺不久，"干戈四起"，蒙古大军兵践中都，寺院"廊庑一灰，唯存正殿一所"，龙溪退居燕京十方圆明禅寺。后来，战事平息，庚寅年即元太宗二年（1230），龙溪回到当年居守之地，面对龙泉大历禅寺的断壁残垣，决计重修殿宇再造山门。龙溪捐出自己多年的积蓄，又向社会募捐。

"于乙未岁萃众安禅遵仪、守法严净。"是说乙未岁即元太宗七年（1235）寺院工程竣工，召集僧众住持居守。五年以后的元太宗七年（1235），龙泉大历禅寺重现于孔水洞侧。《重建龙泉大历禅寺之碑》载道："创建法堂、方丈，祖堂宿德，云堂香积，海会临溪，内外三门，两廊有序，万佛争光，库司客位，莫不崇丽者矣。恢复水磨一盘，园林千株，地产数顷。"这段文字向人们揭示了重修后寺院的规模，以及寺院法事之盛、寺业之兴旺。岁次丁酉即元太宗九年（1237），燕京十方圆明禅寺堂头德祥退请竹林禅寺印彬，号逍遥老人作记，五月十有六日立碑于寺院之侧。

碑末载寺院落成后，居守的僧职：监寺德印、副寺德松、典座德彻、直岁定温、外库德月、首座善琛、书记德赟、维那德本、真堂主德升、殿主德应、洞主德谨、侍者德坦。

碑文落款所列化主中，还留下了元代一些官员的姓名，如元帅黄德震、签事高逢臣、宣抚使王楫、宣差大使刘合任等。这表明，龙泉大历禅重建过程中，得到了一些元代官员的支持。

○四七　重修大历万佛龙泉禅寺碑记

奉仪大夫光禄寺少卿直文华殿秀水华英撰

征仕郎中书舍人直文华殿古燕全钺书

征仕郎中书舍人直文华殿□章王杲篆

都城西百里许有山名水帘洞，有水曰龙泉，大历比丘尼号溪老人创建也。唐代宗时，幽州卢龙节度使颖国公捐地倾资，而此尼构殿宇廊庑，□石为佛像，而饰以黄金。逮宋历元屡遭兵燹，而此寺遂为煨烬。□□修废不一，成毁无常。我朝分封功臣，遂以此山赐英国公张公辅，其弟文安伯遂以孙女悟兴舍为开山住持，广贤徒而亦为□□。至成化改元之明年，房山太平里谢氏女甫七岁，乃割恩爱出为尼，投此寺悟兴徒本才者为徒，名真□，□宝峰比长，恪守戒行，粗衣粝食，不干名势。是岁，其师弟真通并徒常喜曰："此寺倾圮，不堪瞻仰，我辈不耕而食，不蚕而衣，固宜传其灯、续其焰于不替，庸可坐视其废耶奈？何工繁费多，必借力于四方檀越也。"遂于伽蓝殿禁足不出，端坐诵经，昼夜焚修。十有二年，其弟通、徒喜不避寒暑奔走都城大家乞化，而人悉信从协□□助，四方事佛而乐于施舍者，如川之奔，云之□。乃市材鸠工，布劳力，而万佛上殿，水帘洞金，石佛像观音、地藏□□官殿三门，及下建本寺佛殿、天王、伽蓝、祖师、天妃、圣母、增福、土地、五山师，殿左右斋堂、僧室、客楼廊庑、庖□、□□门，洎常住所用器物悉全，百尔悉备，恢弘圣境，□石装严，焕然一新。足以竦人之观望，启人之敬仰。又恐年久□□□考，乃属余为文。予不获辞，历道其寺之兴废，□勒之坚珉，而俾来者有所考见云。是为记。

正德十一年岁次丙子

碑刻说明

明刻。在万佛堂村孔水洞万佛堂。

碑文考释

碑文追述"大历万佛龙泉禅寺"创建经过有误："都城西百里许有山名水帘洞，有水曰龙泉，大历比丘尼号溪老人创建也。唐代宗时，幽州卢龙节度使颖国公捐地倾资，而此尼构殿宇廊庑，□石为佛像，而饰以黄金。"

据《重建龙泉大历禅寺之碑》记载，该寺为唐代宗大历五年（770）施金布地所创。元初的太宗二年（1230）至太宗七年（1235），龙溪老人重建。故知"大历比丘尼号溪老人创建也"及"此尼构殿宇廊庑，□石为佛像，而饰以黄金"为误载。

元末龙泉大历禅寺再度毁于战火。明初分封功臣，把龙泉大历禅寺所在的云蒙山赐给了开国元勋英国公张辅，张辅弟文安伯张𫐄将孙女悟兴舍为开山住持，于是龙泉大历禅寺始由比丘尼住持。悟兴住持本寺之初便修复了被战争毁掉的寺院，此后寺院改称"大历万佛龙泉禅寺"。成化二年（1466），房山太平里谢家，将7岁的幼女舍与大历万佛龙泉禅寺，依悟兴弟子本才为师，属"真"字辈，这是该寺历史上可考的唯一一位房山籍人。成化十二年（1476），其师弟真通，见寺院年久失修，倾圮不堪，于是与徒常喜协力募捐，在孔水洞修建了天王殿、伽蓝、祖师殿、天妃圣母殿以及增福、土地、五山药师殿，左右建有僧室、客楼、廊庑、庖厨等建筑。

"布劳力，而万佛上殿"，唐大历五年（770）朱希彩所造"文殊、普贤万菩萨法会图"原嵌于孔水洞上方的山崖上，本次在山崖前重建佛殿，把"文殊、普贤万菩萨法会图"移至万佛龙泉宝殿内。

"水帘洞金"，又将孔水洞内的两龛隋唐时代的石佛涂饰金粉。

距重修寺院40年，正德十一年（1516），立碑记事。

○四八　重修云濛山大历古迹万佛龙泉宝殿碑铭

赐同进士出身资善大夫太子少保工部尚书侍经筵东明石星撰
赐进士出身资善大夫工部尚书奉敕提督大工侍经筵吉水曾同亨书
赐同进士出身资善大夫南京工部尚书加一品俸进贤李辅篆

万历丁亥冬，余承乏工曹，叨董寿宫役，乃偕少司空曾公见台、李公近台，订总理工程。内官监东冈张公，循大峪山，至房山之云濛岩，眂攻石之工，其地巘崿环秀，应接不穷。苍蔼紫霏，互袭衣裾。冷泉萦回，声戛鸣球，而击云林之璲。水帘梅仙，诸洞隐映。松栝杳窅森沉，悠悠然会心，真胜壤也！睹一废寺于岩之畔，榱桷多摧，庑宇芜没。诸善逝菩提萨埵之像，庄严特妙，类非世工所为。旁索断碣，志大历岁月，因知创于唐也。寺之左有厂，盖俟朴樕而供举重者，张公暂憩驻其中，以余三人至，出壶榼相慰劳，因顾余而叹曰："昔能仁始生恒星之瑞，征于周鲁二庄。及白法东流，像设之饰亦盛于汉晋二明，古今异之。此寺昉于唐大历，今历我皇明万历，若吾辈复之也，是亦唐明二历绍隆之也，不尤异哉？自唐迄今千禩矣，而诸像者烽燧不能侵，霜露不能蚀，字发轮齿，俨然若新，涉世之久，鲜与为俪。吾辈咸以寿宫事至此而遇焉，爰图复之，以为圣天子万年祝，不亦善乎？余三人遂各捐俸若而金，张公复为请大司礼敬斋张公，公是之，为大捐俸若干金佐其费，兴所已颓，树所未立，越岁工讫，竟成精蓝。自余三人行檀外，其费悉出司礼，不涉少府与七众秋毫。既落成，命余箴铭贞石。夫释氏之教，世恒以异端斥焉，而自昔名儒大贤，往往笃好，彪炳载籍，不可胜纪，何耶？余固未能悉睹其说，乃闻五时所陈，小始其浅者也。然臻其小之说，则因果历然，行虑嬗起，不敢不慎，切于书称惠迪从逆之训也。臻其始之说，则我执自空，媾接万变，明觉不昧，同夫易称寂感之妙也。嗟乎！伥伥妄作，由迷果于因征迷之源，则源于我是非之征。我之未涉，愚者瞰然。及其既涉，智者颠冥。是故，我厚而六用昧，我空而万德备，能空我者，立人之道，其庶几乎臻于小始。其效如是，况进于终，进于圆，进于最上一乘乎？使户进于是，尚有利于国哉！子韶谓有助吾儒不诬也，奚独祝厘司礼公。洁廉慈爱，我所几空，殆有符于大雄氏之行。而东冈张公辈类，能宣其懿度，为内外倡。盖即寿宫诸役蒙德，诸费从省，培国家无疆之祚，而令诸曹得藉手以报成功，知者谓有所自于佛乘云。然则兹举也，讵直为观美哉！

铭曰：

万有林林，沉沦昏衢。能仁拯之，五行是敷。慈室斯崇，惠门斯辟。鸾音奠安，龙步生色。树演苦空，鸟谈般若。有臻此域，畴非觉者。昌我王道，永我圣龄。俛仰寂光，何云杳冥。

司礼监太监张公讳诚，号敬斋，保定束鹿人，其捐俸协修诸中侍俱列书诸右碑。

碑刻说明

明刻。在万佛堂村孔水洞万佛堂。拓片碑高126厘米，宽75厘米。碑额篆书"重修万佛龙泉宝殿记"。

碑文考释

"万历丁亥冬，余承乏工曹，叨董寿宫役，乃偕少司空曾公见台、李公近台、订总理工程。"

万历丁亥，即万历十五年（1587）。

余，时任工部尚书的石星。

石星，明大名府东明县石家井村（今山东省东明县解放街仁义胡同）人，字拱辰，号东泉。生于明嘉靖十六年（1537），明嘉靖三十八年（1559）进士，擢吏科给事中。隆庆时，因劝谏皇帝而被施以杖刑，贬斥为民。万历初复职，万历十五年（1587）二月，因总督陵工的工部尚书杨兆病故，明神宗任命石星为工部尚书代理总督，全权负责定陵修建事宜。万历十六年（1588）九月，石星以督建陵工有功，加太子少保。

曾公，时任工部右侍郎的曾同亨。

曾同亨，字于野，江西吉水人。明朝著名的文学家、诗人、书法家。与父亲曾存仁、弟弟曾乾亨三人被誉为"一门三进士"。曾同亨生于嘉靖十四年（1535），嘉靖三十八年（1559）进士，授刑部主事，后改礼部，迁吏部文选主事。依照惯例，丞簿以下官职，听取小官吏们的衡量审核，曾同亨都亲自办理，与陆光祖、李世达齐名。隆庆初年，任文选郎中，后进为太常少卿，请求马上辞去。万历初年，起用任大理少卿。历顺天府尹，以右副都御史之职巡抚贵州。张居正死，起用任南京太常卿。被召回任大理卿，升工部右侍郎。督治寿宫时节约费用30多万，由左侍郎进尚书。

李公，任职工部的李辅，与石、曾二人同督陵工。

李辅，字子卿，江西进贤县人，嘉靖二十八年（1549）进士，授中书舍人，选监察御史，万历初督学南直隶，历山东巡抚，工部尚书。

据此碑，万历十五年（1587）冬，为修昌平大峪山定陵，明廷派人在万佛堂所在的云蒙山采石，督理石工的石厂就设在孔水洞万佛堂北边，内官监太监张某察看采石情况，来云蒙山石厂，见岩畔废寺，榱桷多摧，庑宇芜没。恰好督理定陵工程的石星、曾同亨、李辅也来到云蒙山石厂，太监张某说出修寺的意愿，石星、曾同亨、李辅各捐俸金相助，张某又请求司礼监太监张诚相助，司礼监众太监纷纷捐资。张诚，号敬斋，保定束鹿人。

此碑载："兴所已颓，树所未立，越岁工讫，竟成精蓝。"当年所建佛殿，而今尚存，俗称万佛堂。殿门嵌石额题："大历古迹万佛龙泉宝殿，大明万历己丑春吉日重建。"万历己丑即万历十七年（1589），这便是当年寺院竣工的时间。

太监张某与石星等，于万历十五年（1587）冬来到云蒙山石厂，修寺开工于万历十六年（1588），万历十七年（1589）竣工，恰好"越岁工讫"。

定陵于万历十二年（1584）十一月动工，万历十八年（1590）六月竣工，历时6年。

太监张某与石星等到孔水洞的万历十五年（1587），是定陵营建的第3年，他们来孔水洞为营建定陵督石。而重修万佛堂竣工的万历十七年（1589）翌年，定陵工程竣工。

此碑所载万历十六年（1588）至万历十七年（1589）万佛堂重修，与明定陵工程采石相关。

○四九　重修万佛堂记

房邑之北二十里许有孔水洞，其流涓涓不息，其源深邃不可测。考邑志，金泰和中，有人秉火为舟探之，隐隐闻作乐声，惧而返。冬月，忽见桃花浮出水面，乃知其为世外仙境也。洞之上构殿三楹，名曰万佛堂，规模虽非弘敞，然背山面水，古树郁秀，亦一胜迹也。奈历时既久，兵焚之余，不无荒圮。有善士冯君讳进科者，京都人也，发重修之愿，慨然捐资百余金，以为善缘领袖，一时闻风响慕者各矢善念，共襄厥事，遂于戊戌岁仲春兴工，孟夏告成。其佛像妆颜，金碧灿烂，视昔为尤胜焉。

予受命兹土，公余得一游览，因谬为数语，以记其事。凡以使后之游斯地者，知重修之功不减于创始之时。

文林郎知房山县事云中母配坤撰文。

典史池阳陈君显书丹。

巡检古越刘名世篆额。

内官监□□厂太监刘永昌、内官监总督工程太监黄缙、曹进。

会首周尚志、石应科、宋有悝、郭三才、殷有成、金明辉、□□□、陈嘉荣、夏桂荣、崔炳桂、詹秩、刘进忠、顾允贞、□□□、宋永□、刘守义、张光祚、谢国恩、张化凤、金尚仁、邢其敏、马守礼、刘国俊、袁文炜、荀中正、瞿有登、马承诏、蒋承惠、刘文学、安尚禄、孙文禄、荀中道、韩国柱、罗如绣、张万金、张应科、刘守智、刘光裕、冯应举、金应文、朱文兴、安科、马鸣镰、夏桂馨、汪德隆、章茂春、殷尚义、武金仙、□□□、石汝泰、王自成、□□元、杜印奇、刘明耀。

大清顺治岁次己亥孟夏吉日立

碑刻说明

清刻。在万佛堂村孔水洞万佛堂。拓片碑高87厘米，宽63厘米。碑额正书"万古流芳"。

碑文考释

此碑载，万佛堂因明末兵焚而荒，北京人冯进科，发愿重修，捐资百余金，众善响应，共襄此事。己亥岁即顺治十六年（1659）二月兴工，四月告成。

〇五〇　重修孔水洞关帝庙碑记

赐进士出身即用县正堂邑人徐梦陈撰

顺天府学生员罗焕书丹

我房邑古所称幽燕奥室也，分太行之天脊，绵亘乎东北，为神京之右臂，拱峙乎西南，其山则有六聘、九龙、紫云、红螺之秀，其水则有距马、牤牛、漫石、琉璃之奇。层峦叠嶂，分派奔流，诚上游之形胜，天下之名区也。而吾谓秀莫秀于上方，奇莫奇于孔水。孔水者，由房邑而北行廿余里，千峰险峻，万岫崚嶒，未至其地，不见所谓水也，逦迤曲回，忽闻水声潺湲，已见横流澎湃矣。云根石窍，宽阔十余丈，一水平倾，可以乘筏。噫，有泉如此，不诚奇也哉！考之前志，所谓孔水仙舟者也。昔尝有野人于严冬见花瓣流出，大可径寸，因结筏以进，莫可测其底，闻人语喧腾而返。此与晋太康之中桃花源何异？庚申岁，予假馆北山，偶至此地，见其山光水色，带碧拖青，鹤柏虬松，傍岩依石，为之流连终日。读其石碑，止有前明数碣，予谓当不止此。因扪萝扳石，摩挲苔藓，见山之东南嵌石一方，乃唐开元中范阳节度张守珪题名，是可知其迹之古矣。因为题诗三十韵于壁，以阐扬古迹，且勉僧以募化修理，庶古迹不至湮没也。至甲子岁，僧已于佛殿前修建关圣帝君殿三间并两廊禅室，成而问序于余。余思帝君之英气塞于天地，凡在都城邑市与夫穷谷僻壤，莫不尸祝而庙祀之，岂胜迹如孔水者可不妥帝君之神灵哉？从此庙貌巍峨，圣像赫奕，为民之保障，即为山水之护持亿万斯年，此地之名胜亦与帝君之禋祀同垂不朽矣！因以不揣固陋为之记。其原始如此，因并附题壁诗于左：

　　东北分天脊，燕山奥室幽。大房传古洞，孔水泛仙舟。闻说桃花瓣，严冬径寸浮。缤纷飘两岸，荡漾在中流。坞叟乘槎访，渔翁纵苇求。杳然尘世异，别有地天悠。恍到三千界，如登十二洲。忽听鸡犬唱，复聆管丝讴。惊返天台棹，忙回露井游。摩挲循去迹，仍旧豁明眸。我具耽奇癖，常怀选胜谋。偶因之馆便，迂道暂迟留。走马蚕丛辟，缘堤蚁路修。云横烟嶂合，雨霁草茵柔。倏尔窥仙境，居然见碧沟。两厓苔作甓，一窦石成湫。冲破昆仑窟，平倾渤海沤。真堪乘筏渡，宁仅滥觞不？树密花迷径，泉清月印钩。无人惊宿鸟，有客狎闲鸥。石缝虬松老，云根鹤柏稠。余霞萦佛寺，薄雾护琼楼。暮霭沉沉爽，斜阳澹澹收。林深凭彳亍，风细听飕飀。禅塔双峰峙，唐碑四壁搜。僧归携瓦钵，宾至奉茶瓯。坐久尘心洗，时多俗虑勾。岚光同活泼，潭影共夷犹。仿佛升蓬岛，依稀近斗牛。武陵知未远，惆怅五湖秋。

　　皆大清嘉庆九年岁在甲子孟冬谷旦　住持僧普兴敬立

碑阴

重修古迹万佛龙泉禅寺关圣大殿东西两堂各村布施开列于后：

隆大人捐银伍两，信官硕德捐银伍两，刘若珪捐银伍两，磁务司方□获、李芳各捐银贰两，赵成俊捐钱四千，张传茂捐钱贰千，和昇阿捐钱一千，张谟、云从龙各捐钱叁千，张兴捐钱捌千，张起捐钱陆千，郭玉捐钱叁千伍百，于鸿□、李□德各捐钱四千，柴祥、魏立、刘达、佟岳、孙成、杨义成、尹叙各捐钱贰千，李玘捐钱一千伍百，王朝宗捐钱八千伍百，磁家务、半壁店二村共捐钱一百叁拾千，大南沟、小南沟、四合窑、张家窑、菜畦窑、石盆窑共捐钱一百叁拾千，杏树窑、桃树窑、和顺窑、通成窑、天盛窑共捐钱伍拾伍千，柿子树窑、老吾窑、黑枣树窑、核桃树窑共捐钱四拾伍千，桃树窑、杏树窑、核桃树窑、大礳窑共捐钱贰拾叁千，通盛窑、和顺窑共捐钱捌千，顺兴窑捐钱伍千，柿子树窑、三合礳窑各捐叁千，天顺窑、凤口礳窑、大礳窑各捐钱贰千，戏台窑捐钱拾千，石梯、水峪二村共捐钱□拾八千一百，上英水、中英水、下英水三村共捐钱三千伍百，大安山共捐钱叁拾柒千一佰，漫水河村共捐钱叁拾贰千零八百，顾册、小营、西坝三村捐钱拾贰千二百，砑窑村共捐钱八千贰百，它里、新房二村共捐钱八千八百一拾，陈家台村共捐钱陆千四百，羊耳峪、上店二村共捐钱伍千一百，官地村共捐钱伍千零九拾，南观村、夏村、石楼村各捐钱□千，孟祥□、郭□、仁合店、悦来庄各捐钱伍千，魏各庄捐钱四千四百，田各庄共捐钱四千，南次崖村共捐钱叁千陆百，□□□□，房邑张捐钱拾千，栗园村共捐钱叁千贰百，瓜市村共捐钱叁千，北石村共捐钱贰千伍佰，琉璃河村捐钱叁千伍百，□□□马捐钱叁拾千，吉阳村捐钱壹千柒百，西安村捐钱一千伍百，王辅佐捐钱四拾千，毕廷珍捐钱贰拾千□□□□，杨□、杨寿、庆元庄、广兴庄、关旁庙、宁静堂、彭得器、徐枢、高倬、刘士达、方印、杨言宁、高鹏飞、王殿□、□□、大富庄通、羊头岗杨、郎仁村杨、安平县石、复新庄各捐钱贰千，大有店、吴世昌、吴世贤、吴世明、吴世衡共捐钱贰拾捌千，明纯、东兴店各捐钱四千，安光裕、方德兴、雷世臣、赵璟各捐银贰两，王明陛、张钰、刘□、□□□、涌泉庄各捐银一两，李毓、玉泉庄、义益庄各捐钱一千伍百，沈廷臣、兴隆庄、广东庄、公泰庄、合成庄、广合庄、李永贵、罗廷弼、梁基固、赵大、魏智、大苑上赵、张崑、冯浴安、冯式安、冯治安、同合局、白贵武、宋玉、□□、三合号、三合庄、赵进仪、吴忠远、李天相、王老各捐钱一千，谷朝相捐钱一千，赵文□、司文成、□□□、刘进、王全、孙瑞、李德柱各捐钱伍百。

碑刻说明

清刻。在万佛堂村孔水洞万佛堂北关帝庙。拓片碑高197厘米，宽97厘米。碑额篆书"重修龙泉寺功德主碑"。碑阴拓片高198厘米，宽84厘米。碑额篆书"万古流芳"。

碑文考释

碑文载，甲子岁即清嘉庆九年（1804），住持僧普兴，在万佛殿堂前（实为孔水洞东北）修建关圣帝殿3间，并两廊禅室。房山本土进士徐梦陈自嘉庆五年（1800）在距此不远的"北山"假馆教书，偶尔前来此地，与普兴有一面之缘，故关帝庙工程告竣，普兴请徐梦陈撰写碑文。

碑阴记施助者有：

磁务司即磁家务巡检司、房山县城官民。

煤窑27家：小南深沟、四合窑、张空窑、菜畦窑、石盆窑、杏树窑、桃树窑、和顺窑、通成窑、天盛窑、柿子树窑、老吾窑、黑枣树窑、核桃树窑、桃树窑、杏树窑、核桃树窑、大槽窑、通盛窑、和顺窑、顺兴窑、柿子树窑、三合槽窑、天顺窑、凤口槽窑、大槽、戏台窑。

商号19家：仁合店、悦来庄、大有店、明纯、东兴店、涌泉庄、玉泉庄、义益庄、宁静堂、兴隆庄、广东庄、公泰庄、合成庄、广合庄、同合局、三合号、三合庄、庆元庄、广兴庄。

施助村庄31村：

磁家务、半壁店，今属房山区河北镇。

水峪，今属房山区南窖乡。

陈家台、上英水、中英水、下英水，今属房山区佛子庄乡。

大安山，今属房山区大安山乡。

羊耳峪、上店，今属房山区燕山街道。

官地村，今属今属房山区周口店镇。

夏村、小营（今双孝村）、吉阳村、石楼村，今属房山区石楼镇。

西坝、顾册、瓜市村、北石村（今北市村）、田各庄、羊头岗，今属房山区城关街道。

琉璃河村（今琉璃河二街村），今属房山区琉璃河镇。

西安村，今属房山区佛子庄乡。

它里，今属房山区青龙湖镇坨里村。

新房，今属房山区青龙湖镇坨里村。

大富庄、魏各庄，今属北京市丰台区大佐镇。

栗园村、砥窑村（瓦窑），民国初，属房山县第四区；民国五年（1916）二月，属房山县第三区。今无此村。

郎仁村，河北省衡水市安平县大何庄乡。

复新庄，不详。

磁家务

在河北镇东。南邻万佛堂村，西邻半壁店，西北邻三福村。见于清康熙三年（1664）《房山县志》，为河北镇七古村之一。民国初，房山划分四区，该村属第五区。民国五年（1916）二月改设九区，属第四区。今属河北镇。

辽金时期，这里曾设古瓷窑厂，依窑而居，遂成村落，村名由此而来。明清两代，在该村设巡检司。

清庄亲王墓在磁家务村，背靠馒头山居中的 5 座山，前临红栅栏，东为左峪沟，西为十八亩地，山场数百亩，分布着前陵、后陵、西陵、小西衙门、小新陵、松树圈、大立峪 7 处园寝。自硕塞以下 9 代 13 位亲王（包括追封的 1 位，革爵的两位），除末代庄亲王溥绪外，其余 12 位均葬于磁家务庄亲王陵。这 12 位亲王是：承泽裕亲王硕塞、庄靖亲王果铎、庄恪亲王允禄、庄亲王弘普（追封）、庄慎亲王永瑺、庄襄亲王绵课、庄亲王奕賫（夺爵）、庄勤亲王绵护、庄质亲王绵哗、庄厚亲王奕仁、庄亲王载勋（革爵）、庄恭亲王载功。

本卷收录磁家务村碑刻 6 件：清代 6 件，其中收录碑文 6 篇。

〇五一　房山县磁家务巡检司厅马公德政碑记

常闻仁人君子，德足以泽民，才足以正一方之以诚。理一方则一方之人久蒙其庥，治一邑则一邑之民咸被其德，沐其入□□□人切而被德，感颂且于影响。兹马公讳锦，字铜文者，河南开封通许县□□□□第，族不乏名□□，入国学者考授州判即用，引诏命往直隶试用，初任□署瀛□□□镇□□□□乐□为立□□□歌颂，闻下风者莫不引领企踵，祈得□□□□□□□□□斯民者□□□世□□□□上宪以公为人谨慎办事，□□□□□□补房邑磁家务巡司职。乾隆庚申年七月初旬到任，迄今四载，秉心□□□□□□革除陋规，洁清自募，为国则夙夜匪懈，为民则朝夕不遑。巡防地□□□□□□勤，宣上谕十六条，并宣讲律例，务期父老□□□□□帅重自爱□地□□修发鲜明，劝其善，惩其恶，必欲奸匪屏息，百姓□□□□未断不惑于尔□□□不淆于是非，异政班班，区画尽善。而要之公□□□福道□□在景□□于一诚之所贯，民之被德感颂，宜乎流芳后世，□□□于是数十村□□公谦，凿山取石，勒文志美，使后之相继而理者闻民□□□□□□慕□□□为令闻雅望，感效岚起，为应深山穷谷，百千万世后之□□□孙□沾□□无穷也，是为记。

理僧通宁　刘珮　吕之绎　逢澜　萧锡　白有全立

峕大清乾隆捌年岁次癸亥季冬月

碑刻说明

清刻。在磁家务村巡检司旧址。碑高 200 厘米，宽 80 厘米，厚 22 厘米。碑额篆书"德政碑记"。

碑文考释

磁家务巡检司位于磁家务村。巡检司院正中临街建门楼，门口阔约 3 米，两侧有石门墩，两扇大门上绘有秦琼、尉迟恭门神像。门外两侧为"八"字形照壁，前设长约 6 米、高约 2.5 米影壁。院内有大堂 3 间，有耳房、厢房。大堂檐下 2 根明柱，明柱内为一步廊堂，中间过庭通后院。过庭北置宽约 2 米、高约 2.3 米的影壁。后院北房 5 间，北东西各有房屋 1 间，设有班房。东厢房南山墙以南约 2 米处矗立石碑 1 通。磁家务巡检司隶属于房山县，主缉捕盗贼、盘诘奸伪。巡检司建置时间资料无考，在清康熙三年《房山县志》中记载有："顺治十八年裁革磁家务巡检员。"清光绪三十一年（1905），磁家务巡检司改为警察分所，民国十六年（1927）撤销。民国十七年（1928）曾在此立贫民学堂。

至 2005 年，遗址处还保存有一块八角形汉白玉经幢顶，直径 60 厘米，高约 50 厘米。误传为审讯犯人时的刑具。

碑文提到的"上谕十六条"，是康熙帝在明朱元璋"圣谕六条"、清顺治帝"六谕文"基础上，扩充而成的社会道德标准，以教化百姓。

康熙帝圣谕十六条：敦孝弟以重人伦，笃宗族以昭雍穆，和乡党以息争讼，重农桑以足衣食，尚节俭以惜财用，隆学校以端士习，黜异端以崇正学，讲法律以儆愚顽，明礼让以厚风俗，务本业以定民志，训子弟以禁非为，息诬告以全善良，诫匿逃以免株连，完钱粮以省催科，联保甲以弭盗贼，解雠忿以重身命。

雍正二年（1724），将十六条加以推衍解释，成《圣谕广训》，颁行天下。要求"凡童子应试、初入学者，并令默写无遗，乃为合格"。各级官员要每月两次召集百姓，举行仪式，"于朔望日，令有司乡约耆长宣读，以警觉颛蒙"。这种一月两次的全国范围宣讲仪式，随清王朝灭亡而废止。

马锦，字铜文，河南开封通许县人。考授州判即用，引诏命往直隶试用，上司因为他谨慎办事，补房山县磁家务巡司职。乾隆庚申年即乾隆五年（1740）七月初到任，到乾隆八年（1743）任职 4 年，革除陋规，洁清自矢，夙夜匪懈，朝夕不遑。宣上谕十六条，并宣讲律例，劝善惩恶，必欲奸匪屏息，不淆于是非，异政班班，区画尽善。百姓为立德政碑。

○五二　和硕承泽亲王谥裕硕塞碑文

自古帝王创业垂统，必懋建本枝以作藩屏。故生隆显爵，殁锡丰碑，亲亲贤贤，典甚重也。和硕承泽亲王裕硕塞，尔系太祖高皇帝之孙，太宗文皇帝之子。世宗章皇帝时，尔忠效股肱，情同手足。入关而歼逐巨寇，既平定乎中原，戮力北征，更多显绩。秉性端良，待下有礼，处事居心，罔非为国。后以疾薨逝，特赐祭葬，敕建丰碑。朕今追念前徽，加谥曰裕，重勒贞珉，用传不朽，以示敦睦懿亲王之意云尔。

康熙十一年八月初一日

碑刻说明
清刻。在磁家务村庄亲王墓。拓片高240厘米，宽78厘米。汉满合璧。

碑文考释
此为康熙御制《和硕承泽亲王谥裕硕塞碑文》，碑立于康熙十一年（1672）八月初一日。

承泽裕亲王硕塞，清太祖努尔哈赤孙，太宗皇太极第5子，庄亲王陵的第1位葬者。天聪二年（1628）十二月二十四日生，顺治元年（1644）十月封承泽郡王，三年（1646）五月参赞军务，从豫亲王多铎攻陕州，破李自成余部。南征，击破明福王朱由崧。又从多铎征喀尔喀，从英亲王阿济格戍大同。姜瓖叛，硕塞移师解代州围。进亲王，七年（1650）改郡王，八年（1651）二月复进和硕亲王，三月掌兵部，十一月擢议政。十年（1653）十一月，掌宗人府。顺治十一年（1654）十二月初五日寅时薨，年27，谥曰裕。康熙十一年（1672）葬此。

硕塞葬前陵。前陵有宫门，墓墙红色，陵内有墓坊、碑亭、享殿、月台，月台上汉白玉须弥座承托着三合土宝顶，宝顶前设有五供。

○五三　恭勤世子碑文

朕惟推恩锡类，首自亲亲。仪备始终，情均存殁。其有贤声克著，懿行可风，则眷想遗□，恩加优渥。尔世子弘普，乃和硕庄亲王允禄之嫡子，资性纯明，动遵礼度。仰承皇祖、皇考深恩养育，读书内庭。朕顾此美材，□成令□，冀牧任使之用，副兹眷注之殷。何期甫壮年，溘焉长逝，即欲亲临躬唁，而庄亲王肫恳固辞。爰命皇子及大臣奉词致奠。赐以赗金，晋其爵秩。更举易名之典，聿申褒德之文，谥曰恭勤。庶几无忝。呜呼！缅维畴昔，轸恻弥深。以尔检行饬躬，不宜泯于后世，兹树丰碑，肇建兆域，为开是用。赉以龙章，□诸螭首。抚岁时而致慨，□□典以加恩。谊切哀荣，道兼风示。延于世世，视此青珉。

乾隆八年七月初三日

碑刻说明

清刻。在磁家务村庄亲王墓。拓片高 208 厘米，宽 79 厘米。汉满合璧。

碑文考释

此为乾隆帝御制《恭勤世子碑文》，碑立于乾隆八年（1743）七月初三日。

恭勤世子，为庄亲王允禄第二子弘普，康熙五十二年（1713）六月十九日生，乾隆元年（1736）二月封贝子，二年（1737）二月掌銮舆卫事，三年（1738）八月任镶蓝旗都统，四年（1739）降为镇国公，五年（1740）十一月授宗人府右宗人。八年（1743）三月二十二日卒，年31，追封世子，谥曰恭勤。乾隆三十二年（1767），追封亲王。

弘普葬于小西衙门，在西陵之西。除弘普外，还葬有庄慎亲王永瑺、庄襄亲王绵课。陵区由墓墙圈起，前面是3座墓坊,3位亲王各一，其后是宫门、朝房、亨殿，最后是3位亲王的3座宝顶。弘普为砖砌宝顶，永瑺为三合土宝顶。

○五四　和硕庄恪亲王碑文

朕惟锡封玉府永宁，颁宗姓之盟。衍派银潢积庆，重本支之谊。矧缅遗型于在昔，望著金章。宜昭硕德于来兹，荣施丹篆。维王禔躬恪慎，体国纯勤。昔承圣祖之欢，征祥麟趾。倍荷宪皇之爱，笃庆常华。洎朕之御极而绍丕基，维王以懿亲而熙。庶绩正色率下，弥矢寅恭，敷政宁人，用深倚畀。制地材而执度，毛公兼起部之司。掌天族而惇亲，肜伯任月乡之选。校秘文于二酉，太乙增辉。调时宪于五辰，灵台演数。特进在群公之表，综巨细于府中。河间为大雅之宗，诃律同于典乐。凡兹庆系，群推桂阃之模。维此贤王，克享松龄之报。何斯沦谢，服勤之素难忘，式备哀荣壹惠之恩，爰锡予谥曰恪，象厥生平。呼唤！勒贞珉而垂奕禩。礼同天揖之文，歌敦苇而念宗仪。情轸时庸之典，聿光重兆，以永休闻。

乾隆三十二年三月二十七日

碑刻说明

清刻。在河北镇磁家务村庄亲王墓。拓片高236厘米，宽80厘米。汉满合璧。

碑文考释

此为乾隆帝御制《和硕庄恪亲王碑文》，碑立于乾隆三十二年（1767）三月二十七日。

和硕庄恪亲王允禄，康熙帝第十六子，母顺懿密妃王氏，康熙三十四年（1695）六月十八日生，康熙六十一年（1722）总管内务府，雍正元年（1723）正月承庄靖亲王果铎嗣，袭庄亲王爵。允禄精数学，通音律，曾参与编修《数理精蕴》。乾隆元年（1736），命总理事务，兼掌工部，食亲王双俸。乾隆四年（1739），坐事停双俸，罢都统。乾隆七年（1742），与三泰、张照管乐部。乾隆二十九年（1764），允禄年70，乾隆帝赐诗褒之。乾隆三十二年（1767）二月二十一日午时薨，年73，谥曰恪。

允禄葬于庄亲王墓西陵。西陵，在后陵西南。墓墙红色，有宫门、享殿、碑亭等建筑。

○五五　和硕庄慎亲王碑文

朕惟藩辅推恩，继爵重巩营之谊。愍勤励职，在公怀服采之猷。敷渥眷以展亲，遽辞华绂，焕哀纶而申恤，爰勒贞珉。惟王持己温恭，秉姿醇恪，膺衮恒于早岁。用懋惇庸，掌营卫于中朝。仍依禁近，洎乎崇封，嗣祖弥彰，谨度循循，显职程材。倍著小心翼翼，作宗潢之表率。课庠藉督蕃枝，统旗旅之骁腾。典乐还谐拊石，实夙霄之匪懈，觇综理之有方。薄疢俄婴，即赐医而诊视。近臣载遣，频传谕以珍调。竟告沦徂，叠加褒恤，易名有典曰：慎。惟宜。於戏！卅年久直，彤扆敬凛，识靖共之素。再世分辉，瑶牒荣哀，隆终始之仪。式树丰碑，丕光隧道，昭兹来许，垂誉无穷。

乾隆五十三年秋九月日立

碑刻说明

清刻。在河北镇磁家务村庄亲王墓。拓片高236厘米，宽80厘米。汉满合璧。

碑文考释

此为乾隆御制《和硕庄慎亲王碑文》，碑立于乾隆五十三年（1788）九月。

和硕庄慎亲王永瑺，庄恪亲王允禄孙，弘普子。初封辅国公，在乾清门行走，曾任副都统等职。乾隆三十二年（1767）袭祖父庄亲王爵，任都统，掌乐部。历任领侍卫内大臣、玉牒馆总裁，管理宗人府、觉罗学、左右两翼宗学，在内廷行走。乾隆五十三年（1788）二月十一日薨，年51，谥曰慎。无子，以从子绵课袭。

永瑺随其父弘普葬于小西衙门。永瑺三合土宝顶。

○五六　和硕庄襄亲王碑文

朕惟咏麟，振于公族。载纪鼎铭，缅鹤化之仙踪。常留阡表，甚亲而分宾玉，空营葛蒀之思，考行而勒贞珉，益焕松楸之色。尔和硕庄襄亲王绵课，禀质端醇，禔羽敬慎。始登环卫，楹宸肃桱栢之司。旋绍藩封，茅社念弓裘之重。恪趋中禁，瞩温樹以慎言。勤理宗黉，比菁莪之乐育。奉清光于雉扇，书衔冠鹤鹭之班。摅伟抱于龙韬，阅士肆虎号之队。典珠邱之营，缮念每畅于水。兢司玉牒之编，摩恩更承夫露。湛至于心昭日月，气壮风云。卫宫掖以争先，统师徒而克奋。雷砯一击，天高而氛祲全消。星钺四麾，锋接而虫沙尽扫。此勋猷之灿著，尤中外所播闻。当朕御极之初，久鉴宣勤之素。懿亲资为表率，辉录羽仪。禁旅藉以拊循，名符健锐。属微疴之偶抱，暂乞退闲。冀逾喜之可占，仍需翊赞。遽披遗疏，良悼中怀。赒将内帑之金，襚以梵经之被。遣藩垣而致酹，命吏谦以胥蹋。既巡奠酾之亲临，更荷嘉名之特锡。於戏！我国家贤贤亲亲之典，盖视往古而加隆。尔子孙承承继继之休，尚景前徽而倍励。用光幽岁，式峙丰碑。

道光十三年九月 日立

碑刻说明

清刻。在磁家务村庄亲王墓。拓片高248厘米，宽80厘米。汉满合璧。

碑文考释

此为道光御制《和硕庄襄亲王碑文》，碑立于道光十三年（1833）九月。

和硕庄襄亲王绵课，永瑺弟永珂之子，12岁承永瑺嗣，26岁袭亲王，历任都统、领侍卫内大臣、阅兵大臣、宗人府右宗正、管园大臣、御前大臣、领纛大臣、总理行营大臣、玉牒馆总裁、管理觉罗学等。嘉庆十八年（1813），林清、李文成起义，冲入紫禁城。绵课率百余人并矛手数十，从西城根入，射伤一人，得旨议叙。翌年，嘉庆帝出巡木兰，绵课奏河桥圮于水，有意谏阻，悖旨，坐罚俸，罢诸职。道光四年（1824）复亲王爵。道光六年（1826）四月初二日薨，年64，谥曰襄。道光十三年（1833）葬于此。

绵课与祖父弘普、伯父永瑺同葬小西衙门。三合土宝顶，下为汉白玉须弥座，高4米，径6米。

房山碑刻通志

燕山办事处

在房山区西部。北邻河北镇，南邻城关街道，西南邻周口店镇。1967年，为就近解决北京和华北石油产品供应，国家选址在北京市房山县周口店公社坟山村一带，建设一座大型炼油厂。历经几十年的建设发展，在原周口店人民公社、城关人民公社36平方公里的土地上，建起了一个特大型石油化工联合企业——北京燕山石油化工（集团）有限公司。1974年6月26日，经北京市人民政府批准，北京石油化工区办事处成立。1980年10月，经北京市和国务院批准，北京市燕山区正式成立。1987年6月，撤销燕山区、房山县，合并后成立房山区。房山区人民政府，在原燕山区设立派出机构——房山区燕山办事处。

本卷收录燕山办事处碑刻10件，分布凤凰亭（沙峪村）、北庄村，其中凤凰亭8件、北庄村2件。收录碑文10篇。

凤凰亭

在燕山办事处东北,原为沙峪村。清康熙三年(1664)《房山县志》第二卷:"沙峪村,县西北十里。"沙峪村有清雍正九年(1731)所建碑亭,俗称凤凰亭。清代,沙峪村一度为宛平县飞地,民国二十五年(1936),回归房山县,属第一区。今属燕山办事处辖区。村内有明、清五圣祠,清常氏家族墓。

本卷收录凤凰亭碑刻8件:清代8件,其中收录碑文8篇。

○五七　圣德光昭西山仪凤碑铭

自昔至治之世，朝廷清明，百职修举，和气充盈，黎民遍德，天用锡以嘉祥四灵之征，诸福之物莫不毕至。其积之也厚，则其感之也神，自然之符也。钦惟皇上仁孝广渊，基命宥密，体圣祖仁皇帝之心以为心，出入起居，发号施令，无一事不契乎天心，无一念不周乎民隐。执大中之矩以凝庶绩，秉至公之道以衡群材。鸿施溥被而人乐熙皡之风，至化旁敷而世跻仁寿之福。上天降鉴，嘉瑞骈臻，御极以来，日月五星合璧联珠，河清数千里，嘉禾、瑞茧、庆云、灵芝叠见频仍，我皇上屡归功于圣祖，曰："此皇考六十余年涵仁厚泽之所留贻也。"或谦让不居，不以宣示史馆，曰："朕所爱者，登年为宝耳！"自尧舜以来，载籍所传，敬天勤民，未有如我皇上之诚且笃者也，惟皇衷无满假之念，故上天笃眷佑之心。惟帝德有日跻之敬，故万汇献享嘉禾之象。雍正八年正月二十日，房山县西山之上朝阳方升，有凤凰翔然来仪足高数尺，尾长丈余，五色缤纷，众鸟拱卫。其时官吏匠役及居民人等聚观者千余人。房山去京师百里，辇毂之下有鸣岗之瑞，此非圣德至治之所感乎乎？臣谨按，黄帝时凤凰止东园，集梧树。《韩诗外传》以为一道、修德、行仁之所召也。尧即位七十载，凤凰巢阿阁。舜时箫韶九成，凤凰来仪。此圣德和于时，聚凤仪之征也。文王时，鸣于岐山。成王时，翔于紫庭。说者以为周家受命之符，定八百历数之基。汉宣帝时数见，光武章帝时又见，唐太宗时见于莒州，宋景德元年见于白州，皆极盛之时也。我皇上心法治法，聿追古帝王，汉唐以下未足比数。惟天亶之圣人，四德根心，五行协应，故能有此。戴仁缨义，抱礼向智，蹈信之瑞，应时而至。太和翔洽，文明景象，具见于兹。《礼记》所谓"升中于天，而凤凰降于秋运。"□□之谓也。□得则凤凰翔作，其明□□□耶！天子犹谦牧不有，曰："朕德何足以致此？"非所谓圣不自圣，益以成其为大圣者乎？臣幸列鹓联，监修石工，睹兹盛事，绘图以进，敬勒石兹山，用昭太平之瑞。铭曰：於赫我皇，以圣继圣。何以宅心？惟诚与敬。何以出治？建中表正。勤绥兆民，对越天命。和气所蒸，文明瑞应。其应维何？翔凤九苞。集于西山，腾于紫霄。兆叶皡历，谐比虞韶。在昔帝王，德苑汪濊。有凤来翔，凤翼云霓。我皇之仁，万物并育。授玺衔图，德辉旁烛。雅诗有咏，凤鸣朝阳。蔼蔼多士，邦国之光。我皇求治，连茹允升。雕喈协律，灵禽效诚。皇衷益虔，懋修谦受。德大不居，道惟悠久。化泽覃敷，寰瀛内外。受天之祐，万有千载。

雍正九年岁次辛亥仲春之吉　委署领侍卫内大臣兼理奉宸苑卿事务内务府总管散秩大臣臣常明稽首顿首恭记

碑刻说明

清刻。在燕山街道凤凰亭。高 350 厘米，宽 93 厘米，厚 33 厘米。汉满合璧。

碑文考释

凤凰亭位于燕山办事处凤凰亭路东侧山坡上，是一座重檐攒尖顶的石砌碑亭，清雍正九年（1731）《圣德光昭西山仪凤碑铭》碑立于亭内。此地原为沙峪村。

民国十七年（1928）《房山县志·卷三古迹》："凤凰山碑亭，县西北八里沙峪村西之沙河北岸半山间，有亭为石筑成，亭内有碑，为雍正九年立。其文云：雍正八年正月二十日，房山西山之上朝日方升，有凤翩然来仪，足数尺，尾长丈余，五色缤纷，众鸟拱卫，其时官吏匠役及居民等聚观者千余人。《大清一统志》：雍正八年正月二十日，凤凰集房山县之沟山峰。皇朝《文献通考》：雍正八年正月，凤凰见于房山县。总督唐执玉奏报：奉御旨，上年据散秩大臣尚崇奏称，天台山民李万良等呈报，十月十一日，山中有神鸟高五六尺，毛羽如锦，五色俱备，所立处群鸟环绕，北向飞鸣等语。朕以边地居民所见事属渺茫，所奏发还，未尝宣示廷臣。昨据总理石道事务散秩大臣常明、侍郎宗室普太奏称：石工监督司官田周呈报，正月二十日，房山县石梯沟山中，见瑞凤集于山顶，五色俱备，文彩焕然。工匠、樵牧、居民约千余人，莫不共见。又据总兵官管承泽、顺天府尹孙嘉淦等所奏亦皆相同，朕亦俱未宣示廷臣。今据总督唐执玉具奏，古称凤为王者嘉祥。朕抚躬自问，功德凉薄，尚不足致凤仪之瑞，此事犹疑未信也。余按，昔游此地，人言昔有石工大臣侵蚀国帑数十万金不能抵补，因假凤仪为名监修此亭，始得弥缝入奏。余想，此事题目甚大又甚巧，而又能运动孙嘉淦等连衔入奏，其神通之大，诚不可思议。为虚为实，不敢臆度。附载于末，疑信任之后人。"

民国十七年（1928）《房山县志》分别引《圣德光昭西山仪凤碑铭》《大清一统志》《文献通考》，雍正八年（1730）正月二十日，凤凰集房山县之沟山峰的相关记载。从县志引文可知，对于大臣们奏报房山县出现凤凰，雍正皇帝本人也是将信将疑："朕抚躬自问，功德凉薄，尚不足致凤仪之瑞，此事犹疑未信也。"因此，他"未宣示廷臣"。

"余"即县志编纂者。此人在文末以有百姓传言置疑："余按，昔游此地，人言昔有石工大臣侵蚀国帑数十万金不能抵补，因假凤仪为名监修此亭，始得弥缝入奏。余想，此事题目甚大又甚巧，而又能运动孙嘉淦等连衔入奏，其神通之大，诚不可思议。"

原来，此人曾到凤凰亭一游，提起凤凰亭的建造，有人说：当年负责皇家大工采石的大臣侵吞用于采石的国库银两数十万，账目没法交代，于是捏造凤凰来仪房山县，要立碑记事，向雍正请款造亭，这才将亏空补上。

考文献，清泰陵始营建于雍正八年（1730），清乾隆二年（1737）竣工。凤凰亭建于雍正九年（1731），乃是泰陵工程的第2年。当年房山采石，应该是为泰陵工程。

先是石工监督司官田周向上司呈报："正月二十日，房山县石梯沟山中，见瑞凤集于山顶，五色俱备，文彩焕然。工匠、樵牧、居民约千余人，莫不共见。"看来，当年为营建泰陵工程，来房山县石梯沟山中监督石工的官员是田周。

田周呈报说得有鼻有眼，又经总理石道事务散秩大臣常明、侍郎宗室普太、总兵官管承泽、顺天府尹孙嘉淦转奏雍正帝，赞称"太和翔洽，文明景象"，雍正皇帝虽半信半疑，最终还是批准，拨款立碑建亭。

碑文先是为雍正歌功颂德，说他即位以来日月五星合璧联珠，河清数千里，嘉禾、瑞茧、庆云、灵芝相继出现。以此铺垫，道出碑文主题即雍正八年（1730）正月二十日，凤凰来仪房山县西山之事。接着历数黄帝时凤凰止东园集梧树、尧时凤凰巢阿阁、舜时箫韶九成凤凰来仪、文王时鸣岐山、成王时翔于紫庭、

汉宣帝时数见、光武章帝时又见、唐太宗时见于莒州、宋景德元年见于白州，称"皆极盛之时也"。由此为雍正歌功颂德。

撰文者常明，在碑末云："臣幸列鹓联，监修石工，睹兹盛事，绘图以进，敬勒石兹山，用昭太平之瑞。"鹓联，意指列于朝官的行列。常明身居散秩大臣，泰陵营造，他亦监修石工。"睹兹盛事，绘图以进"，他自述目睹了雍正八年（1730）正月凤凰来仪房山县西山的盛事，不仅具奏此事，还把所见让画工画成图画，进献雍正皇帝御览。"敬勒石兹山，用昭太平之瑞。"看来，持意立碑建亭的应是常明。常明在此事上如此上心，房山县西山石工，若有侵吞工款之人，此人怕是涉嫌最重。

房山区青龙湖镇北刘庄村有常明墓。

○五八　重修五圣祠碑

盖闻有功于国、有德于民者皆当崇其祀典，报以俎豆，荐以馨香，凡以崇其报酢之心，劝勉之意焉耳。房邑之西北，沙峪村西，旧有五圣祠，乃以奉龙王、山神、土地与财神、五道者也。诚可谓之有功于国、有德于民之神焉，可不立祠设像以礼之报之也？但日远年深，风雨摧折，不免于颓败。故四外把头合村各出善资，修理而丹雘之。今以告竣，将向之颓者败者无不整尔，金碧交辉。须神圣有当于祀典，然亦众善赤诚之所至也，咸愿树碣，以垂永久。乃越岭来谋于某，谓言之：不文不可以远，行谒足以胜期，任第嘉其好善之诚，遂约略述是梗概而叙述之以如是云尔。

大清乾隆二年岁次丁巳夏月吉日立　岜 石匠彭惠卧　撰修张良柱

碑刻说明

清刻。在燕山街道凤凰亭。拓片高90厘米，宽65厘米。碑额正书"万古流芳"。

碑文考释

五圣祠,在沙峪村西,内奉龙王、山神、土地与财神、五道。日远年深,风雨摧折,不免于颓败。合村捐资修缮,清乾隆二年(1737)告竣,同年夏立碑。

○五九　墓表

候选儒学副堂房邑岁贡生李棣光撰文

常公讳守义,字凛斋,谥英毅,房邑故家巨族也。自前明燕王荡扫北平,随龙征伐有功而归,始择居于房山县西良各庄安家立业,因家谱遗失,履历不能备述,所奉祀者,惟公之高祖得虎、曾祖国柱、祖应魁、父有德、兄守仁而已。公之祖茔在县城正西东沟,后迁于县城西北沙峪村,今已葬过三辈,因右边人丁不利,公在日延请名师,自择于本穴场内稍上三五步远,开井破穴,立酉山卯向。临终再三叮咐,盖不忍远离祖父之意也。稽公少时未及龆龄,严慈俱下,惟兄嫂是依,稍长即自成人,创立家园,增添事业。事兄嫂如事父母,教侄辈无异己子。三侄文璐儒学增广生员,长子文宪,侄孙常沛、常洄并入武庠,次子文会、侄孙常泰俱业儒,余各有生产,足供衣食,皆公之余德施及后人者也。公一生豪迈,志气高强,不学乡邻琐琐之为,能法古人磊磊之行。忧人之忧,乐人之乐。有季良之豪侠好施,而非好言广交者可比。有剧孟之慷慨慕义,不与一时比匪者为徒。岂非当世所谓贤豪间者耶?公系余亲翁,文宪等嘱余为文以志之,于是乎书。

嘉庆十四年岁次己巳三月吉日立　孝男常文宪　常文会奉祀

良邑琉璃河镇高永清书丹

碑刻说明

清刻。在凤凰亭常氏家族墓。拓片高128厘米,宽57厘米。碑额正书双钩题"克昌厥后"。

碑文考释

考此碑，常氏为房山县巨族，明初随燕王朱棣扫北，随龙征伐有功，定居房山县西良各庄村（今房山区周口店镇良各庄村）。因家谱遗失，不能备述。可溯者，高祖常得虎、曾祖常国柱、祖父常应魁、父亲常有德。

常有德长子常守仁，次子常守义。

常家祖坟，初在房山县正西，一个叫东沟的地方（此地为迎风坡村地界），后迁于县城西北沙峪村（今燕山凤凰亭），自曾祖常国柱、祖父常应魁、父亲常有德已葬3辈。

墓主常守义，自幼依兄嫂为生，稍长成家自立。长子常文宪，武庠生；次子常文会，读书为业。《肫浦常府君家传》："胞侄文会，任广西全州、分州。"知常文会入仕，曾在广西全州、分州任职。

三侄常文璐儒学增广生员。侄孙常沛、常洵，武庠生。

○六○　肫甫常府君家传

吾姻伯肫甫常公讳守仁，即亡四十余年矣，其子文珂请余作传以传志其墓。呜呼！余虽不文，然乐道人之善焉，况若肫甫公者，非仅懿行可铭，而境遇之艰与德施之远，皆有可传表而彰之，固所愿也。公性淳朴，谨慎为心。逮其父时，虽少年，已自成人，能知大义，众谓常氏有子矣。及其长也，承欢罔忝，式善无惭。绍先则肯构肯堂，图永则惟勤惟俭。斯时，正欲创立家基为久远计，然而数尽运穷，既葬其妣，又丧厥考，遗其弟名守义者，岁未及周，惟公之元配王夫人是依，而公之夫妻移爱子之心爱弟，恩勤顾复，且有甚于子者。既而王夫人辞世，公之继室刘夫人，抚弟亦如抚子。迨其弟成立，亦克恭厥兄焉。彼夫情联伯仲，而衅启参商者，闻公之风亦可以少愧矣。公之上世自前明已来家房山，因谱失不能备述。曾祖府君讳国柱，曾祖妣丁太君。祖府君讳应魁，祖妣李太君、卢太君。考妣赠儒林郎，讳有德，妣氏萧、荆，貤封安人。历世以忠厚传家，而公能敬承以继之，常诲子弟曰："崇节俭，勿奢华，所以处贫寒也。"厥后，子弟每欲图生产而公心滋惧，遂又阻之曰："吾家素贫，安之而已。"于此可概见其生平矣。洎乎乾隆五十三年四月廿九日，公以疾正寝，享年六十有五，葬于沙峪之乡先人墓侧，夫人刘氏继公而逝。有子男六人：长曰文先，次曰文玉，恪守先业者也。三曰文禄，名扬黉序，显亲者也。其三人俱已亡矣。四曰文珂，受六品衔，其先迄今赖以祀焉。五曰文玺，志欲恢基，未逮而卒。六曰文宪，继胞叔凛斋公入武庠，亦未久生于世。女三人，俱适人矣。胞侄文会，任广西全州、分州，与其孙辈亦各成其名焉。呜呼！为善无不报，而有迟有速，理之常也。惟公累德积功，虽未能身获崇报而子孙扬显，是足以表见于后世矣。乃崇其封赠，具刻于碑。继又述其素行与其遗训，并勒于石，俾后人知夫保世滋乡，而得荣名者其来有自。

例赠文林郎候选县正堂嘉庆辛酉科拔贡生姻愚侄邢天锡拜手撰并书

大清道光十年岁次庚寅六月谷旦立

碑刻说明

清刻。在凤凰亭常氏家族墓。拓片高195厘米，宽50厘米。碑额篆书"既安且告"。

碑文考释

常守仁，字肫甫。曾祖常国柱，曾祖母丁氏。祖父常应魁，祖母李氏、卢氏。父常有德，赠儒林郎；母萧氏、荆氏，追封安人。弟常守义不满周岁，母亲、父亲相继病故，常守义由常守仁与元配王夫抚养，爱之甚于自出。王夫人辞世，继室刘夫人抚养。乾隆五十三年（1788）四月二十九日，常守仁卒，享年65岁，葬于沙峪村先人墓侧，夫人刘氏继之而逝。有子6人：长子常文先；次子常文玉；三子常文禄（文璐），增广生；四子常文珂，受六品衔，功名最著，常氏家族自明至清，再度兴旺，应自常文珂始；五子常文玺；六子常文宪，武庠生。

至道光十年（1830），常守仁逝世后42年，故碑文云"即亡四十余年矣，其子文珂请余作传以传志其墓"。

邢天锡，字纯甫，号培园，清房山县前石门村（今北京市房山区）人。父邢兆麟，母于氏。辛酉（1801）科拔贡候选教谕。娶王氏，生子邢肇淇、邢肇霈。邢氏明清为前石村名门望族。

邢天锡自称"姻愚侄",说明邢、常两家有联姻。按辈分,邢天锡比常守仁晚一辈。

〇六一　子佩常公墓志铭

夫庸行无奇,鬼神感而泣。布衣无位,风俗默以移。书曰:"惟孝友于兄弟,克施有政。"诗曰:"则友其兄,则笃其庆。"于子佩公见之矣。公讳文璐,字子佩,房山周口里人也。幼聪颖,性至孝。弱冠入邑庠,而父母相继逝,公丧礼乎哀几至毁灭,读蓼莪而陨涕,使道路为伤心,彼颜丁之合礼,二连之善丧,方斯蔑如也。既而岁屡荒,家中落,叔父年齿长,诸弟幼,一门细弱,仰衣食者二十余人无以赡。公慨然曰:"资身无策,尚安事帖括为于□□举业?"佐叔父务耕种、畜牧,数岁用渐裕,乃益置田产,采石炭,上案命于诸父□□□□□子弟以勤俭,惟以李孺人主中,馈操井臼以佐之。如是者几二十年,数至千金,称素封焉。

公忼爽豪迈,与人言辄高谈惊座,初未尝喋喋耳语。而在乡党则恂恂焉、彬彬焉,善道善诱,仁而爱人。朋友有求,竭赀无所吝。或值匮乏,则转贷以给之而更偿所负。其于昆季之间,同胞嫡从并幼于公,公视之如一。衣服食用,有则俱有,无则均无。或有过误,无不委曲含容。若怠傲骄蹇,则面责不少贷。以故群季咸爱而畏之,有所言皆奉教惟谨,莫敢违。尝闻士大夫家为长兄者,妻子衣服丽都,姬妆被绮缎,而季弟单布衣敝□袍,锐头缩项,枯□若窭人子。其或畏物议,饰友爱名,则又阳宠异之,恣所欲,纵使骄,处心积虑,必陷之于不义,而后从而行其忍,被世之为郑寤生者,曷克胜道也?若子佩公之所为,其洵足以风矣。乃禀命不融,享年四十有九,以嘉庆乙丑年七月十五日卒。元配冯孺人享年二十有九,卒于乾隆辛亥年三月二十六日,与公合祔于沙峪。继配李孺人享年七十,卒于道光辛卯年十二月二十三日,以先茔地逼仄别葬于北庄新阡。男二人:长泰,候选卫千总。次淳,早卒。女四人:长适同邑潘家庄张室,次适潘家庄赵室,次适同邑石门村邢室,次适涿郡挟河村赵室。公既殁,弟文珂与男泰侄清守先志,迄今三世同居,和好无间言,知典则之留贻者远也,

由没世而仰芳微,刊元石以述懿行。铭曰:

矫矫先生,抱德居贞。鞠哀克念,地察天明。兄弟怡怡,一家仁让。贻厥后昆,风流相尚。制铭景仰,潜德攸彰。斯人莫觏,延竚彷徨。

癸酉拔贡是科举人乙未大挑一等姻遇侄全景熙顿首拜撰

乙酉拔贡己丑教习子婿邢肇需沐手敬书

道光十六年岁次丙申七月 谷旦立

碑刻说明

清刻。在凤凰亭常氏家族墓。拓片高101厘米,宽58厘米。碑额正书"燕翼诒谋"。

碑文考释

常文璐,一作文禄,字子佩,房山周口里人(今房山区周口店镇良各庄人),常守仁第3子。幼聪颖,性至孝,弱冠入邑庠,父母相继逝世,岁景屡荒,家道中落,叔父常守义年迈,诸弟尚幼,一门20口,无以为生。常文璐放弃仕途,佐叔父常守义种田、畜牧,几年以后,生活有所改善,又曾置田产,采营煤炭,近20年光景,积白银千两,称素封。嘉庆乙丑年即嘉庆十年(1805)七月十五日卒,享年49岁。元配冯氏,卒于乾隆辛亥年即乾隆五十六年(1791)三月二十六日,享年29岁,与常文璐合祔于沙峪村。

继配李氏卒于道光辛卯年道光十一年(1831)十二月二十三日,享年70岁,以先茔地狭窄,另葬于北庄新坟下葬。子2人:长子常泰,候选卫千总;次子常淳,早卒。

女4人:长女嫁房山县潘家庄(今房山区韩村河镇)张室;次女嫁潘家庄(今房山区韩村河镇)赵室;次女嫁房山县石门村(今房山区大石窝镇前石门村)邢室;次女嫁涿郡挟河村(今河北省涿州市东仙坡镇)赵室。

碑文载,常文璐去世后,其弟常文珂与常文璐子常泰3世同居,和好无间。

常氏自常文璐、常文珂兄弟,家道中兴。常文璐弃儒务农,又经营煤矿,家境从此富裕。常文珂,官居六品,使常氏一族荣显乡里。

"子婿邢肇需沐手敬书",常文璐三女儿嫁邢肇需,故邢肇需称子婿。

邢肇霈，字霖皋，邢天锡次子，生于乾隆六十年（1795）四月二十九日巳时，道光乙酉（1825）科拔贡，己丑（1829）科考取汉军八旗教习，差满以知县任用，任江西万年县知县，归部铨选授钦加同知衔。娶良各庄常氏、新城孙氏，又娶王氏。卒于光绪五年（1879）九月十八日丑时，享年84岁。子邢景耀、邢景堃、邢景彬。

〇六二　常母李大孺人北庄新阡记

此皇清例赠孺人显妣李太君之墓也。太君德行事迹可法可传，所当寿以贞珉，使子孙奉为闺壸仪范，而泰所以别葬太君，不合祔于先人兆域者，尤宜具陈其故，以晓告后之人。太君性严肃，謦笑不苟，而蔼吉温和，生平无疾言遽色。始适吾父时，吾祖母已逝世，吾祖父尚在堂，年高不理事，领家计者为吾叔祖凛斋公。适食指繁多，用常苦乏，太君入门才数日，即佐吾父撙营经理，凡饔飧饎磨、针黹浣濯之事皆身任焉。而上之则尽孝尽敬，事吾叔祖父母一如奉舅姑。次之则和娣姒，恤卑幼，事无大小，皆处人于逸，而己任其劳。外之则敦族睦姻，一时亲串中有淑慎温恭之目。内之则教育子女，一以惜心舍力为戒，而急傲之必惩。自泰始生以至就傅习，见夫家庭和乐，百事就理，而未识所由来，及境过而思，然后知太君之德之所为酝酿者非一日也。乙丑吾父捐馆舍，叔祖凛斋公呼吾诸叔属之曰："汝嫂初至吾家即入厨供爨事，迄今二十有余年矣，今尔曹皆已授室，汝兄既殁，炊汲事当令诸妇分任之，无复烦汝嫂也。"诸叔皆感泣奉教。自是太君不复执爨，然一切操作概如平时，虽家人力劝止之弗听也。吾父既见背，与先妣冯太君同祔沙峪，圹之右为吾婶母姜太墓，两圹相去差近，其中间仅容一椁，而冯太君之柩在焉。岁癸巳太君病终，停柩未殡，泰欲奉太君之柩祔于旧茔，则限于地之不能容，欲移吾父及冯太君之柩合葬新阡，则先灵久妥，又不宜猝有震惊，踌躇累月，疑虑交萦。辗转以思，殊难自决。或谓泰曰："祔始于周而记谓非古，孔子周人，故防之，葬遵周制焉，后世遂沿而弗革。然士庶之家，牛眠地狭，且先葬者断不能预料子姓兄弟当有继室，而每圹广留隙地以待祔，则不得已而更立新阡亦事之恒有者。今合祔不能，迁葬又不可，惟别营墓地，于子心为较安，子心安则父母安矣。"泰因持是说以询于众，其达于礼者佥谓此通人之论，非无稽者比。曷其奈何弗从？于是泰乃卜兆于北庄而营葬焉。虽然，既葬矣，犹恐贻先人怨恫，故常赧然以愧，潜然以悲。尤可虑者，奕叶子孙，不知泰事处两难，万不得已而出此，或妄议而指是为不情或变常，而以斯为藉口，则又重泰之罪，而泰诚不容不预为之白也。爰敬述太君之懿行，并叙其不合祔之由，勒诸石以志之，后之人其亦体泰之心焉可尔。太君生泰等男二人女四人，详见显考子佩君墓志，兹不载。

峕道光十六年岁次丙申吉月旦　男泰谨识并书

碑刻说明

清刻。在凤凰亭常氏家族墓。拓片高109厘米，宽60厘米。碑额正书"克昌厥后"。

碑文考释

李氏，为良各庄常文璐继室。常氏家族墓本在沙峪村（今燕山街道凤凰亭），嘉庆十年（1805）七月十五日常文璐卒，享年49岁。元配冯氏于乾隆辛亥年即乾隆五十六年（1791）三月二十六日卒，享年29岁，与常文璐合祔于沙峪村。

《子佩常公墓志铭》："继配李孺人享年七十，卒于道光辛卯年十二月二十三日，以先茔地逼仄别葬于北庄新阡。"

此碑："岁癸巳太君病终，停柩未殡，泰欲奉太君之柩祔于旧茔，则限于地之不能容……于是泰乃卜兆于北庄而营葬焉。"

两碑记载有异，考其实，前碑应是李氏卒年期，道光辛卯年十二月二十三日，即道光十一年（1831）十二月二十三日。后碑应该是李氏葬期，岁癸巳即道光十三年（1833）。

道光十六年（1836），常泰立碑于北庄村李氏墓，意在说明未将李氏与常文璐合祔沙峪村墓地的因由。

据碑文，李氏病逝，常泰本打算将李氏与常文璐、冯氏合葬在一起，二人的坟茔旁边为其婶母姜氏墓，两墓距离狭窄，没有下葬李氏的空间。常泰想把父常文璐、冯氏改葬宽敞处，以便让李氏与两人合葬，"先灵久妥，惟恐惊扰"。

不得已，另择北庄村北而葬。常泰，常文璐长子，候选卫千总。

〇六三　印山常公墓志铭

夫召棠志美，郁黍流徽。仁风之翔洽在，有位者足垂不朽，而布衣何独不然？特莫为之述，虽美弗彰。今而人往风继矣，奈何不与为表遗传轶也？公讳文玺，字印山。顺天房山周口里人也。粤自康叔于妹土受封，支孙以常邑命氏。厥后南和贤宰，带经耕锄。儒林先生，门徒教授。唐傅京兆，立学校以变民风。明重开平，奋忠勇而敌王气。代有传人，风流未艾，斯可谓源远流长矣。公气质和平，禀资纯谨，仁孝成性，则友因心。逮其亲时，承欢朝夕，不间人言。公昆仲六人，为公也兄者四。弟讳文宪者，出继于叔父凛斋公房中。华鄂交辉，埙篪迭奏，均式好无犹焉。公当弱冠，二人继逝，辟踊尽哀，惨怛备至。有识增感行路伤情，所谓生则顺养，没则哀丧者，于公见之矣。下之则拊畜子侄，恩以相推，□以相恕，善道善诱，恳乎至情之周浃。故宗族中长幼外内，咸心倾意注，翕然如蚁之慕膻也。而且比闾族党，纳之存宥，休戚相关，忧乐与共。人有颠危，苟可以相求，必且多方以救之。人有善事，苟可以相助，无不委曲以助之。至于冠婚丧祭，必相赒恤，可无论矣。推赤心置人腹中，此固不同噢咻要结之为也。如第曰慷慨乐施，犹未足以尽其情致之缠绵焉。呜呼！轻财乃真重义，博爱乃可为仁。今夫人平居结念，类不甘为守钱虏，而皆愿为慈惠师。故当燕闲无事，里巷相征逐，未尝不通情愫，接悫勤，居然有仁厚意。一旦临小利害，遇有缓急，辄引身而退去之，惟恐不远。求所谓披肝胆布心腹，视人忧无异己忧，为人谋如为己谋。济人之急，悯人之阨，不惜费财，不惮任劳，务出水火而衽席之者，盖百不获一焉。无他，居心非长厚，与物少肫。诚也，闻公之风，当亦赧然自惭矣。夫以民风之日偷也，而公砥柱中流，愧厉末俗，则纯嘏尔常，永昭模楷，亦固其宜。乃遘疾弥留，欻焉大渐，维嘉庆二十三年七月初九日卒。春秋四十有九，敕赠武德骑尉。元配韩氏，享年四十有四，卒于嘉庆癸酉年十二月初七日。继配王氏，享年四十有六，卒于嘉庆戊寅年九月十六日。均诰封宜人。男三，俱系韩宜人所出。长清，职从九品。次澍，出继于胞兄玉章公房中，候选卫千总。次洵，出继于嫡堂弟焕章公房中，辛巳科举人，现任河南归德营守备兼署陕州都司。噫！观后世之克昌，益信忠厚之流泽孔长也。会不愁留，梁摧奄及。凡我同人怨天德之无厚，痛哲人之云萎，思所以播流风于没世，显令闻于无穷。乃刊石图徽，寄情铭颂。其辞曰：

淡泊明志，知命乐天。物我无间，一体相连。孝思维则，友于克敦。留贻福地，垂裕后昆。彼美云遥，实深悲悼。缅公遗徽，钦公清操。表墓制铭，幽光永耀。望尔后人，知所则效。

癸酉拔贡是科举人乙未大挑一等姻遇姪全景熙顿首拜撰

乙酉拔贡己丑教习愚姪婿邢肇需顿首拜书

道光十六年岁次丙申七月谷旦立

碑刻说明

清刻。在北庄村常氏家族墓。拓片高100厘米，宽60厘米。碑额正书"常氏碑记"。

碑文考释

常文玺，字印山。顺天房山周口里人（今房山区周口店镇良各庄人）。兄弟6人，常文玺行5，有兄4人常文先、常文玉、常文璐、常文珂。弟弟常文宪，过继给叔父常守义。嘉庆二十三年（1818）七月初九日，常文玺卒，享年49岁，敕赠武德骑尉。元配韩氏，嘉庆癸酉年（1813）十二月初七日卒，享年44岁。继配王氏，嘉庆戊寅年（1818）九月十六日卒，享年46岁。均诰封宜人。

有子三人，元配韩氏所生：长子常清，职从九品。次子常澍，候选卫千总，过继给胞兄常文珂，字玉章。三子常洵，辛巳科举人，时任河南归德营守备兼署陕州都司，过继胞弟常文宪，字焕章。

邢肇需娶常文玺三哥常文璐第3女，为常文玺侄女婿，故碑方书者邢肇需自称"愚姪婿邢肇需"。

〇六四　常文宪墓表

府君姓常氏，讳文宪，号焕章。入武庠，为人慷慨磊落，从先大父艰难创业，养不孝为己子，爱之逾于所出，而教之最严。不孝罪孽沉重，十二岁时，府君即弃养矣，太宜人以不孝废学，先叔全州公计，命习父业，十七岁入武庠，是年中式，辛巳恩科武举，遵例加捐，选授广东抚标左营守备，因预呈亲老，改补河南抚标归德营守备。引见，奉旨："准其补授归行营守备。钦此。"于道光十三年赴任。十四年恭逢覃恩，呈请诰赠父武德骑尉，诰封母太宜人。十五年署理陕州营都司，十八年卸事即署陈州营都司，十九年交卸仍回原任，二十年乞病，侍奉慈舆旋里。在任数年尚未得罪于兵民者，皆太宜人之教也。太宜人持家勤俭，俾不孝有所遵循。呜呼！于二十五年弃不孝而逝矣。本生父讳文玺、生母氏韩俱早逝，葬于邑北北庄村北，亦于十四年貤赠生父武德骑尉，貤封生母太宜人。不孝原配，同邑贡生刘德泉先生女，未及事舅，继娶王氏，涿州候选按察司照磨敕赠文林郎泽新公女，又未及事姑。原配生一子，名九锡，娶深州直隶州知州山西马公锡书女，是犹太宜人所亲见者也。呜呼！亏体者辱亲，败德者亦辱亲，败德则败名，败己之名即以败亲之名。盖己之身，亲之遗也。以亲之遗为人所贱恶，辱孰甚焉？不孝承先人遗教，谨身循理，或不至辱及九原。然今年四十有四矣，晚节犹不可知，用是栗栗危怯云。

孝男洵谨表
赐同进士出身河南卫辉府获嘉县知县姻姪王万龄顿首拜填讳书
道光二十八年岁次戊申十月谷旦立

碑刻说明

清刻。在北庄村常氏家族墓。拓片高108厘米，宽62厘米。碑额正书"承前启后"。无题，题为添加。

碑文考释

常文宪，号焕章，武庠生，为人慷慨磊落。兄弟6人，有兄5人常文先、常文玉、常文璐、常文珂、常文玺。生父常守仁，常文宪行6，过继给叔父常守义。

常文宪无子，以五兄常文玺第 3 子常洵为嗣，常洵 12 岁，常文宪辞世，常洵就此辍学。常文宪弟常文会，让常洵子承父业，习武求进。常洵 17 岁入武庠，道光元年（1821）恩科武举，遵例加捐，选授广东抚标左营守备，因家中亲老，常洵恳请就近任职，道光皇帝召见常洵，奉旨："准其补授归得营守备。钦此。"改补河南抚标归德营守备，于道光十三年（1833）赴任，道光十四年（1834）道光皇帝封赏，呈请诰赠父常文宪武德骑尉，诰封母太宜人。道光十五年（1835）署理陕州营都司，道光十八年（1838）卸事，署陈州营都司，道光十九年（1839）卸任仍回原任，道光二十年（1840）乞病侍奉慈舆旋里。道光二十五年（1845）母亲去世。

本生父常文玺、生母氏韩氏早逝，葬北庄村北。于道光十四年（1834）封赠生父为武德骑尉，封赠生母太宜人。

常洵原配，房山县贡生刘德泉之女，早亡；继娶王氏，涿州候选按察司照磨敕赠文林郎泽新先生之女，亦早亡。原配刘氏生一子，名常九锡，娶深州直隶州知州山西马锡书之女。

此碑无题，碑立于道光二十八年（1848）十月，立碑人常洵时年 44 岁。

守备，为正五品。在常氏家族中，到常洵这一辈，可谓家道中兴。他做到五品守备，荣及族里。

北庄村

在燕山办事处东。南邻房山老城、洪寺村，北临燕乐路，东与丁家洼村、羊头岗村相望。康熙三年（1664）《房山县志》："北庄村，县北四里。"民国初，房山划分五区，北庄村属第一区。民国五年（1916）二月改设九区，仍属第一区。今属燕山办事处。

本卷收录北庄村碑刻2件：清代2件，其中收录碑文2篇。

房山碑刻通志·卷七· 史家营乡、大安山乡、霞云岭乡、南窖乡
佛子庄乡、河北镇、燕山办事处、青龙湖镇

〇六五　原任直隶总督那苏图碑文

抒诚宣力，缅怀屏翰之勋。赐恤酬庸，备举哀荣之典。式稽彝宪，用锡鸿称。尔原任直隶总督那苏图，禀性朴诚，赋才优裕。承恩世职，列卫内廷。戎阃扬威，早著干城之望。秋官执法，聿彰明允之声。纶綍频宣，荷封疆之重寄。节麾屡畀，具经纬以咸宜。两江三楚之区，风清日燠。百粤八闽之域，吏畏于怀。洎总制邦畿，益励公忠而奉国。更兼司河务，尤摅恪慎以集功。锡宫衔而秩亚公孤，领羽卫而职亲左右，乃勤劳之日积，遽疢疾之弗瘳，眷念勋猷，良深哀轸。布芳筵而设奠，进宫傅以增荣。饰终之礼有加，颁帑金而营葬。垂后之恩宜渥，核素行以易名。谥曰悫勤。以彰敷历。於戏！骏烈长留于奕世，钟鼎生辉。龙光永贲于丰碑，松楸焕彩。勖尔有后，昭示来兹。

乾隆十四年十二月十九日

碑刻说明

清刻。在北庄村东那苏图墓。拓片高264厘米，宽96厘米。汉满合璧。

碑文考释

乾隆御制《原任直隶总督那苏图碑文》，碑立于乾隆十四年（1749）十二月十九日。

民国十七年（1928）《房山县志·卷三·陵墓》："清那苏图墓，在北庄村东，官总督，有碑。"

那苏图，戴佳氏，字羲文，满洲镶黄旗人，乾隆帝忻贵妃之父，清朝大臣，外戚。康熙五十年（1711），袭拖沙喇哈番世职，授蓝翎侍卫。雍正元年（1723），那苏图任兵部侍郎。雍正四年（1726），任黑龙江将军。四年后，调任奉天将军。

自乾隆初年，先后任兵部尚书、刑部尚书、湖广总督、两江总督、闽浙总督、两广总督等职。乾隆十四年（1749），那苏图暂时署理河道总督，随后不久便卒于任上，赐祭葬，谥号慤勤，牌位入祀贤良祠。

○六六　兰陵萧氏墓志铭

赐进士出身刑部贵州云南清吏司主政同郡宋载赓拜手题额

正蓝旗觉罗官学汉教习辛巳贡士同郡梁春江拜手撰文

就教职候选学正甲午科贡士同邑兰台清史董玉栋沐手书丹

吾友萧君炜，房山旧族九皋公之云孙也。赋制幽通，缅怀世系。诗裁述德，远慕先型。盖九皋公立始迁之墓，号不祧之祖，初营兆于县城北四里北庄村之阳，龙峪之峪若屏，沙河之溪如带，峦排古秀，水汇灵源，郁郁佳城，杳杳乔木，此发祥之所自，而流庆于无疆者也。其二世祖讳鸣宇，三世祖讳如庭，时则官阶代起，门祚方兴。有讳九功者，任山东禹城主簿，讳鸣韶者任训导。而如庭公则任甘肃仓大使。三世袭其簪缨，奕禩传其诗礼，姓氏流芳于县乘，功名克庇于宗祊。嗣是爻占蛊上，影息丘中。传四世讳纯臣，五世讳蕙，至六世讳天琮者为炜之曾祖，有光世泽，著望人伦，奉孝义为先，资以农桑，敦本务。生子镕，为炜之祖，贻福本支，开祥奕叶。式苏公之族谱，垂孟诜之家仪。生子五人，允寿公齿次第三，实炜之所自生也，淳厚自天，孝友若性，承亲惟顺，得今曾子之称，入世能廉，有古伯夷之目。伯霜仲雪，共余天伦。能效百忍，聚族而居。及讳镕者，归道山，昆季先后移居，而公每思垂裕之庥，益切孔怀之谊。谣无布粟，乐有埙篪，犹复财轻若箨，义重于山，丰啬均之宗人，缓急通之素士。虽晚年八口恒饥，数椽就圮，勿悔也。岂修德之身爽报，惟昌后之泽方长。公长子炜，克承龥荫，绍复祖基，九世丘陵远，若斧若堂之旧，百年丹雘作，为轮为奂之新。又念九皋公卜吉在有明万历间，迄今二百六七十年，元堂翼翼，高冢累累。象既密于星罗，势将限于土满。乃更庆地于坟山邨北之栗园，龟契斯符，牛眠有兆。此又其缵前功，延后嗣者欤。先系自迁祖至五世，略具于篇。曾祖讳天琮，妣刘太君。祖讳镕，妣蘧太君。考讳允寿，母刘太君，

生四子：炜，熺，烈，煦。长门允升公生五子：敏，牧，厂，政，灿。次门允魁公生四子：兴，桂，峰，燕。四门允宁公无子。五门允隆公生三子：煜，焙，照。呜呼，盛哉！十有六孙之蕃衍，瓜瓞方绵。二百余祀之灵长，水源正远。炜又以允宁公早逝，攒于垄畔，兹逢允隆公之殡，就迁允宁公于墓之侧，峰与煦亦早卒，皆从迁葬焉。返葬之礼虽远，而不忘丘首之仁，惟亲则弥笃，既修元壤，将勒贞珉，来乞余铭，为之铭曰：

栖神奥区，绵绵九叶。潜德必彰，岂争眉睫。善人有后，炜也当之。象贤无忝，食报匪私。岁告金穰，山兴宝藏。溯所从来，惟祖父贶。乃瞻松柏，乃蔚榛芳。崇封四尺，岿然并兴。房山奕奕，维神之宅。圣水汤汤，绕墓之堂。墓堂孔安，翳谁之力。刊石作铭，子孙是式。

大清道光十有九年四月谷旦九世裔孙炜等立石

碑刻说明

清刻。在北庄村西南萧氏家族墓。拓片高 100 厘米，宽 61 厘米。碑额正书"水源木本"。

碑文考释

萧炜，萧九皋云孙。《尔雅·释亲》：父之子为子，子之子为孙，孙之子为曾孙，曾孙之子为玄孙，玄孙之子为来孙，来孙之子为晜孙，晜孙之子为礽孙，礽孙之子为云孙，云孙之子为耳孙。

碑载，萧氏始祖萧九皋，二世祖萧鸣宇，三世祖萧如庭，官阶代起，门祚方兴。萧九皋兄弟辈萧九功，任山东禹城主簿；萧鸣宇兄弟辈萧鸣韶任训导；萧如庭任甘肃仓大使。

四世萧纯臣，五世萧蕙。六世萧天琮，为萧炜曾祖，务农桑。生子萧镕，为萧炜祖父，生子5人：长门萧允升、次门萧允魁、三门萧允寿、四门萧允宁、五门萧允隆。萧允寿，萧炜之父。

萧允寿曾祖萧天琮，曾祖母刘氏。祖父萧镕，祖母蘧氏。父萧允寿，母刘氏，生4子：萧炜、萧熺、萧烈、萧煦。长门萧允升生5子：萧敏、萧牧、萧厂、萧政、萧灿。次门萧允魁生四子：萧兴、萧桂、萧峰、萧燕。四门萧允宁无子。

五门萧允隆生3子：萧煜、萧焙、萧照。

萧氏墓地，初在房山县城北4里的北庄村南，龙崄之峪若屏，沙河之溪如带，峦排古秀，水汇灵源。万历年间，萧九皋公卜吉于此，历二百六七十年，元堂翼翼，高冢累累。限于土满，萧氏另择墓地于坟山村北的栗园。

碑文说明立碑起因：

萧允宁，萧炜四叔；萧允隆，萧炜五叔。萧峰，萧炜堂弟；萧煕，萧炜四弟。

清道光十九年（1839）春，萧炜五叔萧允隆去世，萧炜另择于坟山村北的栗园葬之，萧炜四叔萧允宁原本葬于北庄村墓地，就此迁葬于坟山栗园萧允隆墓侧。萧炜堂弟萧峰、萧炜四弟萧煕早亡，原本也葬在北庄村墓地，随萧允宁一同迁葬于坟山栗原。

道光十九年（1839）四月，萧炜立碑于北庄祖茔，载明萧氏谱系和迁葬原委。

龙崄峪，房山旧志有载，具体地点不详。

康熙三年（1664）《房山县志·卷一·山川》："龙崄峪，县西北二十里，下有伏龙穴，穴有清和观遗址。"

民国十七年（1928）《房山县志·卷一·山川》："龙崄峪，城西北十里，见旧志。"

此碑载："初营兆于县城北四里北庄村之阳，龙崄之峪若屏，沙河之溪如带。"据此，应经北庄村地，北沙河以北，距房山旧城4华里。其地貌与康熙房山县志所载似不符，不知是否为同一个龙崄峪。

房山碑刻通志

青龙湖镇

在房山区东北。南邻阎村镇、西潞街道，东接丰台，北邻门头沟区，西邻河北镇、城关街道。古为燕国地，自西汉始历代属良乡县，其间北齐天保七年（556），良乡省入蓟县，一度属蓟县。武平六年（575），复置良乡县，又属良乡县。金明昌二年（1191），今青龙湖镇西部、北部划归奉先县神宁乡，东部、南部仍属良乡县。元初青龙湖镇西北部仍属奉先县神宁乡，元世祖至元二十七年（1290）改奉先县为房山县，青龙湖镇西部、北部属房山县。明代，仍属房、良两县。

清康熙，青龙湖镇有18村。其中房山县13村，良乡县5村。

清康熙三年（1664）《房山县志》在册村庄：南罐村（今南观村）、沙窝村、漫水河、新街口（辛开口村）、口头村、陀里村（今坨里村）、苑上村（大苑上村）、马家沟（今马家沟村）、焦家庄（焦各庄村）、石梯村、次尾（今北四位村、南四位村）、上万村、小幼营（今晓幼营村）。

清康熙四十年（1701）《良乡县志》在册村庄：马村（大马村、小马村）、豆各庄、崇各庄、果各庄、苑村（今大苑村）。

清光绪，青龙湖镇有28村。其中房山县18村，良乡县10村。

光绪十二年（1886）《顺天府志》在册村庄：南罐村（今南观村）、北车营村、口头村、新开口村（今辛开口村）、沙窝村、苑上村（今大苑上村）、马家沟村、坨里村、它里新房村（今坨里村）、岗上村、水峪村、漫水河、上万村、南次尾村、北次尾村、西石府村、常乐寺村、小儿营（今晓幼营村）。

光绪七年（1881）《良乡县志》、光绪十二年（1886）《顺天府志》在册村庄：大马村、小马村、刘家庄（今北刘庄村）、卢尚书坟（今芦上坟）、庙耳岗村、崇各庄村、大苑村、小苑上村、豆各庄村、果各庄村。

明国早期，青龙湖镇有30村。其中房山县18村，良乡县12村。

民国十七年（1928）《房山县志》18村在册。

民国初，房山划分五区，沙窝村属第一区；南次尾（今南四位）、北次尾（今北四位）、西石府、常乐寺（今常乐寺）、小幼营（今晓幼营）、焦各庄、上万村、水峪村、石梯村、大苑上、冈上村、北车营、属第四区；辛开口、漫水河、口头村、南罐村、坨里属第五区。民国五年（1916）二月改设九区，沙窝村属第一区；南四位、北四位、西石府、常乐寺、小幼营、焦各庄、上万、水峪、石梯、苑上、冈上、北车营、辛开口、漫水河、口头、南观、坨里属第三区。

民国十三年（1924）《良乡县志》12村在册。

民国四年（1915），良乡县划分八区，庙儿冈、辛家庄（今辛庄村）、果各庄、豆各庄、崇各庄、大马村、小马村、大西庄（今西庄户）、苑上村、卢尚书坟（今芦上坟），属第八北区（北刘庄漏载）。马家沟属第五西二区。

1958年设崇各庄人民公社。1961年设坨里人民公社。1983撤销崇各庄人民公社、坨里人民公社，分别设立崇各庄乡、坨里乡。1995年撤销坨里乡，设立坨里镇。2000年撤销崇各庄乡，设立青龙湖镇。2001年11月13日，撤销坨里镇，并入青龙湖镇。

青龙湖镇辖32村：晓幼营村、西石府村、常乐寺村、南四位村、北四位村、焦各庄村、北刘庄村、豆各庄村、庙耳岗村、大苑村、果各庄村、岗上村、辛庄村、小苑上村、芦上坟村、青龙头村、大马村、小马村、崇各庄村、西庄户村、坨里村、北车营村、上万村、口头村、沙窝村、大苑上村、南观村、马家沟村、石梯村、水峪村、辛开口村、漫水河村。

青龙湖镇上万村为千年古村，谷积山为千年佛教道场，该镇尚有常乐寺、明姚广孝塔、明司礼监太监王安墓、清惠亲王墓、清奕绘贝勒园寝、清常明墓、清孙国玺墓、七斗泉药王洞等古迹。

本卷收录青龙湖镇碑刻39件，分布于北车营、常乐寺、上万村等10村，其中北车营21件、常乐寺6件、上万村2件、崇各庄2件、豆各庄1件、坨里村1件、北刘庄1件、大马村1件、沙窝村1件、口头村3件。收录碑文37篇、碑阴题2则、墓题1则、洞题1则。

北车营

在青龙湖西北。东邻上万村，西邻河北镇三福村，南邻辛开口村，北邻门头沟区。古属上万村，清康熙以前无此村。清康熙三年（1664）《房山县志》青龙湖镇13村在册，康熙四十年（1701）《良乡县志》青龙湖镇5村在册，均无北车营村。

清中晚期，北车营村脱离上万村独立成村，属房山县。光绪十二年（1886）《顺天府志·卷二十九·地理志十一·村镇三·房山县》："四十里，北车营村。"

民国初，房山划分五区，北车营村属第四区。民国五年（1916）二月改设九区，北车营属第三区。今属青龙湖镇。

北车营村北有谷积山，为房山区东北著名的佛教道场。谷积山灵鹫禅寺始建于唐末五代，辽金称谷积山院，元代分布着8座佛寺，最著者为灵岩寺。明代有敕赐佛寺5座，分别是灵鹫禅寺、谷积庵、般若禅寺、圆通寺、广智禅寺。今灵鹫禅寺、圆通寺之圆通殿、辽谷积山院舍利塔、明谷积庵舍利塔、般若禅寺寿塔尚存。

本卷收录北车营碑刻21件：辽代2件、金代2件、元代5件、明代11件、民国1件，其中收录碑文19篇、碑阴题2则、墓题1则、洞题1则。

〇六七　大辽析津府良乡县张君于谷积山院读藏经之记

当山疏主崇禄大夫守司徒通慧大师赐紫沙门守臻
当山提点宣法大师赐紫沙门恒薑

昔金仙氏在于世也，阐扬大法，诱导群愚，以救拔为怀，以慈悲为念，久于其化，虑人兴厌怠之情，复归于无，示众以寂灭之理。自双林入涅之后六百余载，而教流于震旦。教来而有像，像设而有寺，寺建而有藏，藏置而如来方便之言、善巧之说、秘密之咒、开悟之文，于是乎在。苟能发心瞻仰，稽首归依，乃至闻一偈一句者，尚获福无量，何况延召缁法，办设香供，年读一经，周而复始，无穷尽之时者，其功德限际岂可道哉！谷积山院，燕地之胜概也。左临桑水，却枕方山。千重之林薄萦纡，四面之峰峦掩映。幅圆数里，俨类仙居，昼夜六时，恒闻梵呗，轨仪严整，徒侣精勤。加以兴善崇胜司空大师怀本，提振而主领之，由是邑落忻怡，檀信归慕，顷以善众，特市良材，于此净坊，创彼华藏，饰焜煌之金碧，炫间杂之丹青，虽绣栭云楣，素尽庄严之具，而宝函钿轴，谁兴览阅之心？清河张君，讳文绚，良乡县之绣户也，妻田氏，皆性钟纯，吉名闻乡间，家有余资，靡好奢华之乐，身惟积善，颇信浮图之法。越十日，谓亲族曰："我兴佛刹，饭僧徒，修植善根，鸠集福聚，固亦多矣。然于藏典，似阙胜缘。"乃启白司空大师，议于谷积山院，请众僧侣读《大藏经》，便从今年四月十五日为启读之始，他时亦然。乃将县北公村别墅一所，田土园林，约近陆柒倾，庄院房舍，依旧住佃，据所收地利、斛粟、果实等，并元买券契，共壹拾陆道，并分付院司常住收附，以充逐岁蒻流蒲塞之费，约曰："若僧徒不怠，经课无阙，及不别将货卖典质，他后子孙无得取索，苟或反此，取之可也。"仍刻贞珉，以贻后来者，置于院之文绚地。噫！凡人帑禀盈溢，衣食丰足，鲜不以声色弋猎自娱，而张君能去此取彼，亦难事矣。是知富而不奢，积而能施，义也。舍今生爱，求过去福，智也。虑身后事，立石为约，信也。五常之中，而有三焉，所谓淑德善人者矣。觉，京邑居闲，实多余暇，因参谒司空大师，坐次从容话及张君看读藏教，备给资缘，以文见托，余亦美其为人，故不复牢让，信笔直书，扬君子之风，且旌于善道，辨外孙之字，假之于好辞。

时大康四年岁次戊午四月甲辰朔十五日戊午行中书舍人前知营州军州事陈觉题

南昌村张文绚　妻田张氏　故□歧妻□□□女李张氏　次孙女贾张氏　孙男观音奴　将仕郎守均州参军张惟白书并篆额　河南郡宫士全刻

大康七年岁次辛酉四月戊午朔十日丁卯丙时建

碑刻说明

辽刻。在北车营村谷积山灵鹫禅寺普光明殿后。碑高245厘米，宽94厘米，厚33厘米。碑额篆书"大辽析津府良乡县张君于谷积山院读藏经之记"。"大康七年岁次辛酉四月戊午朔十日丁卯丙时建"镌于碑右侧面，这在古碑中不多见。此碑碑阴额书"师德华严华七处九会千人邑会之碑"。碑文记载了谷积山院辽大康年间该寺结千人邑事，现字迹风化，难以辨认。

碑文考释

"谷积山院，燕地之胜概也。左临桑水，却枕方山。千重之林薄萦纡，四面之峰峦掩映。幅圆数里，俨类仙居，昼夜六时，恒闻梵呗，轨仪严整，徒侣精勤。"这是辽道宗大康年间谷积山院的真实写照，环境清幽，离尘脱俗，轨仪严整，井然有序，僧徒精勤，一派兴旺。

寺院住持怀本，道宗御赐"兴善崇胜司空大师"之号，在燕京佛教界身份崇显。他"提振而主领"谷积山院，"由是邑落忻怡，檀信归慕"，燕京、良乡县信众自发结"师德华严七处九会千人邑会"，自辽以来，进入全盛。

"顷以善众，特市良材，于此净坊，创彼华藏"，"于此净坊"应是指谷积山院内设坊，"创彼华藏"，创刊《大藏经》。

碑文记载，刊成《大藏经》后，僧人把奉安《大藏经》的殿堂装饰一新："饰焜煌之金碧，炫间杂之丹青，虽绣栭云楣，素尽庄严之具。"

"而室函钿轴，谁兴览阅之心？"钿轴，银、玉、贝等物的卷轴。一件件卷轴，珍藏于经函内。可见，谷积山院刊印的《大藏经》为卷轴装帧。

《大藏经》刊成10天，良乡县绣户张文绚、妻田氏，良乡县南吕村人（今房山区有东南吕、西南吕2村），找到当寺住持怀本，请求山院僧人诵读《大藏经》，自大康四年（1078）四月十五日开始。

碑文这样记载："越十日"，良乡县绣户张文绚"乃启白司空大师，议于谷积山院，请众僧侣读《大藏经》，便从今年四月十五日为启读之始"。由此可知，"今年四月十五日"，即大康四年（1078）四月十五日，此时这部《大藏经》刊成。故谷积山《大藏经》应刊成于大康四年（1078）春。四月十五日，为佛吉祥日，故张文绚与司空大师商定，自此时开始诵读《大藏经》。

辽道宗时，曾创刊一部《大藏经》，称《契丹大藏经》，简称《契丹藏》，辽道宗咸雍四年（1068）三月，刊于北京西山大觉寺，时称旸台山清水院。当年，南阳居士邓从贵，舍钱30万，修缮清水院，又募50万刊印《大藏经》凡579帙，这就是《契丹藏》。

谷积山千人邑会善众施金刊印《大藏经》，距《契丹藏》刊印仅仅10年，这是辽代继旸台山清水院刊刻《契丹藏》之后，刊印《大藏经》的又一重大事件，碑文称"创彼华藏"。谷积山刊印的这部大藏经为独立创刊，应不是清水院所刊《契丹大藏经》的复刻。

谷积山创刊《大藏经》，无疑是中国佛教史上的一个重要事件。此前一向未引起学术界重视。学术界认为，辽代惟一的一部《大藏经》是清水院雕刻的《契丹大藏经》，而不知此后十年，尚有谷积山《大藏经》出现，期待机缘巧合，发现存世的谷积山《大藏经》。

当年，张文绚夫妇，把良乡县北公村别墅1所，田土园林，约近六七顷，庄院房舍，依旧住佃，据所收地租、果实等施给山院，并把原买券契共16件，交结谷积山院保存。与怀本相约："若僧徒不怠，经课无阙，不将房屋土地转卖、典质，日后子孙不得反悔索要。否则，可以追回。"

为此怀本请中书舍人前知营州军州事陈觉于大康四年（1078）四月十五，谷积山《大藏经》开读那一天，撰写《大辽析津府良乡县张君于谷积山院读藏经之记》，述明此事原委。大康七年（1081）四月十日镌碑，立于谷积山院。

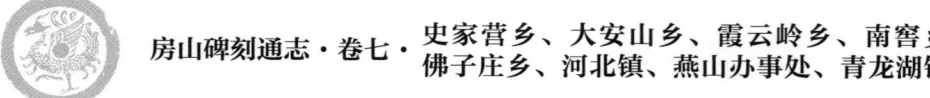
史家营乡、大安山乡、霞云岭乡、南窖乡
佛子庄乡、河北镇、燕山办事处、青龙湖镇

"当山疏主崇禄大夫守司徒通慧大师赐紫沙门守臻":

《大辽燕京西大安山延福寺莲花峪更改通圆通理旧庵为观音堂记并诸师实行录》:"永泰寺内殿忏悔主检校太师行鸿胪卿通悟大师者,师讳恒简,姓高氏,蓟州玉田县三女河人也,母王氏。在襁褓间喜见佛事,稍长志慕出家,遂礼燕京永泰寺疏主臻公为师,与通理策师同门尔。"

"燕京永泰寺疏主臻公"即守臻,此人常住燕京永泰寺,石经山刻经的通理字恒策,与通悟字恒简均是守臻弟子。

《大辽国燕京永泰寺崇录大夫检校太尉传菩萨戒忏悔正慧大师遗行灵塔记》:"大师者,俗姓齐氏,本永清县求□里齐公之季男也。自为幼童,天分灵异,不为髫发。尔后厌居俗室,志乐空门,出家礼燕京天王寺三藏为师,遇恩受具。……自后回礼永泰寺□守司徒疏主大师为师。""永泰寺□守司徒疏主大师"亦应为守臻,看来正慧与通理亦师出同门,正慧的弟子为"善"字辈,与通理弟子同辈,正慧和通理为师兄弟。正慧出生于辽兴宗重熙十一(1042),通理出生于重熙十七年(1048),正慧长通理6岁,应先于通理入燕京永泰寺,为通理师兄。

"当山提点宣法大师赐紫沙门恒薑",恒薑与通理同为"恒"字辈,亦应与通理同门,为守臻门下弟子。

疏主,是详细注解佛经的硕学高僧。守臻原本常住永泰寺,为法眼宗的重要人物,辽晚期法眼宗高僧通理、通悟、正慧、恒薑,均出自永泰寺,同在守臻门下。

从谷积山院刊印《大藏经》的情形看,守臻作为燕京高僧,应因谷积山刊辑《大藏经》,暂离永泰寺,而移往谷积山。

〇六八　咸雍六年正月二十日帖判

(缺文)有平州僧人(缺文)成年(缺文)长□三年分置到上万村庄子,至天成三年上代先师于山院并上万村庄土建立下幢记,自后去清泰元年先师思行弟子鉴圆因舍施衣钵于在京买置到院子,创起谷积山下院,无照券到在案,抄白到山院并上万村庄子两处幢记年分，并皆是实，其在京时和坊院子是僧鉴圆置到，就下院起立三纲常住，兼清宁二、三年，于良乡县创常住典库，亦是山院僧惠泰舍施钱肆佰贯，并无徒弟同立契，把衣盂□马于张阿朱处借钱伍佰□文起到常住典库，并不是在京下院僧人经求营置，相度不合□割。

今下燕京留守司指挥只勒谷积山于上院起立常住，在京依旧，□下院准备□□僧人往来时暂居止所，据□自来在京院内居住僧众并□堂底发送赴上院，一就通堂住持若是内有不欲赴院人等，只勒依旧□山，更不得破□常住，物料供给，只勒伊等自营。□□□合□并命当堂常住在□典库僧人等并□上院住持戒众□□同案□有□德音□人等就便会到申券据在京下院内，今□僧人□□佛事房院□仰上院□□应依时供应，□□及行替换□有官中并僧司及□处诸□□□只仰元券赴在京看院僧人□就便承□□。

有元案人义莹招伏，不合诣钟虚指论确，虽准请罪，并称蒙朝廷断无管系庄院起立三纲常住，理合勒义莹招伏，番论朝廷□□依犯□□德音已前只据所招不合于今年七月并有□告留守司□□□下院□□抑□上□合决臀杖□□仰勾取准上□□外庄。

义莹于重熙十一年分作著常住□僧人□到□多□□□□□□因□俱不处分，据自来在京院内居止僧众，准上发送赴上院依旧上据房院其义莹只招，亦论断合决臀杖拾柒，又缘经□年前十月德音亦合原免，又照验到方岩、义莹等各招不合称留守司错断生断，及有不伏罪戾，缘即目捡会前次元断咨状却有更□不同详情可察，亦不处分，付留守司准此，仰照验所奉头子内因依施行，不得有违错失。

右具如前帖，仰切准奉留衙指挥并头子内因依施行，不得有违。

咸雍六年正月二十日帖判

管内右街僧□□正大师　燕台士张惟白书　燕京宫士全刻

时大康七年岁次辛酉四月戊午朔十日丁卯丙时建

碑刻说明

辽刻。在北车营村谷积山灵鹫禅寺，2012年重修灵鹫禅寺时出土。

碑文考释

这是燕京留守司的判决书。辽代谷积山院，燕京（今北京）时和坊有下院，下院诉上院，要与上院平分财产。经燕京留守司查实，下院属无理取闹，企图诬告侵财。

原来在唐末，平州僧人思行买下上万村庄土，创建寺院。后唐天成三年（928）寺院住持思行，在寺院并上万村庄土上建立石幢，把买地建寺的原委详细记载下来。清泰元年（934），思行弟子鉴圆舍施衣钵在幽州城（燕京）时和坊内，买置院子，创建谷积山下院。上述买地建院事，并无照券，而是记载在山院和上万村庄子两处幢记，年份事件，记载分明。

僧鉴圆置创下时和坊院子，为谷积山下院，他在下院起立三纲常住。这都是五代时期的旧事。辽兴宗重熙十一年（1042），义莹任时和坊下院住持。

辽道宗清宁二、三年（1056、1057）间，谷积山院僧人惠泰舍施钱400贯，在良乡县城内，创建常住典库，又称典当行、当铺，惠泰从张阿朱处借钱伍佰千文，起到常住典库，为经营资本。

惠泰施金经营典当，以为谷积山院生计，这件事原本与燕京下院毫无干系。不料，时和坊下院住持义莹纠结僧人德音、方岩，诬告谷积山院，诉求与山院分割庄产，并分享典库红利。受理此案的燕京留守司，察明实情，秉公而断，驳回义莹讼状，将义莹、德音，各决臀杖17，维护了谷积山院的合法权益，并下达《咸雍六年正月二十日帖判》。

此帖判，于大康七年（1081）四月十日镌碑，立于谷积山院。此碑与《大辽析津府良乡县张君于谷积山院读藏经之记》立于同年同月同日。书碑人、刻碑人亦是同人。

《咸雍六年正月二十日帖判》没有提到谷积山院住持怀本，毫无疑问，怀本在这场财产官司中起到了至关重要的作用。

此碑的重要之处在于，记述了谷积山院开山的早期可信史料，并辽代的重要史实。比如，辽道宗年间，谷积山院僧人，曾在良乡城内开办典当行，辽代谷积山院与时和坊下院的关系等等。

〇六九　谷积山院建佛顶尊圣陀罗尼幢

大世法非坚成而可坏情身，实幻生而复死。今自故寺主者讳继昭，俗年七十九，夏腊五十二，俗姓身氏本在燕京崇福寺受业，性乐山居，驻锡兹焉，自幼出家，勤心守志，专以持诵为业，唯念《法华》，可周满万部，其余诸经不可具载。自神迁已，有门人长寿为报师训诲之恩，特建胜幢一座，愿斯功德普洽，群生咸胜缘，同登觉岸，陵谷变迁，及于万劫，此师之幢岿然独存。

天眷元年岁次戊午十二月癸丑朔八日庚申时建

碑刻说明

金刻。在北车营村谷积山灵鹫禅寺，2012年重修灵鹫禅寺时出土。该石经幢仅存幢身，高97厘米，幢身呈八角直棱形，汉白玉质，纵向由两片拼成制，座与盖现均无存。幢身8面，上下端线刻蔓草纹。其中大面共4面，宽16厘米，小面共4面，宽9厘米，直径30厘米。

碑文考释

谷积山院金代史料原是空白，金天眷元年（1138）十二月八日《谷积山院建佛顶尊圣陀罗尼幢》的出土，提供了金代早期珍贵史料。考此幢，金初谷积山院山住持名继昭，自幼出家，在燕京崇福寺受业，勤心守志，专以持诵为业，唯念《法华》，可周满万部，其余诸经不可具载。性乐山居，驻锡谷积山院，享年79岁，夏腊52。门人长寿为报师恩，建胜幢一座葬之。

以建幢年为其卒年计，继昭应生于辽道宗清宁五年（1059），其出家为僧应在辽道宗咸雍年间（1065—1074）。辽亡的保大五年（1125），继超66岁，这一年恰是金天会三年（1125）燕京一带归金，入金后，继超历13年圆寂。幢记说他自幼出家于燕京崇福寺，性乐山居，来到谷积山院驻锡，做了住持。从情形看，他到谷积山，不会晚于辽大安、寿昌（1085—1100）年间，他大半生光阴是在谷积山院度过的，他自道宗历天祚帝，到辽亡国而入金，是由辽入金的重要僧人。继昭圆寂，继任住持谷积山院的，应为其弟子长寿。

○七○　悟玄墓志

大金谷积山院故

长老悟玄大师

皇统八年三月廿七日志

碑刻说明

金刻。现存于北京首都博物馆。1973年出土，汉白玉质，正方形，一边长78厘米，一边长76厘米。无题，题为添加。

碑文考释

"大金谷积山院故长老悟玄大师，皇统八年三月二十七日志。"

悟玄，有大师称号，应属皇帝赐号，辽、金号称"大师"，均为皇帝封赐，表明在僧界高显的身份。悟玄，是谷积山院的一位长老，下葬于金皇统八年（1148），比继昭圆寂晚10年左右。由此推断，他也应该是在谷积山院由辽入金，经历继昭、长寿两位住持，他圆寂入葬的皇统八年（1148），当寺住持应为长寿。

○七一　宣赐栗园圣旨之碑

长生天气力里，大福阴护助里皇帝圣旨

军官每根底，军人每根底，城子里达鲁花赤、官人每根底，来往的使臣每根底，宣谕的圣旨：

成吉思皇帝、月怯帖皇帝、薛禅皇帝圣旨里"和尚每，也里可温、先生每，荅失蛮每，不拣那里官司差发不当告天为祝寿者"道来。如今呵依着在先圣旨体例里，不那里官司差发不当，告天为祝寿者么道。

大都近西房山县神宁乡上万里谷积山里有的灵岩禅寺里有的赟宗主，把着行的圣旨，为了也这的每，寺里他的房舍，使臣休安下者，铺马、祇应休拿要者，税粮休为者。但属寺里的田地、园林、水磨、店铺、解库、浴堂，不拣甚么，他休夺要者。更这和尚每倚道有圣旨，没体例的勾当，休做者，做，他每更不怕那！

圣旨俺的

宝

猴儿年润十一月十三日

大都有时分写来 宗主戒赟 立石

佛局直长成甫秀刊

碑刻说明

元刻。在北车营村谷积山灵鹫禅寺，2012年重修灵鹫禅寺时出土。

碑文考释

"长生天气力里，大福阴护助里皇帝圣旨"。

"长生天"，是蒙古族所奉萨满教之最高神。"气力"，蒙古语义为"力量"。"里"方位词，对译于蒙古语名词位格后缀 –dur，犹"仰仗""托赖"。义为"福、权势"，白话碑文除一例译作"洪福"外，其余均译作"福荫"。句末manu是蒙古语后置的第一人称代词复数领格，白话译文通常不译。此句意思是，"仰仗长生天的力量，大福荫的庇佑皇帝圣旨"，犹汉语文言的"上天眷命，皇帝圣旨"。

"军官每根底，军人每根底，城子里达鲁花赤、官人每根底，来往的使臣每根底，宣谕的圣旨："

"根底"对译于蒙古语名词与－位格后缀 -da/-a、-de/-e，表示动作对象，犹"向""对"。

"成吉思皇帝、月怯帖皇帝、薛禅皇帝圣旨里"：

依次称引自成吉思汗至历任皇帝的圣旨。"成吉思皇帝"，孛儿只斤·铁木真，蒙古帝国可汗，尊号"成吉思汗"，意为"拥有海洋四方的大酋长"。月怯帖皇帝，元太宗孛儿只斤·窝阔台，蒙古帝国大汗，史称"窝阔台汗"，元太祖成吉思汗的第3子，元太祖二十年（1225）受封于也儿的石河（今额尔齐斯河）上游和巴尔喀什湖以东一带，建斡耳朵于也迷里城（今新疆额敏县）。拖雷二年

（1229）忽里台大会被拥戴登基，管理整个蒙古帝国。薛禅皇帝，元世祖孛儿只斤·忽必烈，托雷第4子，元宪宗蒙哥弟。大蒙古国的末代可汗同时也是元朝的开国皇帝。蒙古尊号"薛禅汗"。

"和尚每，也里可温、先生每，荅失蛮每，不拣那里官司差发不当告天为祝寿者道来。"也里可温，景教徒。先生，指道士。荅失蛮，回教徒。

全句意思是，成吉思汗、太宗皇帝、世祖皇帝圣旨里，僧人、景教徒、道士、回教徒，不承担任何赋役，祷告上天，为皇家祈福祝寿。

"如今呵依着在先圣旨体例里，不那里官司差发不当，告天为祝寿者么道。"

意思是：如今遵依前朝已降圣旨，蠲免一切赋役，为皇家祷告上天，祈福祝寿。

"大都近西房山县神宁乡上万里谷积山里有的灵岩禅寺里有的赟宗主"：北京元称大都，房山县在大都之西。神宁乡，金大定二十九年（1189），割良乡县西北部分土地归万宁县，明昌二年（1191）改奉先县，再割良乡县部分土地。金代设奉先县神宁乡，包括今青龙湖镇、河北镇、南窖乡、佛子庄乡、大安山乡、霞云岭乡、周口店镇、城关街道。元世至元二十七年（1290）改奉先县为房山县，神宁乡不变。今青龙湖镇北部属古上万里。上万里以上万村为核心，上万村为汉唐古村，为青龙湖镇可考的最古老的村庄。自唐、五代至元谷积山均属上万村，今北车营村地界，原属上万村。北车营村清代中晚期形成。灵岩寺，辽金称谷积山院，元改称灵岩寺。赟宗主，即灵石岩住持戒赟。该僧在灵岩寺时候，不会晚于元世祖至元年间，其任住持多自成宗始。

"把着行的圣旨，为了也这的每"，意思是：为了赟宗主住持的灵岩寺降下圣旨。

"寺里他的房舍，使臣休安下者，铺马、祗应休拿要者，税粮休为者。但属寺里的田地、园林、水磨、店铺、解库、浴堂，不拣甚么，他休夺要者。"

不拣甚么，不论是谁。

意思是："灵岩寺的房屋，使臣不得居留；铺马祗应不须提供；税粮无须缴纳；寺里的田地、园林、水磨、店铺、解库、浴堂，任何人不得仗势侵夺。这是晓谕灵岩寺的财产、权益不受侵犯。

"更这和尚每倚道有圣旨，没体例的勾当，休做者，做，他每更不怕那！"

"那"是元代汉语常用的表反诘语气的助词。

意思是：岩灵寺的和尚也不得自恃持有圣旨，做违法乱纪之事。如敢做，他们岂不知害怕！

"圣旨俺的"，意思是：圣旨是我的。犹言"钦此"。

"宝"，皇帝玉玺。

"猴儿年润十一月十三日，大都有时分写来。"

此碑立于元仁宗延祐二年（1315），元代皇帝圣旨必降于此年前。

猴儿，地支为申。元早期白话圣旨，均历数降圣旨皇帝以前皇帝。仁宗皇帝圣旨称："成吉思皇帝、月阙台皇帝、薛禅皇帝、完者笃皇帝、曲律皇帝圣旨里。"〔皇庆元年（1312年）《河南登封少林寺圣旨碑》〕

此圣旨列了"成吉思皇帝、月怯帖皇帝、薛禅皇帝"，如前文所述，成吉思，为元太祖成吉思汗；月怯帖皇帝又作月阙台皇帝，为元太宗窝阔台；薛禅皇帝，为元世祖忽必烈。那么，此圣旨为元成宗圣旨，成宗时，地支为申的猴年，惟有丙申年。丙申年，为元贞二年（1296）。

可见，此圣旨下达时间为元成宗元贞二年（1296）岁次丙申闰十一月十三日。

"有时分"是蒙古语动词 bu 的形动词现将时位格形式 bugu-dur 的直译，义为"在……的时候"。

这句话的意思是"写于大都"。

"宗主戒赞立碑。"

此圣旨降给戒赞。世祖忽必烈驾崩，成宗即位仅仅一年时间，便降旨给灵岩寺，护持该寺。说明该寺在当年是很有影响的佛教道场。而戒赞住持该寺应不晚于世祖至元年间，其入寺时间要更早。成宗降旨后，历武宗，至元仁宗延祐二年（1315），时隔19年，戒赞立碑，将圣旨镌于碑上。

刊碑者成甫秀，为"佛局直长"，应是佛局的主官。"佛局"，无考，《元史》无此职。

碑阴

房山县上万谷积山灵岩禅寺地土园林之记

住持清惠普济大师

谷积山寺重修佛殿一座三间，西藏经殿一座；山神一所；方丈、香积、大小僧房数间。山林四至，东至栗峪，南至阧道子，西至大岭，北至分水岭。

上万灵岩寺重修佛殿内毗卢圣像、壁益八十四龛□□，供具全。前殿内壁益一百二十贤圣。藏经、供具全。观音伽蓝一所，创建方丈一座五间，茶寮、真堂三间，旧方丈三间，库司三间，□□三间，云堂、香积、三门，两廊相对数十余间，革故鼎新。

本寺赡庄地土，寺北栗园一所，东至里民藩垣，南至寺前道南涧，西至城子山，北至山脚。

本村内庄窠一所，计地一十三亩。东至关甫墙，南至道，西至兴胜院，北至道。

兴胜院前菜园白地一段十亩，东至李社长墙，南至道，西至菜园西道，北至自。

本村内庄窠一所，计地亩半。东至张大，南至道，西至李三，北至园。

村东南果园一所，计地捌拾亩，东至张进，南至涧，西至李，北至坟。

大师园果地一段，计地壹拾亩，东至李大，南至涧，西至李，北至李大。

鳌子埚涧南枣栗园一段，计地二十五亩，东至王五，南至坡，西至李四，北至自。

鳌子埚枣栗梨园一段，计地□顷伍拾亩，东至□四，南至□□，西至合福院，北至涧水心。

黑子胡同口前一段，计地□□亩，东至□坡，南至李四，西至王家，北至道。

西枣园一段，计地五十亩，东至□□，南至分水岭，西至兴胜院栗园，北至涧。

黄城岭西栗园一段，计地□□亩，东至□义和，南至湖南坡，西至河滩，北至山脚。

石湖寺一处，佛殿山神一所，山林四至，东至鹅寨分水岭，南至香炉台，西至利峪，北至分水岭。

提点明善　山主戒知　监寺戒柔　维那显政　副寺戒荣

皆大元国延祐二年岁次乙卯辛巳乙酉日　住持宗主赟吉祥立石

宗名　性相戒定惠　正真圆满觉　本寺五戒陈大　妻杜氏　女喜□

碑文考释

此碑翔实记载了元仁宗时，谷积山的寺院和田产的分布情况。

谷积山中有谷积山寺、上万灵岩寺、观音伽蓝、石湖寺、兴胜院5座寺院、1座山神庙。

谷积山寺，重修佛殿1座3间，西藏经殿1座；西神1所；方丈、香积、大小僧房数间。山林四至，东至栗峪，南至阧道子，西至大岭北分水岭。

上万灵岩寺，重修殿内毗卢圣像、壁佛84龛，供具全。前殿内壁奉120贤圣。藏经、供具全。

观音伽蓝1所，创建方丈1座5间，茶寮、真堂3间，旧方丈3间，库司3间，□□3间，云堂、香积、三门，两廊相对数十余间，革故鼎新。

田产，本寺赡庄地土，寺北栗园1所。本村寺内庄窠1所，计地13亩。兴胜院前村菜园白地1段10亩。本村里内庄窠1所，计地亩半。大师园果地1段。鳌子堝涧南枣栗园一段，计地25亩。鳌子堝东枣栗梨园一段，计地□顷50亩。窑子胡同前1段。西枣园1段，计地50亩。黄城岭西栗园1段。

石湖寺1处。佛殿山神一所。山林四至：东至鹅寨分水岭，南至香炉台，西至利峪，北至分水岭。

提点明善，山主戒知、监寺戒柔、维那显政、监寺戒荣。

"住持宗主赟吉祥立石。"宗主，宗主诸寺。住持宗主，即谷积山诸寺的总住持。戒赟，号吉祥。

戒知、戒柔、戒荣、戒定，均与戒赟为同辈师兄弟。明善、显政为谷积山住僧。

立碑时间为元仁宗延祐二年（1315）。此前，戒赟曾分别重修了谷积山寺、上万灵岩寺。此碑的出土，丰富了元代继成宗元贞二年（1296），历武宗，至元仁宗延祐二年（1315）20年间的史料。

房山碑刻通志·卷七·史家营乡、大安山乡、霞云岭乡、南窖乡 佛子庄乡、河北镇、燕山办事处、青龙湖镇

〇七二　大都谷积山新作罗汉石室记

至正甲申冬，大府太监朱完者帖木儿游西山，访石室，其二窦东西相对，间可五丈，其北崖壁立，君谓居僧妙宏曰："自有宇宙，便有此窦，所谓天作地藏以遗其人者也。如作石佛像居之北崖，以朝二室之僧，且与室相称，攸久足为不朽之功矣。"即募巧匠，采白石而为之释迦世尊，左右补处，南面居中，而十六大阿罗汉以次分列焉。明年春，监随路总管府金鼎住见之曰："岂有其徒室处，而其师露居者乎？"又谋于宏，凿其崖而室之，其制方丈，厝其像于中。又接屋其前，以待风雨。焕丹碧以严饰，勤香火以瞻礼，恍若瞿昙和尚复生于耆阇崛山也。既而二君请予纪，尝观造像设者多范金铁，饰之珠玉，守者或怠，辄为人窃去锁毁。力苟不足，乃用土木，其泥塑木刻，易至圮坏，几于亵慢，岂如石像坚重简质，且无后虑者哉？予又闻之佛者曰：世界有成坏谓之劫。夫自天地开辟，几千万年而释氏生，释氏没今且数千年，而世界自若也。不知又经几千万年而世界之至于坏乎，予知夫此像此室当与此山相终始，而此山又与此世界同成坏。则二君之功，其可谓不朽欤！姑叙其事，以纪岁月云。

碑刻说明

元刻。在北车营村谷积山灵鹫禅寺，已佚，据高丽文人李谷所著《稼亭集》卷之四。《稼亭集》为李谷的诗文集，共20卷4册。朴尚衷编撰、刻版。因年代久远，原版毁损严重，于是1635年其后裔基祚重印。收录了年谱、杂录、杂著、记、碑、说、跋等。

碑文考释

罗汉石室，南邻三学洞，在谷积山西北山峪中。此峪南进北止，山峪尽头即罗汉石室所在。石室南敞，原奉释迦牟尼、16罗汉。已佚。

至正甲申，至正四年（1344）。

瞿昙，释迦牟尼的姓。一译乔答摩。亦作佛的代称。

耆阇崛山，梵语的译音，又译为灵鹫山、灵鸟山、灵鸟顶山。在中印度摩揭陀国王舍城东北，为释迦牟尼说法之地。

据此碑，至正甲申冬，即元至正四年（1344）冬，大府太监朱完者帖木儿游西山谷积山，见两个小洞东西相对，距5丈，北面山崖壁立，他对住僧妙宏说："自从有宇宙以来，就是有这两孔石洞，这是天作地藏留给世人的。假如造石佛像奉在北山崖上，正好面向两孔石洞的住僧，与旁边的石洞十分相称，可以长久保留。"于是招募巧匠，开采白石，造释迦世尊南面居中而处，16大阿罗汉以次分列于左右。题名"罗汉石室"。

至正五年（1345）春，监随路总管府金鼎住前来谷积山，见到新造的佛像，说："岂有佛门弟子在洞室居住，佛却露宿崖畔的？"金鼎住与住僧妙宏商议，开凿一丈见方石崖洞室，把石佛像安置在洞室内。又在崖前接崖筑屋，以避风雨。将崖屋加以彩饰，由住僧勤奉香火瞻礼，就如佛祖复生天竺国耆阇崛山。

工竣，朱完者帖木儿、金鼎住请高丽人李谷作记立碑于罗汉石室前。

元大都汉族文人很多，而太监朱完者帖木儿、监随路总管府金鼎住二人偏偏请高丽人李谷作记，此二人很有可能是高丽人。仅此存疑。

○七三　　大元敕赐上万谷积山灵岩禅寺碑

翰林侍讲学士中奉大夫知制诰同修国史臣李好文奉敕撰

翰林学士承旨荣禄大夫知制诰兼修国史知经筵事臣许有壬奉敕书

翰林学士承旨荣禄大夫知制诰兼修国史臣张起岩奉敕篆额

恒山之北二百里，碪崿嶙崒，郁然而直上者，是为涿之房山。去夷蹑险，可半舍许，山益危，景益胜，石或断而平，若离若合，若斗若怒，林麓回薄，度可为基构者，周十余里，埃壒迥绝，人迹罕至，顾惟逃虚茹苦之士，尝往而留焉。其居为八兰若，中为灵岩禅寺。寺初为谷积山院，有石刻辽大康中读藏经记。迹其始，五代唐天成中已不知所起，历金迄我朝元统、至元，又二百有余岁，栋宇存者十不三四，支柱旁倚，诵呗阒然。有张氏者，中贵人也，自言梦至兹山，见诸佛像悉委草莽，且往视之，果与梦协，为之怆然，白其事荣禄大夫、资政院使高龙普，龙普曰："嘻！信如是耶？吾其为大檀越乎！"即驰往，相攸手额以祝曰："蝼蚁臣龙普，臣所以安居暇食，致位华显，休美无极者，皆吾圣天子、皇后、太子乾坤之仁、海岳之大，是庇、是覆、是煦、是育之所致也。臣龙普将何以仰报万分之一？唯事乘教，广作利益，庶可上祝三宫衍圣子神孙，亿万斯年无疆之福，臣不胜致愿。"乃至正六年夏五月，出己帑庀事，戒工画作夜，惟凡黯闇者新之，腐折者易之，其加于旧者曰毗卢殿，曰罗汉殿，曰禅室，曰宾次，曰钟阁，曰斋厨。井一，凿石深百有五尺。于是云飞山涌，金碧晃耀，非昔日之灵岩矣。明年春三月十五日寺成，设华严大会，燃灯十万，饭僧千人。以落之初，寺惟僧一人守之，至是集者殆满百数。天子闻之，制以高丽僧天湛为海印圆明通教妙德长老大师，以统其众。师容仪清朗，轨行修洁，学者咸尊礼之。中书右丞朵耳直班传旨，命翰林臣记其事。臣好文，再拜稽首而言曰："昔者先王以道德为教，使人服仁怀义，向善背恶，以养父母，以事君上，随所识知，以献其力。虽其趣尚不同，其为忠孝无以异也。佛以清净为宗，精进为业，其说盖亦本于孝敬化人，以善解去迷闇，授以至乐，此震旦之所以风从，有生之所以雷动也。洪惟我国家圣祖神宗，光宅中土，继继承承，垂亿万祀，措天下于磐石之安，跻生民于仁寿之域，未始不以生物为心，爱人为德，故于不杀之教，尤所敬信。是以祇园梵刹，缔构相望，舆金辇馎，不劝而至，其教之感人者如此。抑，臣闻之，夫人能舍所欲，而至于无欲，以其道胜而惑已也。道胜则理明，惑已则知义有重于欲也。知所重则其舍者，虽灭其身而不靳也。况外物乎？彼攘人之有以自封殖，爱欲如山而不能自拔者，其智愚之相去为如何哉？为之铭曰：

人之蚩蚩，狁嶽眇微。摘埴索闇，颠倒冥施。湍决塞驶，西东南北。刑狴莫禁，而事口舌。系大雄教，妙示空无。以我大智，发彼群愚。如海之广，方川所移。如水之润，投物必濡。迷津即厉，梦亦大觉。始识善缘，神佛之造。乃求幽报，作大利益。万构排空，丹臒耀日。紫金白毫，垂珠璎旒。八十种好，庄严具周。峨峨大房，上万之里。有宇在山，千百维祀。昔者丘庚，今则峰峙。葺者其谁，臣职近侍。载瞻载依，贻我福祉。福匪臣私，归之天子。天子仁圣，一视同域。用敷黎庶，永作尔极。

至正七年三月吉日立石

大府监太监朱完者帖木儿监造

碑刻说明

元刻。在北车营村谷积山灵鹫禅寺普光明殿后。碑高244厘米，宽94厘米，厚21厘米。碑额篆书"大元敕赐灵严寺碑"。

碑文考释

碑载，谷积山"林麓回薄，度可为基构者，周十余里，埃壒迥绝，人迹罕至，顾惟逃虚茹苦之士，尝往而留焉。其居为八兰若，中为灵岩禅寺。"知元代谷积山环境幽寂，人迹罕至。"逃虚茹苦之士，尝往而留焉。"是个离尘遁世的去处。"居为八兰若，中为灵岩禅寺"。元至正年间，谷积山有八座佛寺，灵岩寺居中。足见元代谷积山道场之盛。

元至正初，灵岩禅寺"栋宇存者十不三四，支柱旁倚，诵呗阒然。"朝廷一位张姓太监，梦到谷积山，见诸佛像，悉委草莽。第二天醒来到谷积山一看，果如梦中所见。张太监把此事说与荣禄大夫资政院使高龙普，高龙普说："唉！果真如此吗？我就做个大檀越吧！"

高龙普随即乘马前往谷积山。至正六年（1346）五月，施钱兴工，重修灵岩禅寺，毗卢殿、罗汉殿、禅室、宾次、钟阁、斋厨，一一修缮一新。在寺东南，凿井一眼，深105尺。至正七年（1347）三月十五日竣工。在寺内设华严大会，燃灯10万，饭僧千人。竣工之初，灵岩禅寺只剩一位僧人，至此增至百余人。元顺帝得知此事，下旨令高丽僧天湛住持，封天湛为海印圆明通教妙德长老大师。中书右丞朵耳直班传旨，命侍讲学士中奉大夫知制诰同修国史李好文撰文记其事。

碑末署"大府监太监朱完者帖木儿监造"。据高丽人李谷的《大都谷积山新作罗汉石室记》，早在元至正四年（1344）冬，朱完者帖木儿就来谷积山造罗汉石室。至正五年（1345）春，监随路总管府金鼎住再临谷积山，见到新造的佛像，说："岂有佛门弟子在洞室居住，佛却露宿崖畔的？"金鼎住与住僧妙宏商议，开凿石崖，建造崖屋。至正六年（1346），高龙普施金重修灵岩寺，实乃接续前缘。至于碑文"有张氏者，中贵人也，自言梦至兹山，见诸佛像悉委草莽，旦往视之，果与梦协，为之怆然，白其事荣禄大夫、资政院使高龙普"云云，实乃神而言之。

舒小峰先生认为，高龙普重修灵岩禅寺后，寺院内的僧人全是高丽僧人。

其《高丽僧人与元代谷积山灵岩寺》云："高丽人李谷《稼亭集》有《题西山灵岩寺》诗：'栋宇何时不记初，断碑唯载太康书。曲通小径千峰里，新凿寒泉百尺余。俗客敢留尘土迹，乡僧犹爱水云居。要登绝顶须重看，明日不知身所如。'其诗前小注称'寺僧皆乡人'，可见，高龙普出资修缮灵岩寺后，不但其住持由高丽僧人天湛担任，其寺内僧人也'皆乡人'。《大元敕赐上万谷积山灵岩禅寺碑》称：'（灵岩禅寺落成之初）惟僧一人守之，至是集者殆满百数。'"

高丽人修寺，高丽僧任灵岩寺住持，是该寺历史上的一个重要事件，在北京地区佛教史上有其重要意义，它反映了元代宗教发展的开放态势。出资建寺的资政院使高龙普，在至正元年（1341）四五月间，曾与匠作院使申当住施钱千余缗，资助高丽僧人慧月修缮云居寺石经山华严堂，并补刻了堂内的五块经版，对房山石经的雕刻做出了贡献。

高龙普，高丽煤场人，一些史料中又写作龙凤或龙卜，蒙古名字为秃满迭儿。后入元朝，成为奇皇后的侧近者，得到元顺帝的宠爱，拜资政院使。高丽忠惠王亦封其为三重大匡、完山君。元至正三年（1343），元顺帝派遣高龙普至高丽，赐给忠惠王衣酒。一个多月后，元廷听闻忠惠王荒淫无道，便假借颁郊赦诏之名，遣大卿朵赤、郎中别失哥来到高丽，计划绑架忠惠王并将其废黜。忠惠王本想托病不出，但高龙普却说："帝常谓王不敬，若不出迎，帝疑滋甚。"忠惠王被迫率百官出迎。朵赤踢翻忠惠王并将其绑了起来，忠惠王连忙呼救，高龙普叱之。朵赤将忠惠王绑架到元廷后，命令高龙普暂时管理高丽朝政。高龙普派人逮捕朴良衍、林信、崔安义、金善、庄承信等忠惠王的侍从群小入狱，宋明理、赵成柱、尹元祐、姜赞历来与高龙普亲近，便赦免了他们。随后，与征东行省省官奇辙等人封闭了内帑，前往元朝。高丽忠穆王继位后，赐高龙普十二字功臣之号。元朝的御史台上书弹劾，称高龙普仗着被宠幸四处作威作福、收受贿赂，家中金帛如山，将其比作汉朝的曹节、侯览以及唐朝的仇士良、杨复恭，请求诛杀他。元顺帝便将其流放到了金刚山，但不久就召其归国。高丽恭愍王元年（1352），时值元顺帝至正十二年（1352），高丽国判三司事赵日新发动叛乱，高龙普逃匿，得以免死，至高丽伽倻山海印寺出家为僧。恭愍王遣御史中丞郑之祥斩之。

舒小峰《高丽僧人与元代谷积山灵岩寺》："由于灵岩禅寺成为高丽僧人聚集的地方，高丽国在大都的士人、高丽国僧人多有来此诗文唱和、学习佛教教义者。高丽人李谷有《题西山灵岩寺》诗，其子李詹有《寄灵岩寺堂头》诗：'白足歊风久，苍头托荫深。爱人儒释共，何日更论心。'（《牧隐诗稿》卷之三十一）朝鲜国王师妙严尊者自超无学'见懒翁于西山灵岩寺，留数载'（《春亭先生续集》卷一《朝鲜国王师妙严尊者塔铭》）。懒翁，讳惠勤，号懒翁，初名元惠，为高丽国名僧，曾'游涉燕、代山川，萧然一闲道人也。名闻于内。乙未（元至正十五年，公元1355年）秋，奉圣旨住大都广济寺。丙申（至正十六年，公元1356年）十月望，设开堂法会，帝遣院使也先帖木儿赐金襴袈裟币帛'（《牧隐文藁》卷之十四《普济尊者谥禅觉塔铭》）。元末，灵岩禅寺破败。《岩栖先生文集》卷之二有《过灵岩寺旧墟》：'野寺今无处，经过为一休。暮云孤塔永，秋水废庭幽。众壑背残照，万缘随逝流。兴亡有如此，回首忆神州。'《后山先生文集》卷之一亦有诗，序题'是日到甘岩，访许道亨相颢，游灵岩寺旧墟'。诗称：'寺破春无尽，吾衰飒已秋。空林元自寂，孤塔为谁留。世变多新警，人情感旧游。临风一啸去，何处是高楼。'灵岩禅寺的破败一直延续到明宣德年间。宣德七年时，有人来到谷积山，'视之殿堂门庑，颓然就毁'（明正统四年四月《敕赐灵鹫禅寺兴建记碑》）。"

李好文，字惟中，元大名东明（今属山东省东明县）人。英宗至治元年（1321）进士。授濬州判官，入为国子助教。泰定间除太常博士。纂成《太常集礼》。后为监察御史。顺帝复以"至元"纪元，好文言年号袭旧之非，并言时弊之甚。累官礼部尚书，参与修辽、金、宋史。至正九年（1349），皇太子入学，命以翰林学士兼谕德，乃摘诸经要略，取史传及先儒论说，加以所见，为《端本堂经训要义》，供太子学习。又集历代帝王故事，成《大宝龟鉴》。官终翰林学士承旨。

许有壬，字可用，彰德汤阴（今属河南汤阴县）人，元代文学家。延祐二年（1315）进士及第，授同知辽州事。后来官中书左司员外郎时，又任集贤大学士，不久改枢密副使，又拜中书左丞。他看到元朝将士贪掠人口玉帛而无斗志，主张对起义农民实行招降政策。他在政治上曾提出过不少改革意见，采纳者少，招怨者多，甚至丢官，他泰然处之。许有壬著有《至正集》81卷、《圭

塘小稿》13卷。

张起岩，字梦臣，号华峰。元朝历城（今山东济南）人。祖先为济南章丘人，五世祖时迁至禹城（今山东省禹城市），高祖张迪徙至历城。起岩为延祐二年（1315）左榜进士第一名。历官侍御史。泰定时，为监察御史，与丞相倒剌沙不合。文宗时，拜礼部尚书，再转中书参议。后至元年间，任南台御史，后入中台，再转为燕南廉访使。至正十三年（1353）卒。

○七四　京师谷积山灵岩寺石塔记

灵岩东峰石塔，前同知民匠总管府事朴琐鲁兀大所藏舍利者也。舍利有塔载于佛书，如释氏在时，七宝制底从地涌出，佛灭度后阿育王所造，溢于西域而布于天下，至今几千百年而往往犹有存焉者。朴君三韩人，入为内侍，蒙恩既久，思所以报上而利物者，以为苟得佛舍利如一粟许，恭敬供养，其所谓无量福报可必也。心求不置，则得几粒，奉持积年，已而曰："舍利隐见无常，随人勤怠，今吾老矣，不藏于名山福地，后之人敬信者或不如我，则岂为吾家有？"乃募工作石龛如浮屠法，中心藏之，外八其面，刻诸佛像，请予文其事仍刻之。予闻佛者言，舍利梵语译之为坚固，或有不信，以金石击碎之，炭火焚销之，金石炭火可破可灭，而粟粒自若也，盖表其佛性也。朴君能得而有之，又能为之所，使人瞻礼而同其福。此石可倒，而其所以报上利物之心当坚固而不可破灭矣！是为书。

碑刻说明

元刻。在北车营村谷积山灵鹫禅寺，已佚。据高丽文人李谷所著《稼亭集》卷之三。

碑文考释

前同知民匠总管府事朴琐鲁兀大得佛舍利，大小如1粒小米，恭敬供养，奉持多年。因年老，想藏于名山福地，于是招募工匠，在灵岩东峰造石塔，把佛舍利奉安于石塔里面。塔为八面，为经幢式塔。塔身做石龛如浮屠法，中心藏舍利，八面各雕佛像，请高丽人李谷撰文作记。

文载："朴君三韩人，入为内侍，蒙恩既久……"三韩，古代朝鲜半岛南部有三个小部族，它们是马韩、辰韩、弁韩，合称三韩。故三韩指高丽。朴琐鲁兀大是高丽人，此人进入大元内廷，做了一名太监，深受元顺帝宠幸。

据李谷《稼亭集·大都天台法王寺记》记载，高丽人于大都金城坊重建天台法王寺时，"同知民匠总管府事朴琐鲁兀大、大府大监朱完泽帖木儿各施二千，资长明灯"。

同知民匠总管府事，正五品。《元史·志第三十八·百官四》："大都等路民匠总管府，秩正三品。府官：总管一员，从三品；同知一员，正五品；副总管一员，从五品；经历一员，从七品；知事一员，从八品；提控案牍一员。至元七年，初立府，秩从三品。十四年，改升正三品。"

朴琐鲁兀大所造灵岩禅寺东峰石塔，据记载十分精美，可惜仅见于此文，今已无存。

此碑文无纪年，据情形推断应在高龙普重修灵岩禅寺之后。灵岩禅寺由高丽僧住持，住僧又有高丽人，一时香火旺盛。故朴琐鲁兀大造塔，奉所藏舍利于此山。

〇七五　灵岩寺新井铭

孰室于兹，匪佛则仙。山环碧玉，地涌青莲。水在地中，穷通自天。维井之智，维阳之愆。求之山下，驴背人肩。往来一舍，斗水百钱。人求其福，养此福田。虽则福田，食可下咽。有大檀越，乃见其然。乃慕良匠，乃相东偏。其下惟石，凿之弥坚。人初指笑，有类溜穿。其深百尺，其久二年。既难既获，有洌寒泉。远近聚观，奔走后先。其源混混，其达涓涓。泓澄涵泳，颠倒星躔。物之隐现，其理则全。孰无其后，而有其前。掘至九仞，不泉勿捐。我铭在甃，凡百勉旃。

碑刻说明

元刻。在北车营村谷积山灵鹫禅寺，已佚，据高丽文人李谷所著《稼亭集》卷之七。

碑文考释

《大元敕赐上万谷积山灵岩禅寺碑》："井一，凿石深百有五尺。"

《灵岩寺新井铭》是高丽人李谷为高龙普修寺时凿井专门撰写的记事铭文。据此铭，灵岩禅寺此前无井，取水要到山外，靠驴背人担，往来一趟要远涉30里，一斗水价值百钱。至正六年（1346）五月，高龙普在开工修寺的同时，选择寺之东南凿井。因下面都是坚硬的山石，开凿起来十分不易，历时两年，至正七年（1347），石井终于凿成见水。"其深百尺"乃是概说，实则105尺。

〇七六　敕赐灵鹫禅寺记

京都之西山名谷积，寺曰灵岩，诚古之道场也。十心既注，即往视之。初登口径，（缺文）和日升云际，西壑甚清幽，信步徘徊，（缺文）将三载而成，中奉世尊，右安大藏，左供僧宝、法会，前四天森严，山门内密迹拱翊，伽蓝、师堂、方丈、禅室、积香、僧坊口口口口以今初完，事实上闻，特赐额曰灵鹫禅寺，盖表佛之降灵示迹也。集兹善利，仰参大恩，恭祝皇图永固，亿兆咸乐于升平，佛日增辉。

大明正统四年乙未四月初八日三宝弟子如庵居士谨记

次年庚申二月十五日同志立石

碑刻说明

明刻。在北车营村谷积山灵鹫禅寺天王殿前西侧。方首龟趺，龟趺座长181厘米，高70厘米；碑通高246厘米，宽94厘米，厚22厘米；碑首高101厘米，宽80厘米，厚26厘米。碑额篆书"敕赐灵鹫禅寺"。

碑文考释

"京都之西山名谷积，寺曰灵岩。"谷积山佛寺，明初仍叫灵岩寺。

据此碑，重修佛寺"将三载而成"，"以今初完，事实上闻，特赐额曰'灵鹫禅寺'"。今初，即如庵作记的正统四年（1439）初，英宗赐额。那么，灵岩禅寺重修在明正统二年（1437），至正统四年（1439）告竣，历时整整3年。据碑载，主殿内奉佛祖释迦牟尼，左配殿住僧人，右配殿奉安《大藏经》，前为天王殿，奉四大天王，山门内伽蓝殿、祖师堂、丈室、禅室、积香厨、僧坊，一应俱全。

此碑为英宗敕赐"灵鹫禅寺"之名而立，与《敕赐灵鹫禅寺兴建记》同叙重修灵鹫禅寺事。

○七七　敕赐灵鹫禅寺兴建记

宣德辛亥夏，予偕友清凉寺礼文殊归，遂扶策入是山，初结草茅（缺文）可半舍许，茹（缺文）敕赐谷积庵是也。宣德乙卯间，众清信（缺文）遂欲居是山，视之殿堂门庑颓然就毁，（缺文）陈公行过兹山，爱其清胜，遂大兴土石之营，腐替乃儳□，陶砖伐石，琢錾成堂，图示永世。首创普光明殿，金壁交（缺文）之中素妆千如来宝像，妥奉准，谨左右度经楼，僧之堂前建幢碑二阁，后列金刚、天王之殿，夫□更庖之所，以次修葺花幡香灯，种种庄严，（缺文）焕然一新。（缺文）而佐成其事者，则刘普虚、白觉志、王德正也。正统四年春（缺文）上赐今额曰灵鹫禅寺。复请诸春官之檄文，命予住持。予窃惟公乃（缺文）。

正统五年岁在庚申四月八日住山金台沙门行寿记

碑刻说明

明刻。在北车营村谷积山灵鹫禅寺。东配殿南山与一进殿之间东向开一便门，门内存正统五年《敕赐灵鹫禅寺兴建记》碑一方，方首龟趺，龟趺座长122厘米，高35厘米；碑通高161厘米，宽70厘米，厚15厘米。碑额篆书"敕赐灵鹫禅寺兴建记"。

碑文考释

宣德辛亥，即宣德六年（1431）夏，北京城内僧人行寿，和友人去五台山朝拜文殊菩萨，返回途中，扶策进入谷积山，一行人曾到敕赐谷积庵。宣德乙卯，即宣德十年（1435），一些居士想在谷积山居住修行，见山中寺院殿堂门庑，颓然就毁，恰巧陈某路过谷积山，爱其清胜，于是大兴土石重修寺院，首创普光明殿，左右建经楼，堂前建幢、碑二阁，后列金刚殿、天王殿，更庖之所，以次修葺，焕然一新。刘普虚、白觉志、王德正佐成其事。正统四年（1439）春，明英宗赐额"灵鹫禅寺"。

此碑为兴建灵鹫禅寺而立，与《敕赐灵鹫禅寺记》同叙重修灵鹫禅寺事。

〇七八　敕赐谷积庵记

（缺文）宝刹相望而起，其曰东庵，□奇占□，尤为佳处。然而岁□寻因其碑刻灭存，无以考其初始，乃宣德壬子，中贵圆安偕二三同志，以为世间□胜，良弗易逢，乃因公暇时诣其所，深感于衷，于是劝赀募贷，命工抡材伐石陶甓，中建毗卢，障以己山门，夹以修庑、禅堂、厨库，涂壁丹臒，暮鼓晨钟，花香供具，以次皆成。安儿等谨以其事上达宸聪，敕赐额曰谷积庵。夫因山之名以名之，欲其与山同久也。是不可不纪其始末，来请文以记之。尝闻一真之妙，功超修证，理绝名言，振天地而独存，亘古今而不异有，非他法所可拟伦也。故世之竭诚倾慕，以成殊胜者，岂徒然哉？兹庵之成，基隆于旧构，加于时，因其旧，众而增延之，所以专意焚修，同声课诵，上祝皇图永巩，圣寿万年，下异圆安等累叶宗亲同承，超度十方檀信，普证真常，则诚我佛之恩所沾被者，盖无穷也。庸志于石，以昭示将来云尔。

大明正统七年岁次壬戌正月十五日　住持沙门行一立石

碑刻说明

明刻。在北车营村谷积山东北谷积庵。碑高142厘米，宽62厘米。碑额篆书"敕赐谷积庵记"。

碑文考释

谷积庵在灵鹫禅寺东北4里许。出灵鹫禅寺东北行攀上一道低矮的山梁，山行少许靠北岭有一平坦台地，这就是明代谷积庵遗址。谷积庵倾圮已久，仅存明正统石碑1通，上镌《敕赐谷积庵记》。

据此碑，谷积山佛寺相望，谷积庵因其早年碑刻无存，创始之年无考，宣德壬子，即宣德七年（1432），太监圆安同二三信士到此，施钱募化，就山取石，烧制砖瓦，正中建毗卢殿，前建山门，修庑，禅堂、厨库、暮鼓、晨钟，花香、供具，次第竣工。圆安将此事上奏英宗，英宗敕赐额"谷积庵"。正统七年（1442）正月十五日立碑记事。

〇七九　敕赐般若禅寺之记

（缺文）朝鲜僧适休远涉□□上国，游履此山，心境相契，指此而笑，堪为庐□，临风会恩礼超然居士，遍布明圣，同修梵刹。（缺文）光大殿，殿内奉弥陀圣像，壁绘三十三祖。殿之左右设祖堂、伽蓝，厨库□□、云堂俱备。东西列钟鼓二楼，转角厢廊俱备矣。光大殿前天王殿，外图金刚墙，中为圆通殿，殿内奉观音圣像，绘十八罗汉，左为雨华室，右为正受堂，二□转角立□左□玄之室。东之山岩香水竹林泉畔，建卧云轩，以为方丈。西之山岩建慈云洞，洞内奉观音石像一尊，洞之前竖六角宝藏殿，殿内奉毗卢像。□室彩绘司龙天女，置四大部经。后靠悬崖，立宣明殿，殿内奉释迦佛祖、安大藏菩萨。藏经殿之左右岩，设承恩、布应二堂。寺之后，大山之岭（缺文）寺之西南，感应敢□泉，盈流不竭。寺之南石井一眼，通深三十三，甘清香美，春夏常溢。寺之东南建药师殿，寿塔一座，祭明贤□其塔之阳建大字般若心经殿一所，殿门内建碑一座，高□尺□寸（缺文）。

正统十三年八月吉日本山住持沙门本之

碑刻说明

明刻。在北车营村谷积山灵鹫禅寺西北寿塔西北侧。碑通高 174 厘米，宽 75 厘米，厚 175 厘米。碑额篆书"般若寺记"。

碑文考释

此碑为明英宗敕赐寺额"般若禅寺"而立，记载了般若禅寺创建经过。

朝鲜僧适休来中国，云游至谷积山，心境相契，看中了这处宝地，机缘巧合，遇到"恩礼超然居士"。据《敕赐般若禅寺开井之记》，所谓"恩礼超然居士"名叫李文，大明朝中的一位太监。

僧人适休与太监李文，发起在此地创建寺院。该寺规模宏大，殿阁洞塔，散布于绵延数里的峰谷岩壑间。寺中主殿为光大殿，殿内奉弥陀圣像，壁绘三十三祖。光大殿之左右建有祖师堂、伽蓝殿、云堂、厨库等。光大殿前建天王殿，外图金刚墙，中为圆通殿，殿内奉观音圣像，绘十八罗汉。圆通殿左为雨华室，右为正受堂。寺前，建钟楼和鼓楼。寺东山岩香水竹林泉畔，建卧云轩，作为当寺住持居处。寺西之山岩建慈云洞，洞内奉观音石像一尊，洞之前建六角宝藏殿，殿内奉毗卢像。寺内还建有藏经殿，藏经殿之左右岩，设承恩、布应二堂。靠悬崖，立宣明殿，殿内奉释迦圣像、安大藏菩萨。寺之东南建药师殿，起寿塔 1 座，塔前建大字般若心经殿 1 所。

此碑载："寺之南石井一眼，通深三十三，甘清香美，春夏常溢。"而《敕赐般若禅寺开井之记》记载井的深度有异："开穿石井一眼，深通五十九尺"。谨此存疑。

此碑落款"正统十三年八月吉日本山住持沙门本之"，般若禅寺落成时间应该早此一年。寺南之井，在正统十三年（1448）八月已经开成，碑文记载分明。元代灵岩禅寺开井，因井位遇山石，整整用两年时间。般若禅灵似乎较幸运。其开井工期也需要几个月，若以正统十三年（1448）八月前落成计，兴工开井，不会晚于当年春。而开井人阮得一行，是在寺院落成后，在寺僧陪同下参拜了该寺，"僧陪之眼，告称水耳"。其间，寺僧诉说般若禅寺缺水，这才有了阮得开井机缘。那么，般若禅寺应该在正统十二年（1447）落成。

般若禅寺建于高低起伏之地，论规模和难度，远大于正统四年（1439）落成的灵鹫禅寺。灵鹫禅寺"将三载而成"，般若禅寺从兴工到落成，应不少于3年，据此，般若禅寺兴工创建之始应不晚于正统十年（1445）。

般若禅寺遗址，在谷积山西北的山峪内。进峪口北行少许，有石井1眼，此井是般若禅寺的遗物，即正统十三年（1448）所凿石井。紧靠古井上方有一块台地，这就是般若禅寺主寺所在，现已变成农田，遗迹皆无，仔细寻找，偶尔能发现残破的石雕、青砖和绿琉璃瓦。西北不远处的山峪西壁有一个人工开凿的石洞，这是般若禅寺的慈云洞。洞内西壁有一由四件赭红色石料雕拼的圆形佛龛，龛内奉汉白玉观音坐像1尊。此洞原有汉白玉石门，上端有汉白玉石额，行楷题"慈云洞"。此残额尚存于洞侧。

慈云洞前有一块台地，为六角宝殿遗址。沿山峪北行里许，峪一分为二。左峪口东壁有石洞二。北洞纵深5米，洞口宽10米。洞内有汉白玉石刻匾额一方，长1.20米，宽0.49米，行楷题"戒定惠"，左侧小字竖款"光禄大夫柱国都总运闲居书"。此匾原镶于此洞后壁上方，日久剥落。这就是谷积山三学洞。南洞纵深约10米，宽5米。二洞前的北山崖当是般若禅寺宣明殿遗址。宣明殿当是依洞而建，原奉有释迦牟尼和大藏菩萨。右峪口西壁有石洞一，深且狭窄。三洞所邻的宣明殿为般若禅寺北界。

般若禅寺主寺遗址稍前，峪口左侧岭下有井泉一眼，这就是《敕赐般若禅寺之记》所载的香水竹林泉，泉侧乃是般若禅寺方丈"卧云轩"遗址。而今古泉尚在，轩迹无寻。卧云轩遗址东南台地，现住山民1户，这里是般若禅寺药师殿遗址，山民小院内堆砌着许多条石和石雕残件，这些都是药师殿和般若禅寺其他殿宇的遗物。药师殿遗址东侧，一岭南延，此岭端顶，现残存石塔一座。此为般若禅寺延寿塔，创寺时建，塔南向，八角形九层楼阁式，通体由汉白玉石砌成，造型美观，洁白如玉。塔每角系一铃铛，微风吹过，鸣声悠远。塔身内每层有回廊，可逐层攀上塔顶。塔大部分在20世纪70年代被村民拆毁，仅存塔基和二层塔身，后恢复重建。

延寿塔前为般若禅寺大字般若心经殿遗址，一碑镌《敕赐般若禅寺之记》，立在寿塔西北侧，署"本山住持沙门本之"。本之，为般若禅寺开山第1代住持。

般若禅寺，建于谷积山西北山峪之内，是明代谷积山最为雄伟的寺院之一。后来山水暴发，顺峪而下，般若禅寺遂废。

房山碑刻通志·卷七· 史家营乡、大安山乡、霞云岭乡、南窖乡
佛子庄乡、河北镇、燕山办事处、青龙湖镇

○八○　移嵩山祖庭大少林禅寺宗派之图

福慧智子觉，了本圆可悟。周洪普广宗，道庆同玄祖。清净真如海，湛寂淳祯素。德行永延恒，妙体常坚固。心朗照幽深，性明鉴崇祚。衷正善禧祥，谨慤愿济度。雪庭为导师，引汝归玄路。

峕正统十三年八月吉日立石

碑刻说明

明刻。在北车营村谷积山慈云洞。碑高90厘米，宽50厘米。

碑文考释

"嵩山祖庭大少林禅寺宗派之图"，为元代曹洞高僧雪庭福裕任少林寺住持时为少林寺制定的宗谱，俗称70字辈。福裕（1203—1275），元海迷失后元年（1249）至元宪宗五年（1255）任河南嵩山少林寺住持期间，制定了少林宗谱。

谷积山般若禅寺创建以后，开山住持本之于明代正统十三年（1448），复制"嵩山祖庭大少林禅寺宗派之图"镌于石上，故称"移嵩山祖庭大少林禅寺宗派之图"。此时，距福裕离世（1275）仅有173年，距福裕制定"嵩山祖庭大少林禅寺宗派之图"较近，碑石文字书写工整，制作精细，讹误机率应该极小，因此这通碑石的史料价值非常高。

宗派之图即宗谱共70字，前60字是单字组成的押韵五言句，每字是一个辈分。最后10个字"雪庭为导师，引汝归玄路"是写给少林弟子的，告诉少林弟子，宗派之图是元代少林寺住持曹洞高僧雪庭福裕制定的，教导少林传人要饮水思源，不要忘记根本。

《新编少林寺志》记载："福慧智子觉，了本圆可悟。周洪普广宗，道庆同玄清。净一真如海，湛寂淳贞素。德行永延恒，妙本常坚固。心朗照幽深，性明鉴崇祚。衷正善禧禅，谨慤原济度。雪庭为导师，引汝归铉路。"

《新编少林寺志》有八个字与"移嵩山祖庭大少林禅寺宗派之图"不同。第20字"祖"误为"清"，且不押韵。第21、22字"清净"误为"净一"，第29字"祯"误为"贞"，第37字"体"误为"本"，第55字"祥"误为"禅"，第58字"愿"

误为"原"。第 69 字有意将"玄"加了"金"的偏旁成"鉉"。

刻板有误，印刷字迹模糊，致使识读错误，口传又不可避免同音字错误，所以少林寺 70 字辈在五六百年的流传过程中出现了不少不应出现的错字，谷积山《移嵩山祖庭大少林禅寺宗派之图》可以作为标准版谱序，订正错误，它是佛教禅宗少林宗派的无价之宝。

据《移嵩山祖庭大少林禅寺宗派之图》，般若禅寺开山住持本之，为少林禅寺第 7 代"本"字辈。

○八一　敕赐般若禅寺开井之记

夫坎宫奥旨，犹性海之恩波。子俯宏纲，续来源之命脉。咸通万物，普遍无方，资苗稼以丰容，畜田园而茂盛。水无容物而不显其功，容物无水而难彰其行也，水之义也。今都城之西，相近百里之余，有山曰谷积，林峦隐秀，势接云霄。国朝中贵李公文等，修营梵刹，额名般若，已为丛席，实大京之西贵客游及之乡，乃都城之兑贤宰散心之所。山名境秀，唯水不及兹尔。中贵阮得率领从骑游境登山，僧陪之暇，告称水耳。得等遂启诚心，敦请明流，访于寺之东南延寿宝塔之阴，开穿石井一眼，深通五十九尺，泉出西北，脉接乾源，其水也甘美，昼夜常邕，喜曰壮观清凉峰之胜境，增添谷积山之秀丽，满大檀周给之心，了山僧深忧之意。勒不成文，聊叙云尔。

信官黄青林、移住、张政、阮弄、李深、得受、阮胜、阮俄、唐清、李成、吴都、阮呵、赵进、叶景、袁通、李鉴、阮文、王兼、米中受、张谦、李兴、马鳌、邓珪、武聪、王原兴、张福、李能、目眼、阮辇、谢掬、高谦、贺献、来保、钱胜祖、安儿、张保儿、梁儿、刘真、韦竹、白原、陈宜、范荣、阮旻、杨父黄、左旺、阮豸、常福、黎让、马林、丁涂、韦和、号保、阮度、郝仲僧、刘成、刘栓住、阮曷、河厥。

峕景泰甲戌秋七月十五日　住山沙门本连立石

碑刻说明

明刻。在北车营村谷积山般若禅寺遗址东侧，清理遗址时出土。

碑文考释

此碑立于景泰甲戌，即景泰五年（1454），为般若禅寺开井而立。结合《敕赐般若禅寺之记》考之，该井似正统十三年（1448）春兴工开凿，正统十三年（1448）八月前竣工。

"国朝中贵李公文等，修营梵刹，额名般若。"据此，般若禅寺创建者为明朝太监李文。该寺落成后，成为"大京之西贵客游及之乡"，"都城之兑贤宰散心之所"。太监阮得率领从骑游境登山，般若禅寺僧人相陪，其间诉说该寺缺水，阮得等发诚心，访于寺之东南延寿宝塔之阴，开穿石井1眼，深通59尺。

此碑非常重要，记载了开井人、开井缘起，连带记载了般若禅寺创建人，而记载般若禅寺创建的《敕赐般若禅寺之记》由于碑文不详等因，记载阙如。般若禅寺创建人只载为"恩礼超然居士"，所谓"恩礼超然居士"就是太监李文。碑文后记载了黄青林、移住、张政、刘栓住、阮暠、河厥等58位信官的姓名，这些人似应是明官太监。

此碑署"住山沙门本连立石"。水井竣工7年后，般若禅寺住持本连立碑，以彰阮得开井功德。

本连，为般若禅寺第2任住持，依《移嵩山祖庭大少林禅寺宗派之图》为少林禅寺第7代"本"字辈，应为本之的师弟，继本之任般若禅寺住持。

〇八二　三学洞题额

戒定慧

光禄大夫柱国都总运闲居书

碑刻说明

明刻。在北车营村谷积山般若禅寺遗址东北侧的三学洞内。匾额高长49厘米，宽 120 厘米。题为添加。

碑文考释

沿般若禅寺所在山峪北行里许，峪一分为二。东侧峪口东壁有石洞二。北洞纵深 5 米，洞口宽 10 米。这就是三学洞，洞内有汉白玉石刻匾额一方，行楷题"戒定慧"。此匾原镶于此洞后壁上方，日久剥落。三学洞南面相邻的小洞纵深约 10 米，宽 5 米。

佛教称"戒定慧"为三学，此洞题"戒定慧"，故称三学洞。《楞严经》里有云"摄心为戒，因戒生定，因定而慧"。修戒，完善道德品行。修定，致力于内心平静。修慧，培育智慧。

明穆宗隆庆元年（1567），少林寺住持小山宗书，曾来谷积山三学洞结夏，自农历四月十五日至七月十五日，静居三学洞 90 日。《五灯会元续略》北京宗镜庵小山宗书禅师传："丙寅上京师主宗镜庵。隆庆改元。游履西山。至谷集山三学洞。羡其山景幽寂。遂结夏焉。"谷集山，即谷积山。

小山宗书，字小山，号大章，顺德南和县（河北省南和县）人，父亲李进，母亲刘氏。小山生于明孝宗弘治庚申岁（1500），10 岁（1509）入学，诵习儒书，粗通大义。15 岁（1514）时悟"儒书皆教人入世之法，而非出世法也"，因而笃志出家。父母欣然从之，送至顺德府（今邢台市）开元寺法堂，礼钿和尚为师。两年后往太行山中闭关。20 岁时慕文载禅师道风，前往少林寺投其门下。随侍八载，尽得洞上宗风，得印可列为曹洞宗第 24 代传人。此后，相继驻锡于西京（今洛阳）天庆寺，北京积善庵、宗镜庵。嘉靖三十一年（1552），少林寺常住派人前来迎请回住，未允。嘉靖三十六（1557），少林寺耆宿奉上代住持之命秉诚复请，又得朝廷同意，方应允前往去住持少林。嘉靖四十五年（1566）他来到北京，任宗镜庵住持。小山宗书来谷积山三学洞结夏，在其任宗镜庵住持翌年。同年十二月十六日小山宗书染病圆寂。

明万历十一年（1583）春，明末四大师之一的憨山德清，来谷积山三学洞辟谷。憨山德清《开锦屏山观音洞碑记》："余于癸未春，杖锡遨游诸名胜，辟谷三学洞中。"

癸未春，即万历十一年（1583）春。

憨山德清，俗姓蔡，字澄印，号憨山，法号德清，谥号弘觉禅师，安徽全椒（今属安徽滁州市）人，为临济宗门下。复兴禅宗，与紫柏真可是至交，被认为是明末四大高僧之一。生于明代嘉靖二十五年（1546），12岁削发入佛门，19岁受禅法，曾在南京报恩寺为僧，后云游各地。万历二年（1574），居五台山北台之龙门，专事参禅。在北台时，爱憨山之秀峰，遂取此为号。

万历十一年（1583）初，憨山因慕崂山之盛名，下五台山前往崂山，其间，先到房山县（今房山区）谷积山辟谷。

飞木厂王珏到三学洞来拜访憨山，说锦屏山有观音洞，于是憨山出谷积山北行，来到锦屏山。锦屏山在门头沟潭柘寺镇南，憨山一见不舍，请王珏代为开拓。王珏舍地30亩，构茶庵1所，憨山在此没有久留，交给九峰真玉上人住持，远赴山东崂山去了。

万历二十年（1592）五月，憨山好友达观来到云居寺，崂山海印寺的憨山大师闻讯赶来，在上方山兜率寺与入山避暑的达观相遇，憨山撰写了《复涿州石经山琬公塔院记》刻碑于石，当年七月十五日，立于琬公塔旁。随后，憨山故地重游，二度来到锦屏山观音洞，观音洞已经为督厂采石的某官开凿拓展，洞前开辟数十丈宽，洞外建禅室2间。此乃憨山与房山的因缘，就此一述。

〇八三　明英宗《圣旨》碑

礼部为乞恩补报事，于内府抄出，西华门守门写字内使姚彪题：照得西山谷积山有圆通寺一座，臣于正统年间发心自备己资及募众缘，修盖佛殿等屋，欲令僧人通悟住持焚修，至今缘无敕名额，伏望圣恩怜悯，乞赐额名，永奉香灯，以图补报，便益具题。天顺元年十一月十七日，本部官于奉天门钦奉圣旨："还与做圆通寺，礼部知道，钦此！"遵抄出到部，拟合通行除外，合行劄付本僧去该寺焚修施行，须至劄付者，右劄付圆通寺住持通悟。准此。

大明天顺元年十一月二十一日

本寺周围山场四至：东至马喊岭，西至青龙坨，南至臭水湖道，北至大岭分水岭。

碑刻说明

明刻。在北车营村谷积山圆通寺圆通殿前东侧。碑通高313厘米，宽94厘米，厚31厘米。碑额篆书"圣旨"。题为添加。

碑文考释

此碑镌明天顺元年（1457）十一月十七日明英宗圣旨。

据此碑，西华门守门写字内使姚彪，正统年间在西山谷积山，发心建圆通寺1座，请求英宗皇帝降旨，由僧人通悟住持，且请求英宗敕赐寺额。天顺元年（1457）十一月十七日，礼部官员在奉天门接到英宗圣旨，同意寺名为"圆通寺"。4天后，明天顺元年（1457）十一月二十一日，礼部行文，向圆通寺住持通悟颁布圣旨，并同意通悟住寺焚修。

礼部公文之后，载圆通寺周围山场四至：东至马喊岭，西至青龙坨，南至臭水湖道，北至大岭分水岭。

此碑立碑时间，应与《敕赐圆通寺创建碑记》同时，即立于成化十一年（1475）三月，已是圣旨颁布18年后。

碑阴

本山陆续置买地土并四至文契：

一起成化八年十一月初一日，圆通寺常住买到房山县上万里民人纪林等，将自己有草无粮地一段，土木相连，计地叁拾亩整，递年认草叁束，凭保见人杨景等，言之白银拾两整，当日交足，外无欠少，立此文约，永远为业。

一起成化十年十月二十六日，圆通寺常住买到房山县上万里民人周炳、周刚等将自己有草无粮地一段，土木相连，计地贰拾亩，递年认草叁束，东西一段，东至常住地，南至杨泰地，西至道，北至张信地。南北地一段，东至高文得地，南、西二至道，北至赵五地。四至分明。凭保见人刘贵、杨景等，言之白银壹拾贰两三钱整，当日交足，外无欠少，立此文约，永远为业。

碑文考释

碑阴,上部是"助缘中贵信官芳名",首载"施地功德主信官叶景荣",继载"太监刘垣"等,最后为"大功德主信官姚彪、曾嘉"。

下部为圆通寺置买土地文契,该寺置买两块香火地共计50亩。

一块土地置买于成化八年(1472)十一月初一,卖主是房山县上万里民人纪林,共30亩,地价白银10两,中人杨景等。另一块置买于成化十年(1474)十月二十六日,卖主是房山县上万里民人周炳、周刚,共20亩,地价白银12.3两,中人刘贵、杨景等。

〇八四 敕赐圆通寺创建碑记

赐进士出身大夫礼部尚书兼翰林院学士知制诰经筵官眉山万安撰
□司□进阶□大夫直隶文华殿东吴朱奎书
□尚宝司卿广平程洛篆

谷积山圆通寺者,西华门门正姚彪,承运库内,蒙禁间被选入禁垣,仰荷祖宗列圣与今圣天子教育委任,又屡屡赏予,致有衍余,每相谋曰:"世之民皆自食其力者也,未有能独晏然高坐享食于人者也。彼农焉沾体涂足,火耕水耨之不遑工焉,琢磨锻炼,调筋柔革之不暇终岁,勤劳然后始有所得而食焉,其食之厚薄亦惟视力之多寡,不能有或过。我等非农与工伍也,亦无被耕耘调柔之劳也,赖朝廷始教育,我民不弃我,而以职事责付我,我仅朝执事焉,莫亦共此事焉,无甚劢勋,若农与工也,岁每频频饥以食,渴以饮,暑以葛,寒以裘,日惟享用,视农与工盖将数倍焉。此固上之庇覆于我,乃能若此。我辈其何以报之哉?闻佛氏之为善,其法曰有能舍己之有,以崇饬尊严,我则能阴佑之。凡所愿欲,悉如其志。求□盍如教言,用我之有所得,于此施以报之,且为善于己也,不亦可乎?于是命卜者遍历多所,以求地之形胜,卒于此谷积山有得焉。其地左襟浑水,右带龙潭,大房拱于前,潭柘镇于后,诚福地也。即市材鸠工,诹日兴作。中为圆通殿,前为天王殿,左为伽蓝殿,右为祖师殿。圆通殿已之后□为毗卢殿,左右有廊,钟鼓有楼,栖息有所,饮馔有堂。凡庖湢、库庚之处，亦无不完备。其规制之整饬，肖像之森严，彩绘之辉焕，盖将与都城祠宇相俪美焉。落成之日，具□□恳，请乞赐额，诏赐以今名。仍延请僧曰通悟者于内住持，日率其徒，酌水献花，焚香诵经，恒以衷悃上白，请佛冀仗法力，荐福于祖宗，祈寿于今上，俾膺宝历于亿万斯年之永，而圣子神孙，振振蛰蛰，用绵国祚于无疆，下及海隅苍生，凡□有生，亦各同跻寿域，则彪等之志愿庶乎始遂矣。彪今年八十岁嘉又八十有一，虑恐来日无多，后人不知所为之意，间托其僚友司礼监奉御郑荣悉述其意，告予求记。予闻而喜之，其知劳少而食厚以为幸，是无妄求之心者也。又知出于上之庇覆，思有以报之，是不忘所自者也。能无妄求之心，则安于命。能不忘所自，则爱夫君。安命爱君，其为善孰大焉？兹不尤可喜乎？乃为之作记。问其寺建及得名岁月，则曰经始于正统丁卯四月八日，毕工于景泰甲戌四月八日，额赐于天顺戊寅十月十七日，皆能详识也。成化甲午八月望日记。

成化十一年岁次乙未春三月吉日　开山第一代住持通悟道号正宗同立

碑刻说明

明刻。在北车营村谷积山圆通寺圆通殿前西侧。碑通高313厘米，宽94厘米，厚31厘米。碑额篆书"敕赐圆通寺创建记"。

碑文考释

圆通寺在灵鹫禅寺东北里许，谷积山小山坳北侧。为明西华门写字内使（后为门正）姚彪出资、募缘所建。

西华门门正姚彪，想选块形胜之地建座佛寺，找来风水先生，走了许多地方，最终看中谷积山灵鹫禅寺东北1里许的地方。此地左襟浑水，右带龙潭，大房拱于前，潭柘镇于后，的确是块风水宝地。于是备料兴工，"中为圆通殿，前为天王殿，左为伽蓝殿，右为祖师殿。圆通殿之后为毗卢殿，左右有廊，钟鼓有楼，栖息有所，饮馔有堂。凡庖湢、库庚之处，亦无不完备。"明英宗正统十二年（1447）四月八日始建，代宗景帝景泰五年（1454）四月八日落成，历时7年。

论规模，圆通殿前后两进院，前为山门、钟鼓楼，正殿为圆通殿，后殿为毗卢殿，两侧有配殿，算上鼓楼不超过18间。7年工期，未免太久。

考《明史》，圆通寺工程进行了两年零四个月。明正统十四年（1449）七月，明英宗率50大军出征瓦剌，一个月后兵败被俘。九月，郕王朱祁玉即位，是为明代宗景帝。当年十月，瓦剌军大举进攻北京。战乱引起社会动荡。圆通寺工程自然受到影响，以此时间推延，旷日持久，历时7年才告竣。

时隔3年，景泰八年（1457）正月，被瓦剌首领也先放回北京的英宗，发动"夺门之变"复辟，改景泰八年为天顺元年。施钱创建圆通寺的太监姚彪，乘机上奏英宗，请求英宗敕赐寺额，同时呈请英宗，由通悟任圆通寺住持。

当年十一月十七日，礼部官员在奉天门接到英宗圣旨，姚彪的请求获准。十一月二十三日，礼部行文，颁布英宗圣旨到谷积山圆通寺。天顺二年（1458）十月十七日，英宗为圆通寺敕赐寺额。

16年后，明成化十年（1474）八月十五日，礼部尚书兼翰林院学士知制诰经筵官四川眉山县人万安为敕赐圆通寺创建撰写《敕赐圆通寺创建碑记》。成化十一年（1475）三月，圆通寺住持通悟，在圆通寺之圆通殿前左右各立一碑，左（东）碑镌英宗圣旨，右（西）碑《镌敕赐圆通寺创建碑记》，载姚彪创寺经过。

圆通寺与灵鹫禅寺、谷积庵、般若禅寺同属明英宗敕赐寺院。圆通寺的出现，标志着有明一代谷积山佛教进入空前鼎盛时期。从明宣德七年（1432）谷积庵始建，到景泰五年（1454）圆通寺落成，历宣宗、英宗、代宗3帝22载，在皇帝和朝臣乃至外国僧侣的参与下，明人于谷积山中累兴土木，从未间断，谷积山俨然成为佛国法海。当年，谷积山峪坳峰谷间，梵刹掩映，僧侣如云，朝来暮往，梵声不绝。

纵观谷积山佛教发展史，可以得出这样的结论：谷积山佛教可溯于唐、五代，踵兴于辽、金、元，全盛于明，清末、民国之际衰落。

〇八五　宝塔记

敕赐谷积东庵释迦如来真身舍利塔，有禅僧真空，号大千，天顺七年云游到于沧州，东关善人王亨家收玻璃瓶一枚，内有舍利四颗，就施于僧人真空。

说于宝塔前因，初时仁寿二年正月二十三日，复分布五十三州，建立灵塔，沧州塔上五色云现，从午至暮次。于大唐咸通十三年，僧人慧可、功德主王琏重修宝塔一座，高二十七丈，今已毁坏。真空将舍利瓶回至京都，有大慈恩寺僧人慧云请留舍利二颗，造铜塔一座在京供养。今有信官米汇造水晶瓶一个，铜塔一座，安存敕赐谷积庵左手，命工建立石宝塔一座，高三丈二尺，舍利宝瓶安于塔内，永远供养。助缘比丘通善，劝化十方施立，内修地宫一堂。从结善缘，福不唐损也。

成化十五年三月日

广智退隐寿堂谨书

碑刻说明

明刻。在北车营村谷积山谷积庵东北。

碑文考释

谷积庵东南有一岭，上立谷积庵舍利宝塔，为白石所砌覆钵式塔，南向，通高 10 米余，塔基须弥座以仰莲承托覆钵形塔身，塔身东西南北四面各开一龛，龛内各安一尊汉白玉坐佛，南北两尊保存完好，东西两尊头部被损。南面一尊左手平伸，掌心向上，右手下垂抚膝；北面一尊掌心向上，右手平托左手于腹前；东面一尊右手斜上，抚于胸际，左手平伸，抚于小腹；西面一尊掌心向内，右手平握左手于胸际。塔刹为十二重相轮，上覆圆形宝盖一顶，宝盖上叠立三颗宝珠，顶出一尖。明成化十五年（1479）《宝塔记》镌于谷积庵舍利宝塔地宫东壁，详细记载了此塔建造原委。

此塔地宫内原藏有铜塔一，铜塔内放水晶瓶一，内存释迦牟尼真身舍利两粒。铜塔、水晶瓶为米汇施造，释迦舍利乃真空禅师自沧州城东关王亨处得来，本是沧州塔的遗物。隋文帝仁寿二年（602）于天下 53 州建塔，布舍利其中，沧州在其内。唐懿宗咸通十三年（872），曾重修沧州塔。至明代，沧州塔倾圮，隋仁寿二年（602）安放于塔内 4 颗释迦牟尼真身舍利遂到了王亨手中。真空禅师云游到沧州，王亨将舍利献给真空。这 4 颗舍利 2 粒于谷积山谷积庵建塔藏之，另外 2 粒留在北京大慈恩寺慧云处供养。

舍利宝塔地宫入口南向，现已开敞，地宫四壁各由1块方石板砌成，正面石壁彩绘释迦涅槃图。图中佛祖释迦牟尼枕臂静卧，18罗汉守护，8位蹲侍于前，10位侍立于后，两侧是诸佛。全图色彩鲜明，形象逼真，是明代壁画珍品。地宫东壁镌《宝塔记》记载此塔及所藏舍利的由来。原藏于地宫内的2粒释迦牟尼真身舍利和存放舍利的铜塔、水晶瓶均已遗失。

舍利宝塔造型精美，房山古塔中再无类似形状和质地的宝塔，因此弥足珍贵。隋文帝仁寿元年（601）、二年（602），于天下诸州建塔布舍利事史书有载，由于谷积庵舍利宝塔曾奉隋藏舍利，因此具有重要的文物、宗教、历史研究价值。

《宝塔记》记载：此塔为"助缘比丘通善，劝化十方施立"。

此塔侧有大明万历二年（1574）《重修舍利宝塔碑》，已残。碑文记载，此塔始建于成化十四年（1478）五月十三日，成化十五年（1479）三月落成。

○八六　内官监左少监叶公寿藏碑记

吏部尚书兼谨身殿大学士知制诰经筵官淳安商辂撰

直文渊阁预机务王臣书

公叶姓，讳景荣，世为浙之（缺文）年被选入（缺文）宣德间，分任上林苑（缺文）果，躬勤劝课。及综理南园，□□有方，劳功□著。正统间，□□时幸上林，祗承供□，事皆（缺文）。己巳秋，虏跸北征，深入虏境，服侍左右（缺文）。天顺元年，上□念从征，死事士□□御用内官监傅□□□斋，□于边徼。公实预行竭，诚□□□报□旨，二年□□御掌南海子事，□□□□□幸周旋，应答曰被，崇眷上（缺文）。成化三年，特升都知监右监丞。未几，转内官监左监丞，进左少监，职任如故。先是京□□□之北谷积山之南有地曰高井，爱其山水清胜，厚直□之，鼎建梵宇，土木金碧之饰，□人观视。既完，且□□以□请，蒙敕赐圆通寺，因□其旁谷积山中峰之上为百岁后寿藏之所，其山高接云汉，禽鸟和鸣，草木繁茂，游人至是，心旷神怡，乐而忘返。但求□□得，或□圹之际，泉自旁涌，众以为异，于是增创屋庐，垒台立门。遇暇往游，骋目四望，东邻卧虎，西连伏象，□峰秀丽，互相环供。由前途而入，九溪十八堰，人马随行，首尾相见。至下灵鹫寺，欲跻中峰，□□□□。自东山□入，岭极陡峻，俗号□到□，悉募工平治，遂成坦途。东西二峰，多佛氏之居，而此中峰寺南□石塔□□□□□翰林侍书，未北易所书□经石刻在焉。东峰庵左右有诸前辈坟茔，皆立塔表之（缺文）而北□□于心安焉，安之故乐之矣，自非达于（缺文）必信，事其嫂如母，□其姓如子，以至亲戚故旧咸加恩（缺文）虽屡□□吝且尽忠报（缺文）（缺文）天相而八，年逾八十，筋力犹健如少壮，时则其寿福之来□可量乎？予故为之记，俾（缺文）。

成化十五年岁次己亥夏五月之吉

碑刻说明

明刻。在北车营村谷积山谷积庵东南。墓碑断为两截，上段碑文磨损严重，下端相对清晰。碑额篆书"内官监左少监叶公寿藏碑记"。

碑文考释

叶太监墓，在谷积山圆通寺之北山上，墓室门门楣额已风化，依稀可辨"内官监太监叶公墓"。明英宗《圣旨》碑阴上部载"助缘中贵信官芳名"，首载"施地功德主信官叶景荣"。据此碑记载，圆通寺建寺的土地，为叶景荣出资购买施助。

叶景荣，浙江人，明宣德间，分任上林苑监，躬勤劝课，综理南园。正统间，英宗常幸上林苑。正统十四年（1449）七月，扈从英宗北征瓦剌，服侍左右。八月，英宗兵败被俘。景泰元年（1450）八月，瓦剌首领也先派人把英宗送回北京。天顺改元，英宗复辟，念叶景荣从征之劳加以厚待。天顺二年（1458），命御掌南海子事。成化三年（1467），升都知监右监丞。转内官监左监丞，进左少监，职任如故。

谷积山之南有地叫高井，爱其山水清胜，叶景荣重金购下，与姚彪创建圆通寺。落成，奏请英宗，敕赐圆通寺额。圆通寺旁谷积山中峰之上，有块百年吉地，山峰高接云汉，禽鸟和鸣，草木繁茂，游人至此，心旷神怡，乐而忘返。叶景荣购买下来，营建墓圹。营建之际，泉自旁涌，众以为异，于是增建屋庐，垒台立门。遇暇往游，骋目四望，东邻卧虎，西连伏象，青峰秀丽，互相环拱。由前山而入，九溪十八堰，人马随行，首尾相见，至灵鹫寺，以跻中峰。成化八年（1472），叶景荣年逾八十，筋力健如少壮。叶景荣寿藏落成，商辂为其撰《内官监左少监叶公寿藏碑记》。立碑的成化十五年（1479）五月叶景荣应已寿终礼葬。

商辂，字弘载，号素庵，浙江淳安（今属浙江杭州市）人。明朝名臣、内阁首辅。生于明成祖永乐十二年（1414）二月二十五日，自幼天资聪慧，才思过人。明宣宗宣德十年（1435）乡试、明英宗正统十年（1445）会试及殿试均为第一名，是明代近三百年科举考试中第二个"三元及第"。郕王朱祁钰监国时入内阁，参预机务。夺门之变后被削籍除名。明宪宗成化三年（1467）再度入阁，官至少保、吏部尚书兼谨身殿大学士等。为人刚正不阿、宽厚有容，临事果决，时人称"我朝贤佐，商公第一"。成化二十二年（1486），商辂去世，年73岁。获赠太傅，谥号"文毅"。著有《商文毅疏稿略》《商文毅公集》《蔗山笔麈》，纂有《宋元通鉴纲目》等。

○八七　谷积山灵鹫寺碑记

乾隆六十年置买北京内崇国寺僧官如真同法孙教本，言将破庙荒山壹段，此产坐落在房山县北谷积山灵岩寺，有周围四至：东至马喊岭，西至青龙坨，南至臭水湖，北至大岭分水，四界指明。将此业产，出山卖与喇嘛旦巴名下，永远为业，由其自便。对明历年，房山县利字柜交纳银。顺天房山北，旧有谷积山灵鹫寺，住持堂上第五代僧永法、徒云普大有功行，苦修，土榻，晚食，昼则不能安息，夜则安寝，黎明即起。法孙雨宽、雨洲、雨河，中华年间雇工人氏，开垦地堰、沟渠、岩岭，筑起墙垣，植树株。即成产业，以力为食，历代犹存。养育之源，传流后世。勤能立业之本，俭可兴家。盖闻人天路上，修造为先。建立庙堂，本庙置买地基之时，年深日久，风雨摧残，坍塌损坏，并无房间，实系不堪。按旧功程浩大，独力难成，并无施主，无奈将南北正殿占补碎修之功，东西陪殿皆可重修办理。功程告竣，神有塑像安宫之所，人有存身所居之处。本庙住持僧永法、徒云普道有功行，法孙宽、雨洲、雨河以上三代，同有功行，半是耕耘，半是僧迹，传流后世，自视其力可也。

石匠山西人氏赵仕禄　赵仕侦刻石

中华民国十二年岁次癸亥正月上浣六日谷旦建立　珪璋　赵文祥书丹

碑刻说明

民国刻。在北车营村谷积山灵鹫禅寺普光明殿内前右壁。碑额正书"谷积山灵鹫禅寺"。无题，题为添加。

碑文考释

此碑记载了清乾隆六十年（1795），到民国十二年（1923），谷积山灵鹫禅寺的一段史实。弥补了清、民国谷积山史料之空白，弥足珍贵。

此碑载，乾隆六十年（1795），喇嘛僧旦巴，置买到北京内崇国寺僧官如真、法孙教本破庙荒山一段，坐落在房山县北谷积山灵岩寺，周围四至：东至马喊岭，西至青龙坨，南至臭水湖，北至大岭分水。

北京护国寺是北京八大寺庙之一，据《顺天府志》载："护国寺，旧称崇国寺，元僧定演建也。"定演俗姓王，生活于金末元初，今河北三河人，7岁入大崇国寺，拜善选为师，后被任命为崇国寺住持。元灭金时，崇国寺毁于兵火。后定演获元世祖赐号"佛性圆融崇教大师"。元世祖至元二十一年（1284）前后，经元世祖赐地，得以在元大都重建崇国寺。明代宣德四年（1429）改称大隆善寺。明成化八年（1472）重修时，改名大隆善护国寺。明末清初时，该寺再度毁于兵火。清康熙六十一年（1722）重修后，正式定名护国寺。此碑称"崇国寺"，应沿其旧称。

上述记载表明，明清鼎革，谷积山灵鹫禅寺一度由北京城内的崇国寺管辖，至乾隆末败为破庙荒山，乾隆六十年（1795）崇国寺僧官如真、法孙教本将谷积山并灵鹫禅寺转卖给喇嘛僧旦巴。清中晚期，一度由西藏喇嘛僧旦巴住持，喇嘛僧旦巴应视为清重开山第1代住持。进入民国，传至僧永法，是为第5代。当年，永法买下这座荒寺，与云普、徒孙雨宽、雨洲、雨河雇工开垦地堰、沟渠、岩岭，筑起墙垣，种植林木，创成产业，自食其力。年深日久，风雨摧残，灵鹫禅寺坍塌损坏，无房间栖身。按旧有规模重建，工程浩大，独力难成，又无施主，永法与弟子云普，率徒孙雨宽、雨洲、雨河，积3代之功，将天王殿、普光明殿残损处修缮，重修东西配殿重修。神有塑像安宫之所，人有存身所居之处。民国十二年（1923）正月初六，镌碑记事。

常乐寺

在青龙湖镇东北。东邻大富庄村，西邻西石府村，南邻南四位村，北邻晓幼营村。清康熙以前无此村。清康熙三年（1664）《房山县志》青龙湖镇13村在册，康熙四十年（1701）《良乡县志》青龙湖镇5村在册，均无常乐寺村。

清中晚期成村，属房山县，因村北有辽金古刹常乐寺，故名。光绪十二年（1886）《顺天府志·卷二十九·地理志十一·村镇三·房山县》："三十五里，常乐寺村。"民国初，房山划分五区，常乐寺村属第四区。民国五年（1916）二月改设九区，常乐寺属第三区。今属青龙湖镇。该村有古刹常乐寺，明姚广孝塔、明司礼监太监王安墓。

本卷收录常乐寺村碑刻6件：明代5件、民国1件，其中收录碑文6篇。

房山碑刻通志·卷七· 史家营乡、大安山乡、霞云岭乡、南窖乡
佛子庄乡、河北镇、燕山办事处、青龙湖镇

○八八　御制赠推忠辅国协谋宣力文臣特进荣禄大夫柱国荣国公谥恭靖姚广孝神道碑铭

朕闻商宗得傅岩之叟以佐中兴，汉高用赤松之流以成大业。盖有命世之才者，必能建辅世之功。其生也，学足以济时，仁足以泽物，谟谋足以匡国家。其殁也，声名洋溢，流芳于后世，耿耿而不磨。盖天之生斯人，岂偶然哉！始之隐约，所以善其身。中之达施，所以见诸用。终之清明，所以超其类。凡若是者，惟太子少师姚广孝有焉。广孝，苏之长洲人。祖菊山，父妙心，皆积善，母费氏。广孝器宇恢弘，性怀冲澹。初学佛，名道衍。轨行峻严，人皆尊仰。潜心内典，得其阃奥。发挥激昂，广博敷畅。波澜老成，大振宗风。旁通于儒，至诸子百家之言，无不贯穿。故其文章闳丽，诗律高简，皆超绝尘俗。虽文人魁士，心服其能，每以为不及。然蕴蓄至道，而人莫窥其底里。洪武十五年，僧宗泐举至京师。朕皇考太祖高皇帝一见异之，命住持庆寿寺，事朕藩邸。每进见论说，勤勤恳恳，无非有道之言。退察其所以，坚确有守，精纯无疵，朕益重之。及皇考宾天，奸臣擅命，变更旧章，构为祸乱，危迫朕躬，朕惟宗社至重，匡救之责，实有所在。广孝于时，识进退存亡之理，明安危祸福之机。先几效谋，言无不合。出入左右，帷幄之间，启沃良多。虽古之明智，莫能过也。内难既平，社稷尊安，深惟天之所以佑我国家，而辅成大勋，若广孝者，实有赖焉。乃召至京师，命易今名，特授资善大夫太子少师。既又锡之诰命，祖考皆追封资善大夫，妣皆追封夫人。广孝之为宫僚，从容渐渍，忠言匡辅，虽老益尽其心。朕命儒臣纂修皇考《太祖高皇帝实录》，广孝为监修官，躬自校阅，克勤所事。尝归吴中，以所赐金帛，悉散之宗族乡人。其平生乐善好施，天性然也。永乐十六年三月，来朝于北京，仍居庆寿寺。朕往视之，与语极欢。至二十八日，召诸门人，告以去期，即敛趺端坐而逝，享年八十有四。

朕闻之，哀悼不胜，辍视朝二日，命有司为治丧葬，追封荣国公，谥恭靖，赠以勋号。百司官僚，暨畿甸士庶，远迩倾赴，肩摩踵接，填郭溢衢。虽武夫悍卒，闾巷妇女，莫不赞叹嗟咨，瞻拜敬礼，惟恐弗及。凡七日，仪形如生，异香不散。卜地于西山，砻石建塔。四月六日发引，灵风飘洒，法云旋绕。以火浴之，心舌牙不坏，坚如金石，得舍利皆五色。其所养者深矣。于六月十八日遂葬焉。呜呼，广孝德备始终，行通神明，功存社稷，泽被生民。故曰有命世之才者，必能建辅世之功。若斯人者，使其栖栖于草野之中，不遇其时，以辅佐兴王之运，则亦安能播声光于宇宙，垂功名于竹帛哉？况死生之际亦大矣，广孝能预烛于事而不惑，其有所见也。眷惟耆艾，深切朕怀。乃揭其功德不可泯者，勒之金石，以诏来世。铭曰：

天生哲人，辅我国家。有猷有为，厥德孔嘉。夤从于佛，潜养器识。洞烛古今，幽微莫测。弘济于艰，画若断金。内难既平，克享天心。崇德报功，位隆师臣。翊善弘化，正笏垂绅。端居养素，寿考惟祺。翩然而来，人莫我知。脩然而逝，俨乎容仪。克全五福，自天佑之。衣冠士庶，远迩同趋。填咽都市，瞻拜嗟咨。民夫具瞻，谁其蓍龟。西山之丘，神气所钟。冈峦回环，磅礴冲融。妥灵于兹，永固厥封。精英上腾，五色弥空。琢玉示辞，乃敕臣工。于千万年，流光无穷。

永乐十六年八月十三日立

碑刻说明

明刻。在常乐寺村东圣岗前。碑通高400厘米，宽110厘米，厚33厘米。碑额篆书"御制荣国公神道碑"。

碑文考释

此碑立于姚广孝塔南偏东。落款"永乐十六年八月十三日立"。

姚广孝塔，全名"太子少师荣国恭靖公姚广孝之塔"，建于明永乐十六年（1418）三至六月间。是年三月，八十四岁的姚广孝已是重病在身，大约是感到自己将不久人世，于是特地进宫朝见永乐帝，不久永乐帝又亲往他居住的庆寿寺探病。三月二十八日，姚广孝于庆寿寺病逝，永乐帝不胜哀悼，辍朝二日，命有司治丧，追赠推忠辅国协谋宣力文臣特进荣禄大夫上柱国荣国公，谥恭靖。四月六日，姚广孝遗体按佛教仪轨火化。六月十一日，葬于已经落成的房山圣岗墓塔中。

姚广孝塔坐北朝南，通高33米，为八角九级密檐砖塔，须弥座束腰浮雕寿字和花卉，其上为三重外倾莲花瓣，上承塔身。塔身东、西、南、北四面雕仿木隐作隔扇门，其他四面则雕花棂假窗。正面门楣上嵌石一方，上镌楷书"太子少师赠荣国恭靖公姚广孝之塔"。塔身之上为九重叠涩檐，各角悬铜铃，风吹作响，声音悠远。塔刹铁制，由八条铁链锢于檐角吻兽上，状似葫芦，上耸立柱，直插云天。

日伪时期，姚广孝塔被盗，墓塔地宫内劫后之余的明代青花瓷缸曾被抬至房山城，后来下落不明。

新中国成立以后，姚广孝塔先后进行了两次修缮。第一次是在1980年，这次工程填平了盗掘后留下的地穴，并围塔基筑石砌基座，将塔基加固。1985年春，文物部门对此塔进行了全面修缮，经这次修缮，历五百余年沧桑的姚广孝塔恢复了其本来面貌。

姚广孝塔前原有享殿一座，殿侧有围墙，殿前有门楼。

享殿前，自南而北原有神道一条。在大约距塔30米处的神道正中，姚广孝神道碑尚存。此碑螭首龟跌，十分壮观。碑额篆书"御制荣国公神道碑"，上镌永乐帝《御制赠推忠辅国协谋宣力文臣特进荣禄大夫柱国荣国公谥恭靖姚广孝神道碑铭》。神道碑立于永乐十六年（1418）姚广孝入葬时，永乐帝的御制神道碑铭亦撰成于是年八月十三日，但不知何故未即时刻碑，直到宣德元年（1426），姚广孝的养子姚继奏请宣宗，要求为姚广孝神道碑镌刻碑文，宣宗才拿出永乐帝当年亲撰的碑文给姚继，准他"其即刻碑，以成皇祖嘉念功臣之志"。是年五月，永乐帝御制碑文终于刻于神道碑上。从树碑到镌刻碑文，整整间隔8年时间。

姚广孝，字斯道，江苏长洲（今江苏省长洲市）人。祖父姚菊山。父亲姚妙心是个中医，母亲费氏。生于元顺帝至元元年（1335），十四岁出家妙智庵，法名道衍。洪武十五年（1380）三月，明太祖朱元璋选高僧侍诸王，为诵经荐福。宗泐把姚广孝举荐给朱元璋。宗泐，字季潭，别号全室，俗姓周，临海（今浙江临海市）人，明初著名高僧，时为左善世，住天界寺。燕王朱棣和姚广孝一见如故，请他随自己一起镇守北平（今北京），居金元名刹庆寿寺（今西长安街北侧电报大楼一带），成为朱棣的心腹谋士。

建文帝继位后，为巩固其统治地位，采纳齐泰、黄子澄的建议削藩，危及燕王朱棣。建文元年（1399）七月，姚广孝密劝朱棣举兵，发动"靖难之役"，姚广孝辅佐朱棣世子守御北平。建文元年（1399）十月，趁朱棣攻打大宁之际，建文帝派李景隆引兵50万袭北平，姚广孝率军民守御，朱棣回师北平，内外加击，将李景隆击退。朱棣采纳了姚广孝"毋下城邑，疾趋京师。京师单弱，势必举"的谋略，连败诸将于泗河、灵璧，渡江。建文四年（1402）六月十七日，攻入南京，即皇帝位，是为明成祖。

"靖难之役"，姚广孝虽未亲临战阵，作为谋臣，为朱棣出谋划策，战守机事皆由他决断，朱棣能夺取天下，姚广孝功居首位。永乐二年（1404）四月，拜资善大夫太子少师，复其姓，赐名广孝，赠祖、父如其官。成祖朱棣和他交谈，呼少师而不称名。成祖朱棣让姚广孝蓄发，姚广孝不肯。永乐六年（1408），随驾回到北京，世祖朱棣赐给他府第和两个宫人，被他婉拒。平时栖身佛寺，上朝时著官服，退朝仍著僧衣。出京南下赈济江苏（今江苏省）、湖广（今湖北省、湖南省），到故里长洲，把成祖朱棣赏赐的金帛分给宗族、乡亲。监修《太祖实录》，又与解缙等纂修《永乐大典》。

永乐十六年（1418）三月，姚广孝进北京朝见世祖朱棣，仍居庆寿寺。世祖朱棣亲自到庆寿寺看望。三月二十八日，敛跌端坐而逝，享年84岁。世祖朱棣不胜哀悼，辍朝二日，命有司治丧，追封荣国公，谥恭靖。卜地房山县太平里圣岗（今常乐寺村东）建塔。四月六日发引，六月十八日下葬。世祖朱棣御制《御制赠推忠辅国协谋宣力文臣特进荣禄大夫柱国荣国公谥恭靖姚广孝神道碑铭》。

在御制神道碑铭中，永乐帝对姚广孝之才识品学给予极高的评价，把他与辅佐商汤中兴的傅说、助汉高祖取天下的赤松子相提并论。称赞他"器宇恢宏，性怀冲澹。……潜心内典，得其阃奥。发挥激昂，广博敷畅。波澜老成，大振宗风。旁通于儒，至诸子百家之言，无不贯穿。故其文章闳丽，诗律高简，皆超绝尘俗。虽文人魁士，心服其能，每以为不及"。永乐帝对姚广孝"靖难"

之功念念不忘，赞扬他"于时识进退存亡之理，明安危祸福之机。先几效谋，言无不合。出入左右，帷幄之间，启沃良多。虽古之明智，莫能过也。内难即平，社稷尊安。"透过永乐帝对亡臣功绩的褒扬，隐约可见明王朝血腥争斗的刀光剑影。

〇八九　重修古刹常乐寺碑

赐进士及第资善大夫太子少保吏部尚书兼华盖殿大学士知制诰经筵讲官淳安商辂撰

直南薰殿征仕郎中书舍人吴郡杨珇书

英宗敕旨赐习楷书东吴孙添济篆

世有古今之殊，地有驰兴之理，虽王公大臣，莫不咸知所由而重其义耶！常乐寺在京都宣武关外，至寺七十余里。古有自来塔一座，上列大鹏狮象，凡求治疾者历应。至于大金寿昌年间建刹，名曰常乐，惟遗基址。至我大明洪武及天顺间，老僧智明结庵独居。成化七年春，内官监中官刘山，道号宝山，观其照映万寿戒坛山景，况见旧迹宽平，遂捐己资置买，初为园圃，次发鼎新之念。雕庄释迦牟尼佛、药师琉璃佛、接引阿弥陀佛，并阿难、迦叶侍立左右。又得针工局副使杨真过刹，忽瞻金像，骤兴宿植善因，愿作功德之主，幸托奉御康胜督工，盖造山门、天王殿、佛殿、钟鼓楼台、方丈、僧房、云厨、供器、幡盖，宜有者悉具，请僧善定为重开山第一代住持，晨夕领缁焚修，祝赞圣皇万岁，太子千秋，宫闱衍庆，国泰民安，年丰物阜，教法兴隆。嘱予为记，用表始终之义。其余助资官众，俱列金石之阴，同芳不泯。复系以赞云：

戒台高矗映常乐，胜境宽洪壮圆觉。福霈幽显教法隆，灯灯续焰承恩渥。中官作善天人喜，鼎新古刹明国里。卢沟晓月助光辉，照耀芳名无息止。

大明成化庚子岁黄钟月吉日重开山大功德主中官杨真　刘山　住持善定等立石

碑刻说明

明刻。在常乐寺村常乐寺。碑高297厘米，宽90厘米，厚23厘米。碑额篆书"重修古刹常乐寺碑"。

碑文考释

明成化庚子岁，成化十六年（1480）

黄钟月，指农历十一月。

据此碑，常乐寺在京都宣武关外（北京宣武门）70余里。古有自来塔一座，上列大鹏、狮、象。"金寿昌年间建刹，名曰常乐，惟遗基址。"寿昌，为辽道宗年号（1095—1101）。金代，无寿昌，有明昌（1190—1196），为金章宗年号。该寺明成化十七年（1481）三月《表扬自来塔记》记载："本山古有自来塔一座，隅有石龟，勒寿昌年号"知"大金"为误，实为辽道宗寿昌年间。

常乐寺创始年代不会晚于辽道宗寿昌年间（1095—1101），明初化为一片瓦砾，明洪武至天顺间（1403—1464），老僧智明在遗址上结庵独居。成化七年（1471）春，内官监中官刘山，道号宝山，见该寺与万寿戒坛（今门头沟戒台寺）相近，基址宽敞，捐资买下，起初种些蔬菜、花果、树木，又起修废之念，在寺基上塑立释迦牟尼佛、药师琉璃佛，接引阿弥陀佛，以及阿难、迦叶等神像。针工局副使杨真路过此地，见到佛像，捐资修寺，委托奉御康胜督工，建造山门、天王殿、佛殿、钟鼓楼、方丈、僧房、云厨，供器、幡盖俱全，请僧人善定为重开山第1代住持。

明代重建的常乐寺，有4重殿宇，前有山门，四周有院墙。进山门，左右有钟楼和鼓楼。一进天王殿，内奉四大天王，无梁殿建筑，歇山顶，石券门窗，面阔3间。此殿由明代成化年间存留至今。二进为弥陀殿，内奉接引阿弥陀佛，此殿面阔3间，仅存残基。三进为大雄宝殿，内奉释迦牟尼及阿难、迦叶，此殿经近年修缮，基本完好，面阔3间，前有月台，左右各有配殿3间。四进为药师殿，内奉药师琉璃佛，面阔5间，进深2间，已废。成化十六年（1480）十一月立碑记事。

商辂，字弘载，号素庵，浙江淳安人。明朝名臣，内阁首辅。明成化十五年（1479）五月《内官监左少监叶公寿藏碑》也是此人所撰。

○九○ 表扬自来塔记

佛号金仙，善化现而难名。塔乃浮图，创层级而易见。切惟世尊，功成果满，斯为大觉，流光遍照于尘寰，道德溥沾于今古。自是阿育王造浮图十有一级，以藏舍利，俾后世人咸知此地尝为古佛之都，而不泯其瞻礼之诚，是以得被佛之化度者，如树有深根，其叶而必茂，水有源本，其流而必长。故尊崇者修建寺塔，实由于此。况人禀阴阳之气，为万物之灵，幸生中国乐礼乐之化，获康宁之休，而笃信其道者，可不竭其诚哉？

出都城宣武关外七十里许，有古刹寺曰常乐，岁久荒废，遗址仅存。本山古有自来塔一座，隅有石龛，勒寿昌年号，内安奉观音，凡有所求，无祷不应。我圣朝中贵官刘公山，宝山乃法名也，宿植善本，乐道好施，过而见焉，顾瞻徘徊，不胜感慨，遂捐己资、募众缘，鸠工集材，鼎建殿堂，金碧交映，焕然维新，端为祝延圣皇万岁，国泰民安。落成之日，欲刻坚珉，垂于不朽，用是征言以纪其盛。予惟寺之古刹，斯里之所有塔名自来，实理之尝闻。然考其地志，殆与钱塘山寺飞来峰之古迹，岂不同其义欤？塔也，峰也，名虽殊，理则一。敢以是为质？昔有见塔而称颂者，不留其名，隐讳而去，惟遗赞颂，尚可考焉。赞曰：

宝塔飞来不记年，无碑可考幸亲瞻。群狮吼月身藏里，众象迎风首露前。既有天龙常拥护，岂无地虎久周旋？大鹏更喜明曦照，永镇西山万古传。

大明成化辛丑岁季春月吉日　本寺大功德主中贵官杨真　刘山　康胜　住持善定立石

碑刻说明

明刻。在常乐寺村常乐寺。碑通高297厘米，宽90厘米，厚23厘米。碑额篆书"表扬自来塔记"。

碑文考释

明成化辛丑岁，即明成化十七年（1481）。

此碑载，都城宣武关外（北京宣武门外）70里，有古刹常乐寺，岁久荒废，仅存遗址，古有自来塔一座，塔角有石龛，镌"寿昌"年号，内奉观音，"凡有所求，无祷不应"。朝中太监刘山，法名宝山。路过此地，捐资募众，鸠工集材，重建常乐寺。此碑立于明成化辛丑即成化十七年（1481）三月。此碑与《重修古刹常乐寺碑》，同记一事，各有侧重，可互相参照。

○九一　常乐寺碑记

　　常乐寺庙一座，住持僧人自成将庙产典当作尽，无养赡，托中人说合，情愿将庙产完全退归合会办公有，村正等公□□送与僧人银元肆佰元正，为还俗养身之资，空后无凭为正，合会收到以后，蒙本县批准，作为合会办公处，惟恐年深日久无记可凭，故立此碑。

　　常乐寺村　东石府村公立

　　中华民国□□□年□月　日

碑刻说明

民国刻。在常乐寺村常乐寺。碑通高132厘米，宽48厘米，厚12厘米。

碑文考释

　　清代常乐寺情况，无碑刻记载，不得而知。到了民国时期，住持僧人自成，将庙产典当殆尽，无以为生，托中人说合，将剩余庙产以银元400元的价钱，卖给常乐寺村、东石府村公有，带着400元银元还俗去了。当年此事上报房山县，获得房山县的批准。

○九二　明故昭勇将军义勇中卫指挥使周公墓志铭

　　赐进士第浙江道监察御史前行人司行人广阳张翰撰

　　赐进士出身征仕郎兵科给事中夷陵王良佐书

赐进士出身承德郎礼部精膳清吏司主事长洲徐明篆

京师人材之渊薮也，非英伟奇特，难乎名称，况武弁中尤其难者，吾党如周公者，声名籍甚，意或光和，而为流辈所推，尝面即之，淳雅谦抑，似恂恂者，叩其所蕴，议论英发凿凿，皆端方意向。信矣夫！名下无虚士也。方夷考其行，而公不起矣。公之壻陈茂才者，予之畏友也。公子佐，乃因茂才而以铭请。按状：公讳瑛，字廷辉，世为湖广澧州人。始祖福肆；高祖受，从龙飞授十人长；曾祖礼；曾叔祖信，膺前役，累功升燕山前卫指挥使，进阶昭勇将军，配秦氏，封淑人，追赠其祖、考、若妣，皆如其官封，寻升辽东都指挥使司金事；祖原为之后，袭指挥使，调义勇中卫；父荣，世其官；祖妣王、妣杨，亦受封焉。公早失怙恃，诸弟尚未成立，家务萧索，有不堪为者，公以清操苦节，旋补葺之。事王母有顺志之诚，事若叔犹若父也。与诸弟为之室。从侄女孤，抚而成，择婿归之。是其敦本睦宗，固有所自，要亦天资之高，有暗合者。公始袭职也，司本卫屯田事，宽而不纵，严而不苛，公课辨而士不告劳，府部诸大臣重之，擢掌卫事，公益感激求知，以副委任，勤不怠若事也，廉不易若守也，公恕不挠于私与刻也。历任余三十年，卒莫之易，僚属军士之德公者，不啻千百。故数军政之贤者，莫不于公先屈其指。清议沸腾，虽家喻之，有不若是其遍且速也。将领之荐银台卿，沈公禄以公名疏于上，骎骎乎柄用，而公以老不出视事矣，优游林壑，自谓羲皇上人，信非中之有物者，宜不及此也。公状魁梧，动循礼度。然爱乐诗书，尤其素癖，见章缝之士，辄折节分投，有古人忘年之义，故贤士大夫乐与之游，不以其涂殊而有所嫌也。今以一疾不起，悲夫！配张氏，赠淑人，浙江参议琛之女，端整淳良，允宜内则。家之裕，官之理，力居多也。先公卒。继张氏，封淑人，文安侯之孙。侧室袁氏。子五人：长即佐，替前职，能自振濯，娶钱氏。伦，树功升锦衣百户，娶陆氏。仪，义官，娶凌氏。俭，娶房氏。儒，幼。女六人：长壻本卫指挥使孙经，次锦衣百户郭润，次在室。次陈茂才孟贤，锦衣冠带总旗。次杨依渊，次詹桂。孙男二、女四。生于正统丙寅九月二十五日，卒于正德癸酉八月十日，得年六十有八。将以是年九月十七日，葬于房山县之落平屯，从先兆也。呜呼！始而闻公名，既而识公面，今又得以悉公之行，公之英彩固可没乎？宜其有以副其名也。燕赵多豪杰士，谓公非其人欤？宜为之铭。铭曰：

世其武志以文也,家始索终以殷也。其才与行迥拔其群也,宜其名上以闻也。

碑刻说明

明刻。现存于房山区文物管理所。1990年房山区崇各庄乡(今青龙湖镇)常乐寺村东南出土。志、盖长、宽均65厘米,厚9厘米。盖文篆书"明故昭勇将军义勇中卫指挥使周公墓"。志边框上部略缺损。

墓志考释

周瑛,字廷辉,世居湖广澧州(湖南常德市澧县)人。生于正统丙寅,即正统十一年(1446)九月二十五日。始祖周福肆。高祖周受,从明太祖征战,授十人长。曾祖周礼。曾叔祖周信,累功升燕山前卫指挥使,进阶昭勇将军,升辽东都指挥使司佥事。祖父周原,为周信嗣,袭指挥使,调义勇中卫。父周荣,袭义勇中卫指挥使。周瑛早年丧父,诸弟年幼,家境凄凉。周瑛袭职之初,主管本卫屯田事,宽而不纵,严而不苛,擢义勇中卫指挥使,掌卫事,历任30余年。明正德癸酉,即正德八年(1513)八月十日卒,享年68岁。正德八年(1513)九月十七日,葬于房山县之落平屯(今为房山区青龙湖镇常乐寺村地界)。

燕山前卫,上直二十六卫之一,为守卫皇城北京的禁卫军。

辽东都指挥使司,明洪武四年(1371),明太祖在辽东设置定辽都卫,六年(1373)六月置辽阳府、县。洪武八年(1375),将定辽都卫改为辽东都司,治所在定辽中卫(今辽宁省辽阳市),辖区相当今辽宁省大部。洪武十年(1377),府县都罢黜,只留下卫所。

义勇中卫,永乐年间置,直属后军都督府,护卫明武宗朱厚照陵寝。

〇九三　皇明乾清宫管事提督宫内两司房兼掌尚衣监印务尚膳监太监信吾王公墓志铭

赐进士出身荣禄大夫太子太保协理京营戎政兵部尚书毗陵通家侍生陆完学

顿首拜撰

特进荣禄大夫柱国前总督五军团营军务太傅襄城伯金斗眷侍生李守锜顿首拜篆

赐进士出身承直郎巡视京营戎政兵科右给事中天都通家侍生姚思孝顿首拜书

尚膳监太监信吾先生，姓王氏，讳之佐，顺天府东安县人也。以天启辛酉年选入内庭，继为司礼监掌印太监曹号熙寰先生名下。初出乾清宫管事杨潮门下，为皇城司苑局艺业，即授宪庙端荣昭妃坟管事。至天启二年内迁，改兵仗局管理，历试诸务，事多效，而劳无倦。熙寰先生于是鉴赏之，时时教以守身持己之道、忠君报国之诚。而信吾亦一一禀受熙寰先生之家法而行，盖熙寰先生乃忠孝恪诚、公明廉介、矢心为国者，故名下事多克肖。至崇祯二年，熙寰先生代为题授乾清宫暖阁内近侍。近侍三年，靡有厌怠。崇祯五年，奉敕着做打卯牌子，轮流捧剑随朝。先生至是愈委曲小心，夙夜在公。崇祯六年，再敕提督上林苑监四署。督署之时，凡苑内一切例规夙通，特为缮本，题请裁革蠲免。崇祯八年，转敕尚衣监印。未几，本年即授乾清宫管事。九年，竟著署提督宫内两司房，而终于尚膳监太监。自崇祯五、六年至七、八、九，五年之内，累迁擢用，遂至腰玉、赐蟒、赐鞭，取功名可为如寄矣。生平以孝友闻，不幸亲皆早丧，每每以不得终养为恨。昆仲三，先生居其季。凡有所钦恤，毫不吝恤，大半分惠二兄。于长兄之子王玺，犹加抚字，必延师课读，务曲成之。赋性鲠直，不作依阿相。任事黾勉，不为茬苒态。然素行每多急躁，遇事接物，不能含忍，任性而行，大约粉饰少而率真多也。距生于万历辛卯年八月十八日戌时，卒于崇祯十年正月二十二日子时，得年四十有七。崇祯十年正月二十五日，奉圣旨钦赐谕祭二坛，宝钞、金银、币帛、香烛等品。钦差南司房监官张文质、人数司房慈有方、管赏司房张大伦赍旨致祭。先是，司礼监掌印太监谥昭忠宁宇王老先生，乃信吾之祖，卜葬于房山县石府村。及先生既殁之后，崇祯十年二月十三日，亦祔葬于此山之侧。今熙寰先生用形家言，谓旧壤不吉，移进数百步。将于崇祯十年十二月初八日改葬，更封树之，并改葬先生于昭忠老先生之墓前十余丈。异哉！先生之富贵、功名、死生、知遇，皆玉成于熙寰先生之手。曹先生可为有始有终无负于人矣，而王先生盖棺事始定也。故铭，铭曰：

嗟人世之功名兮，艰于晋崇。嗟人事之知遇兮，毕世难逢。晋崇之艰兮，每多磨砻。知遇难逢兮，罕得令终。惟公如拾芥兮，功名独丰。惟公如胶结兮，知遇愈隆。磨砻兮，令终兮，岂巧可避而智能丛？

管子曰："生我者父母，知我者叔牙。"遡知我于公，孰有如彼之遇叔牙者邪？

碑刻说明

明刻。现存房山区文物管理所。出土于青龙湖镇常乐寺村司礼太监王安墓。志、盖均长83厘米，宽84厘米。盖文篆书"皇明乾清宫管事提督官内两司房兼掌尚衣监印务尚膳监太监信吾王公墓志铭"，首题"皇明乾清宫管事提督官内两司房兼掌尚衣监印务尚膳监太监信吾王公墓志铭"。

墓志考释

王之佐，葬于明司礼监太监王安墓侧。

过青龙湖镇的青龙湖西北行，远远地看到一处高大绵长的古墙建筑，愈近愈显得高大宏伟，气势夺人。这就是位于常乐寺村的明代著名司礼监太监王安墓。王安墓后倚连峰，前俯清流，左临圣岗，右屏西山，是块难得的风水宝地。早在辽代，这里就创建了常乐寺一座，村以寺名，王安墓将寺围在其中，置葬于寺后，形成了寺墓同处的特有格局。清代《日下旧闻考》对王安墓早有记载："圣岗在卢沟桥西二十里……右为长罗寺，司礼太监王安墓在其后。"长罗寺，为著书者笔误，实为常乐寺。

王安墓坐北朝南，墓四周有巨石砌成的高大的墓墙环护，前为南北长东西宽的长方形，后呈半圆形，南侧及东、西两侧各有过街楼。南部过街楼已圮，东西过街楼残存。过街楼下部为石砌楼基，中开券门，上部为楼阁一间。高大宏伟，颇为壮观。过街楼上部已圮，下部保存完好，东、西两座过街楼均嵌石额与石联。东楼额题"凤诏旌忠"，上联"纯忠万禩名湮永"，下联"世德千秋带砺长"。西楼额题"鸿猷翼圣"，上联"浴日丰功重宇宙"，下联"凌云正气壮山河"。

进王安墓，一条长约400米的神道通向王安的葬所，神道左侧是创于辽代、明成化重修的常乐寺。墓内原有祭祠和墓坊，年久圮废。王安墓坊为汉白玉石坊，现残存石坊横额，题"司礼监掌监事太监王公佳城"。神道尽头，现存三合土宝顶2座，为王安墓和王之佐墓。

《皇明乾清宫管事提督宫内两司房兼掌尚衣监印务兼掌尚膳监太监信吾王公墓志铭》记载了王之佐生平。

王之佐，顺天府东安县（今属河北省廊坊市安次区）人，生于万历辛卯年，即万历十九年（1591）八月十八日，天启辛酉年即天启元年（1621）选入内庭，在司礼监掌印太监曹熙寰名下。刚进宫时，在乾清宫管事杨潮门下，为皇城司苑局艺业，后授宪庙端荣昭妃坟管事。昭妃王氏，景泰二年（1451）生，自幼在宫。成化十二年（1476）十月初八日，行册封礼，册封昭妃，时年26岁。成化十六年（1480）六月丁丑日薨，年30岁，谥曰端荣，葬金山。天启二年（1622），王之佐改兵仗局管理，历试诸务，事多效，而劳无倦，深得太监曹熙寰赏识。崇祯二年（1629），题授乾清宫暖阁内近侍，任职3年。此阁为后妃侍寝处，近侍一职，负责接送侍寝的后妃。崇祯五年（1632），奉敕任打卯牌子，掌随皇帝出朝时捧剑。位居司礼监太监及东厂提督守备等太监之次，属太监中地位极高者。崇祯六年（1633），提督上林苑监四署。崇祯八年（1635），转授尚衣监印，本年即授乾清宫管事。崇祯九年（1636），署提督宫内两司房，职至尚膳监太监。自崇祯五、六年至七、八、九年，5年之内，累迁擢用，至腰玉、赐蟒、赐鞭。

兄弟3人，王之佐最小。皇帝的赏赐，大半分给两位兄长。对长兄之子王玺，王之佐一意栽培，专门聘请教师，传授知识。

墓志评价他"赋性鲠直，不作依阿相。任事黾勉，不为茬苒态。然素行每多急躁，遇事接物，不能含忍，任性而行，大约粉饰少而率真多也"，可谓盖棺之论。

崇祯十年（1637）正月二十二日卒，享年47岁。崇祯十年（1637）正月二十五日，奉圣旨钦赐谕祭二坛，宝钞、金银、币帛、香烛等品。钦差南司房监官张文质、人数司房慈有方、管赏司房张大伦赍旨致祭。可谓恩荣之至。

"先是，司礼监掌印太监谥昭忠宁宇王老先生，乃信吾之祖，卜葬于房山县石府村。及先生既殁之后，崇祯十年（1637）二月十三日，亦祔葬于此山之侧。"

司礼监掌印太监谥昭忠宁宇王老先生，即司礼监掌印太监王安，历神宗、光宗、熹宗三朝，位至司礼监秉笔太监。司礼监秉笔太监在明代太监中是权势最高的职位，明末又是太监专权，因此王安在当时是个举足轻重的人物，明末的三大奇案他都亲历，有辅政之功。天启元年（1621），被魏忠贤迫害致死。崇祯元年（1628）思宗朱由检立，为王安昭雪，追谥昭忠，赐葬于房山县石府村（今常乐寺村）。

墓志称王安"乃信吾之祖"，王安原籍雄县（今雄安新区），二人虽然同为王姓，籍贯各异，并无血缘关系，"祖"应是就太临辈分而言。因为这层关系，崇祯十年（1637）二月十三日，王之佐祔葬王安墓侧。

一路栽培王之佐的曹熙寰，听信风水先生的说法，认为二人葬所不吉，崇祯十年（1637）十二月初八日改葬，将王之佐墓迁至王安墓前10余丈。

上万村

在青龙湖镇北。东邻焦各庄村,南邻水峪村,北邻北四位村。该村是青龙湖镇可考的年代最久的古村,成村不晚于唐。

据《咸雍六年正月二十日帖判》:唐朝末年,平州(治今河北龙卢县)僧人思行买下上万村庄土,创建寺院。至后唐天成三年(928),思行在寺院里并上万村庄土上建立石幢,把买地建寺的原委详细记载下来。清泰元年(934),思行弟子鉴圆舍施衣钵在幽州城(燕京)时和坊内,买置院子,创建谷积山下院。这是有关上万村最早的记载。

上万村为古燕国地,自西汉始历代属良乡县,其间北齐天保七年(556),良乡省入蓟县,一度属蓟县。武平六年(575),复置良乡县,又属良乡县。金明昌二年(1191)上万村划入奉先县神宁乡。元初青龙湖镇西北部仍属奉先县神宁乡。元世祖至元二十七年(1290)年改奉先县为房山县,上万村属房山县神宁乡。明清属房山县神宁乡太平里。

民国初,房山划分五区,上万村属第四区。民国五年(1916)二月改设九区,上万村属第三区。今属青龙湖镇。该村大南峪有明万佛寺(后称天台寺)遗址、清奕绘贝勒园寝,大南峪东有清孙国玺墓。清克王墓亦在上万村。

本卷收录上万村碑刻2件:明代1件、清代1件,其中收录碑文2篇。

九四　万佛寺记

徐渭撰文

去京师六十里所，邑曰房山，山曰大南峪。有地一顷，初结庵一区，以居僧能贵。其后中人某某辈，以南地颇广且胜，又邑界也，暑雨冰霜，往来者众，背偻肩赪，而无憩止，思有以扩之。乃稍醵金其党，旁及募者，以属贵。起嘉靖辛亥，迄万历己卯而寺成。寺有殿三楹，东西翼倍之，厨沐之楹，视其殿计。将以声众也，置巨钟一。以饮众也，为井一。以表众也，为浮屠一。而佛之数则盈万，遂名曰万佛。至是工竣矣，乃来请记。今夫主人之召客也，无弗敬者也。然客三数则暇，十则警，百则惶惶然，惟恐其或失矣。夫敬一也，而有暇与惕之分，则以客多少之故也。此何以异于合刍泥金碧以成佛，而以纳之其庐，其人之骤而望之也？一则寥寥然，十百则总总然，至千且万，则奕奕然，接之且不暇，况得而易之乎？然此犹以敬言也，至其畏也，亦靡不然。设幽都狱具而以怖夫不类，其始观夫一署也，矍然，至三五则愀然，至十则毛竖而却走矣。夫上智者，不待敬且畏而自善，下愚者畏之而后善，若夫敬而成善者，多中以上之人也。人之禀，上与下者少，而中者多，则设起敬之具以成其善者，多者胜而少者不胜。佛而至万，敬之居多矣。吾故以是某某辈喜，而辄为之记。然吾闻贵有戒行，是庶几于敬者。以故今得从万佛迁主御建慈寿寺中。

碑刻说明

明刻。原在上万村大南峪，已佚，碑文见《徐渭集》。

碑文考释

此碑记载了万佛寺创寺始末。

大南峪原来最初的主人是明嘉时期的僧人宝珠禅师王能贵。当年峪中并没有像样的寺院，王能贵姑且结庵而居。此地当交通要途，往来之人常常来峪中安歇，想打尖落脚，苦于茅庵狭小。有个好善的太监便邀亲友捐资建寺，又募化他人，把善款赠给王能贵，由他用来兴建寺院。嘉靖三十年（1551）动工，前后历时28年，于万历七年（1579）落成。当年，其建正殿3间，左右配殿各3间。又铸钟1口，悬于寺内，在寺后建塔1座。寺院规模不大，正、配殿不过9间，除奉佛修禅之外，也有简陋的厨房、浴室，仅仅能满足生活需要而已。

区区3座9间的平常小寺，足足用了28年时间，令人不可思议。其实，建寺加之铸钟、构塔，至多不过一年数年。之所以耗时28年之久，是连年塑造佛像，数量之多令人瞠目。从建寺伊始的嘉靖三十年（1551），至万历七年（1579）全部工竣，共塑佛像上万尊，所以寺名叫万佛寺。宝珠禅师利用善信的善款，旷日持久，塑造万佛，恰投万历帝和慈圣太后所好，万佛寺竣工没几年，他便离开了这处山野敝寺，到北京做御建慈寿寺住持去了。

慈寿寺，位于阜成门外八里庄，明万历四年（1576）落成，是明神宗为母亲圣母慈圣皇太后祝寿所建。当年，由于建慈寿寺耗资巨大，大学士张居正曾以财政匮乏为由反对建寺，由此可见当时建成的慈寿寺是多么的豪华富丽。慈寿寺形制整齐，规模宏大。其中宁安阁匾额为李太后手书，后殿内供奉九莲菩萨像。清光绪年间的一场大火，将寺内建筑全部烧毁，只留下现今的一座砖塔，这就是现在位于京西八里庄的慈寿寺塔。

万佛寺的一则碑记，记载了这段陈年往事。撰文的是明代晚期颇负盛名的画坛太斗徐渭。徐渭，绍兴府山阴（今浙江绍兴）人。初字文清，后改字文长，号青藤老人。万历九年（1581），60岁的徐渭应辽东抗倭名将李成良长子李如松的邀请，带着19岁的二儿徐枳从老家来到北京。其时，万佛寺竣工已两年之久，徐渭受托写下《万佛寺记》。山寺原来主人王能贵，早已攀上高枝，弃寺而去，为慈圣太后的寺院慈寿寺主寺去了。徐渭记云："然吾闻贵有戒行，是庶几于敬者。以故今得从万佛迁主御建慈寿寺中。"不无讥讽之意。由明至清，万佛寺几经修复和扩建，形成宏大规模，由万佛寺改为天台寺。

〇九五　孙国玺谕祭碑

维乾隆五年岁次庚申六月庚午越十三日壬午，皇帝追礼部祠祭清吏司主事兼礼书馆纂修加一级永常，谕祭病故安徽巡抚纪录二次降一级留任孙国玺之灵曰：鞠躬尽瘁，臣子之芳踪。赐恤报勤，国家之盛典。尔孙国玺性行纯良，才能称职，方冀遐龄，忽而长逝。朕用悼焉，特颁祭葬，以慰幽魂。呜呼！宠赐重垆，庶沐匪躬之报。名垂信史，聿昭不朽之荣。尔如有知，尚克歆享。

碑刻说明

清刻。在上万村孙国玺墓。碑高340厘米，宽150厘米，厚40厘米。碑额篆书"谕祭"。汉满合璧。无题，题为添加。

碑文考释

清孙国玺墓位于上万村西南，西临清奕绘贝勒园寝，西北晴岚秀出，连绵如带。墓前阔野平川，远山依依。墓地南北长130米，东西宽100米，占地13000平方米。三合土宝顶毁于20世纪70年代。墓室未被破坏。前有碑记一块，螭首龟趺，汉白玉雕制。墓坐北朝南，原有墓门和神道。墓四周有环形三合土围墙墓墙，上呈波浪形，高4米，厚2.5米，总长约162米，残存91米，基本完好。孙国玺墓风格独特，环状波浪形墓墙在房山地区绝无仅有。

孙国玺，汉军正白旗人，清康熙六十年（1721）进士。初为知县，雍正六年（1728）由汀漳道调任福建分巡台湾兵备道，旋即调离台湾，累官安徽巡抚。他清宽凤阳县米税，百姓深受其利，商人们纷纷到凤阳经商。乾隆四年（1739）病故于安徽巡抚任上。乾隆五年（1740）六月十三日，清高宗赐祭文谕祭。

崇各庄

在青龙湖镇东。东邻庙耳岗村，西邻小苑上村，南邻豆各庄村，北邻崇青水库和青龙头村。古属良乡县。清康熙四十年（1701）《良乡县志·卷一·舆地志·村店》："崇各庄，治西北十八里。"据民国十三年（1924）《良乡县志》，民国四年（1915），良乡县划分八区，崇各庄属第五西二区。后分三个自治区，崇各庄属第一区。1958年，设崇各庄人民公社，属崇各庄人民公社。1983年撤销崇各庄人民公社，设立崇各庄乡，属崇各庄乡。2000年撤销崇各庄乡，设立青龙湖镇，属青龙湖镇。崇各庄村有清惠亲王墓，葬有清惠端亲王绵愉、绵愉第五子惠敬郡王加亲王衔奕详。

本卷收录崇各庄碑刻2件：清代2件，其中收录碑文2篇。

○九六　和硕惠端亲王碑文

朕惟分列尊行，朱邸之贻型共仰。名垂后裔，青珉之纪绩长存。典宜重于展亲，情倍深怀于追往。载须芝绰，式焕松阡。惟和硕惠亲王，乃朕之叔祖也。秉性端凝，持躬谨慎。恩推一本，早膺茅土之封。眷渥三朝，永衍葛根之芘。侍禁掖而常厪寅畏，统旗营而益矢辛勤。巡防之责任匪轻，熊羆队整。奉命之声灵有赫，虎豹韬娴。手谕仰承，召对毋庸乎叩拜。肩舆入直，仪文特示以尊崇。荷先帝之荣，施礼有加于长长。迨朕躬之嘉，赖念弥笃于亲亲。禀命慈闱，宣勤秘殿。翊冲人而典学，启沃良多。停庶务以节劳，康疆可卜。方冀修龄之克享，何图痼疾之莫瘳。遽告沦徂，实深悲悼。赗金厚赉，袼邀内府之颁。奠斝亲行，封畀后昆之晋。易名有典，爰谥曰端。於戏，令德孔彰，百世延银潢之泽。成劳勿替，九原耀石碣之辉。式峙穹碑，用照遗矩。

同治五年正月日

碑刻说明

清刻。在崇各庄村青龙湖水库东南。拓片高232厘米，宽94厘米。额高30厘米，宽28厘米。碑额篆书"敕建"。碑文汉满合璧。

碑文考释

惠亲王墓，在青龙湖镇崇各庄村。

民国《良乡县志·卷六·纪幽志·丘垄》："惠亲王墓，在崇各庄。"

惠亲王墓背西面东，墓前有月河，河上有神桥一座，过神桥，墓分两区，一南一北相距百余米，红色墓墙，墙顶绿琉璃瓦。一处葬惠端亲王绵愉，一处葬惠敬郡王奕详。两墓规制相同，陵首宫门3间，进宫门是碑亭，碑亭后是5

间享殿，享殿后是宝顶。宝顶径丈五左右，墓墙后随宝顶形状呈半圆形。

绵愉，嘉庆帝第5子。嘉庆二十七年（1822）七月，道光继位，封惠郡王，在内廷行走，上书房读书。道光九年（1829）命食全俸。道光十九年（1839），进亲王。咸丰继位，以皇叔故内廷召对，宴赐赏免叩拜，奏章免书名。咸丰三年（1853）赐御用龙补。

洪秀全义军转战至北京附近，清廷以绵愉为奉命大将军，颁锐捷刀，统健锐、火器、前锋、护军、巡捕诸营，及察哈尔兵、哲里木等东三盟蒙古兵，与科尔沁亲王僧格林沁督办防剿。咸丰四年（1854），命朝会大典外悉免叩拜。咸丰八年（1858）五月，以奏保耆英，罢中正殿、雍和宫诸职。九年（1859），罢钱粮局。

咸丰十年（1860）七月，英法联军至天津，命至通州与僧格林沁办防，并奉谕参与筹商交涉。同治二年（1863），同治帝典学，皇太后以绵愉行辈最尊，品行端正，命在弘德殿专司督责，并命绵愉二子奕详、奕询伴读。同治三年（1864）十二月薨，同治帝亲临奠，赐银五千治丧，谥曰端。

绵愉有6子，有爵者三：奕详、奕询、奕谟。

奕详，绵愉第5子，谥曰敬，葬惠亲王墓。

〇九七　和硕亲王衔多罗惠敬郡王碑文

朕惟辉分玉牒，展亲之受福方长。派衍银潢，叹逝之怆怀倍切。生既渥叨夫恩礼，眷注优隆。没宜备致乎哀荣，仪文稠叠。爰申巽命，用勒丰碑。尔亲王衔多罗惠敬郡王奕详，禀气冲和，持躬恪慎。效趋跄于禁御，夙著公勤。标属籍于宗盟，克延世泽。藩屏列爵一阶，晋朱邸之崇。荣府疏庸三赐，荷丹纶之宠。方谓懋膺茀禄，何图遽谢华年？奠飨以时，聿考彝章而加等。表茔有制，更稽典册以易名。综厥生平，谥之曰敬。於戏！金枝掩采，弥伤急景之难留。翠碣镌词，庶冀流风之不泯。永绥吉兆，特沛殊施。

光绪十二年八月日

碑刻说明

清刻。在崇各庄村庄印刷厂内。拓片高249厘米,宽107厘米。额高30厘米,宽18厘米。碑额篆书"敕建"。碑文汉满合璧。

碑文考释

奕详,绵愉第5子。初封不入八分辅国公。赐三眼孔雀翎,进镇国公,袭郡王。同治大婚,加亲王衔。同治十三年(1874),命食亲王俸。光绪十年(1884)十月,太后寿辰,命食亲王全俸。十一年(1885)六月,授内大臣。十二年(1886)正月薨,谥曰敬。

惠亲王墓民国年间被盗,但陵寝建筑完好无损。民国时惠亲王后人曾开汽车来此谒陵。据焦各庄村田坤老人讲,此人家住北京王府井一带的多福巷。1958年房山修崇各庄水库,惠亲王墓在库区范围内,水库施工时被毁夷。惠端亲王绵愉、惠敬郡王奕详的墓碑尚存,分别置于水库东南侧之岸边和崇各庄印刷厂内。

豆各庄

  在青龙湖镇东。东邻大苑村，西邻坨里村，南邻果各庄村，北邻崇各庄村。古属良乡县，清康熙四十年（1701）《良乡县志·卷一·舆地志·村店》："豆各庄，治西北十八里。"据民国十三年（1924）《良乡县志》，民国四年（1915）良乡县划分八区，豆各庄属第五西二区。后分三个自治区，豆各庄属第一区。

  1958年，设崇各庄人民公社，属崇各庄人民公社。1983撤销崇各庄人民公社，设立崇各庄乡，属崇各庄乡。2000年撤销崇各庄乡，设立青龙湖镇，属青龙湖镇。

  本卷收录豆各庄碑刻1件：清代1件，其中收录碑文1篇。

〇九八　固山谟贝子蠲免良乡县杂差役税碑文

自古圣王御世，必有贤哲之臣，体爱育之仁，念切民依，广教子惠。一则曰薄赋敛，再则曰减徭役。盖欲不竭民财，不穷民力，以痌瘝在抱之□，冀元元之得所，此"乐只君子，民之父母"，□民所□，□诵无忘也。今固山谟贝子以帝室懿亲，性秉慈祥，德成仁厚，其怀康济也。有□近有下窦格庄旗籍庄头正白旗满金仲达，以□□窦格庄等村地脊民贫，加以差役繁重，闾阎困苦，念切桑梓之情，详述于贝子，贝子恻然悯之，因念此庄村邻于惠端亲王园寝左右，素职守望之谊，今园寝中松柏虽已成林，四边树木尚未畅茂，遂将此庄村民众□为树户，俾四边补种榆柳。因于光绪二十九年闰五月初旬，行知顺天府札饬良乡县，今后庄村民户，只供树户之差，余每年应征正项钱粮外，所有杂差徭役，一律蠲免。上体皇上爱民之心，远绍前王慈惠之德，俾我世子孙，永远免追呼，而歌□□，□□无穷。又岂仅一方戴德已哉？先民有言曰：一县减粮，万民受福，即此意也。而村民感戴情殷，虑日久年湮，致忘盛德，共议勒诸贞珉，俾垂永久。庶我贝子为国恤民之善，历久弥彰。下民感颂德之诚，时常在抱。虽有岁时勤□□种，效野人芹献之忱。日后寝园风木翁郁成林，凡我后昆永承福荫，岂不□欤？是为记。

三等护卫钟琇　王永富

经理人金仕鳌　宇文生秀　金九龄　岳德恒

举人陈琇撰文

梁吉书文

姜文玉铁笔

贾玉清　刘长河　杜良缘　张万□　张万钟　合村众人等同立

光绪贰拾九年癸卯季冬月中浣谷旦建立

碑刻说明

清刻。在豆各庄村。拓片碑身高106厘米,宽66厘米。额高、宽均18厘米。

碑文考释

窦格庄,即今豆各庄村。"固山谟贝子",奕谟,清宗室,爱新觉罗氏,满洲右翼镶蓝旗近支第一族。清仁宗嘉庆帝第5子惠端亲王绵愉第6子。初封不入八分镇国公,再进封贝子,加贝勒衔。卒,无子。

据此碑,豆各庄旗籍庄头正白旗金仲达,看到窦各庄等村地脊民贫,差役繁重,困苦不堪,念桑梓之情,向奕谟贝子详细诉说,奕谟恻然悯之。念窦各庄村邻近惠端亲王园寝,园寝中松柏虽已成林,四边树木尚未茂盛,于是将窦各庄村民,定为园寝种树户,让村民在园寝四周种榆柳。

光绪二十九年(1903)闰五月初旬,根据奕谟的意见,顺天府行文到良乡县,规定今后豆各庄等村民户只供树户之差,其余每年应征,除正项钱粮外,所有杂差徭役一律蠲免。

这是一件与惠亲王墓有关的碑文,从一个侧面反映了清末苛捐杂税繁重,民不聊生。

坨里村

为青龙湖镇政府所在地。东邻马家沟村，西邻口头村，南邻沙窝村，北邻水峪村。古为良乡县境。金明昌二年（1191）划入奉先县，属奉先县神宁乡。元世祖至元二十七年（1290）年改奉先县为房山县，属房山县神宁乡。明清属房山县神宁乡太平里。清康熙三年（1664）《房山县志·卷二·乡村》："坨里村，县北十五里。"据民国十七年（1928）《房山县志》，民国初，房山划分五区，坨里村属第五区。民国五年（1916）二月改设九区，坨里村属第三区。今属青龙湖镇。坨里村有关帝庙，此地原为坨里村的一个自然村，名坨里新房村。

本卷收录坨里村碑刻1件：清代1件，其中收录碑文1篇。

史家营乡、大安山乡、霞云岭乡、南窖乡
佛子庄乡、河北镇、燕山办事处、青龙湖镇

○九九　重修关帝庙碑记

　　尝思圣神之功德，大足以庇佑乎人民，法像庄严，尤贵恢宏夫栋宇，此古来建庙之大较也。但人事虽有成而必败，而天道断无往而还。曩者，坨里辛房村西头旧有关圣庙一座，正殿三间，东西禅堂各三间。纵雨蚀风萧，时序不（缺文）天噬历而垣颓比辟，气象更觉维堪不时，无以尽显关圣之威灵，且无以壮乡之观瞻，吾乡众善士目击心伤，今有重修之志，因所费不赀，未敢轻举。至光绪十二三年，招关圣护佑之力，风雨调顺，百谷丰登，还□□商议，愿捐金重修之。因于光绪十三年三月间，砖瓦木石，办理齐，庸埤匠人之能者，令治共事，至十四年春工竣。由是废者修，坠者举，规模重焕，无虑漏雨□穿，纵以练，涂以丹，景色一新，俨如霞蒸而云蔚，则神圣护国佑民之咸□庶□此，而愈神感应矣。其捐金出力之姓氏开列于后，勒之石以垂久远。

　　□人田鸣翔、翟志、郑纯、陈□、范常有、郭俊、宋亮、王立、潘祥、陈兴、井□，会首人等秦镜、王斌、董亮、秦尚德、张有财、秦□、苗□思、刘宗水、陈喜、王进福、施玉□、张有仁，住持道纳刘兰田。

　　大清光绪十四年中春

碑刻说明

　　清刻。在坨里村关帝庙。碑高通高201厘米，宽60厘米，厚19厘米。碑座高49厘米，宽79厘米，厚38厘米。碑额篆书"万古流芳"。

碑文考释

　　碑载，坨里辛房村（今属坨里村）西头旧有关圣庙一座，正殿3间，东西禅堂各3间。雨蚀风萧，垣颓殿废，众善士目击心伤，有重修之志，所费不赀，未敢轻举。至光绪十二（1886）、十三年（1887），风雨调顺，百谷丰登，乡民商议，捐金重修。因于光绪十三年（1887）三月兴工，光绪十四年（1888）春工竣。田鸣翔、翟志、郑纯、范常有、郭俊、宋亮、王立、潘祥、陈兴，会首人等秦镜、王斌、董亮、秦尚德、张有财、刘宗水、陈喜、王进福、张有仁，住持道纳刘兰田等人捐资助善。

"坨里辛房村西头旧有关圣庙一座"，知今坨里村关帝庙所在当时为坨里村的一个自然村，名辛房村，早年名新房村，现今已和坨里村连成一片，无辛（新）房村之称。

北刘庄

在青龙湖镇东南。东邻詹庄村,南邻安庄村,西邻果各庄村,北邻大苑村。古属良乡县境,成村于清中晚期,因良乡县南有刘庄村,故称北刘庄。

清康熙四十年(1701)《良乡县志》无此村。清乾隆十一年(1746)侍卫内大臣加赠太子太保常明赐葬于此,坟户居此,渐成村落。清光绪七年(1881)《良乡县志·第一卷·舆地志·村店》:"刘家庄,距城八里。"刘家庄,即今北刘庄。民国四年(1915),良乡县划分八区,北刘庄属第八北区。后分三区,北刘庄属第一区。1958年,设崇各庄人民公社,属崇各庄人民公社。1983撤销崇各庄人民公社,设立崇各庄乡,属崇各庄乡。2000年撤销崇各庄乡,设立青龙湖镇,属青龙湖镇。

本卷收录北刘庄碑刻1件:清代1件,其中收录碑文1篇。

一〇〇　常明谕祭碑

皇帝谕祭领侍卫内大臣加赠太子太保加十一级纪录二次常明之灵曰：抒忱宣力，□□□于生前。赐恤酬庸，贲隆施于身后。式颁奠醊，爰示优崇。尔常明性秉朴勤，才惟练达，□□冲之旛稍。奉职维虔，典羽卫之戈矛。在公罔懈，周旋禁闼，常怀不二之忱；出入□庭，弥□匪躬之节。既官阶之久历，积有成劳。正任用之方□，恩逾常格。沧徂忽告，轸悼良深。□□旧之殊荣，特颁内帑，稽饰终之令典。载赐芳筵，更予易名，用申前□。於戏，勋垂竹帛，念劳勋于生平。光建泉垆，亭苾芬此日。尔灵不昧，庶克歆承。

乾隆十一年七月日立

碑刻说明
清刻。在北刘庄常明墓。拓片高210厘米，宽72厘米。碑文汉满合璧。

碑文考释
"勋垂竹帛，念劳勋于生平。光建泉垆，亭苾芬此日。"为排比句，两个句子，各为四六句式，六字句以"于"为介词。故疑"亭苾芬此日"脱一"于"字，应为"亭苾芬于此日"。

常明墓位于北刘庄村东南，清代墓葬。此墓坐北朝南，占地20余亩，墓前有神道，神道首立两个华表，华表后为汉白玉石坊，石坊后，有两座碑楼，碑楼内各有一通墓碑，后为灰土夯实的宝顶三座。三合土宝顶以及墓碑、华表均毁于20世纪70年代初期。现存四柱三门石牌坊一座。这座墓坊，通体为汉白玉大理石雕构而成，面阔11.55米，明间宽4.2米，次间宽3.7米。方形通天柱宽0.6米。这座墓坊柱、梁、坊均为方形。四根坊柱顶端各端坐一尊石狮，颇似 4 个华表造型。坊梁上浮雕云纹和瑞兽，楷体坊额已被凿去，无法辨识。此坊风格独特，整体造型给人以富丽庄重的感觉，是房山区现存的最精美的石坊。

文物部门根据北刘庄村民口碑传说，定此墓为"金成明墓"。墓地原立有乾隆十一年（1746）七月"常明谕祭碑"，此碑被捣毁，碑文拓片存于国家图书馆。据《常明谕祭碑》，知墓主为清代常明，而非金成明。常明，《清史》无传。笔者曾任房山区文化委文物科科长，其间，有常明后人曾到房山参谒常明墓地，也称墓主应为"常明"。故此辨误，以正视听。

雍正八年（1730），始营泰陵，在房山西山采石，常明以总理石道职分亲临房山"监修石工"。燕山办事处的凤凰亭也是他参与建造的，亭内碑记为常明所撰。

大马村

在青龙湖镇东南，东邻固村，南邻张庄村，北邻小马村。古属良乡县，原名马村。清康熙四十年（1701）《良乡县志·卷一·舆地志·村店》："马村，治西五里。"

清中晚期马村一分为二，有大马村、小马村。清光绪七年（1881）《良乡县志·第一卷·舆地志·村店》："大马村，距城五里。……小马村，距城六里。"

民国四年（1915），良乡县划分八区，大马村属第八北区。后分三区，大马村属第一区。1958年，设崇各庄人民公社，属崇各庄人民公社。1983撤销崇各庄人民公社，设立崇各庄乡，属崇各庄乡。2000年撤销崇各庄乡，设立青龙湖镇，属青龙湖镇。始建大马村有天元寺，年代不晚于辽，寺里有辽代经幢。

本卷收录大马村碑刻1件：民国1件，其中收录碑文1篇。

一○一　重修天元寺碑记

尝考黄金布地，祇园开说法之场。白马驮经，洛邑建传灯之寺。盖我佛以慈悲度世，众生因感觉蒙昧，非示以宝相之庄严，奚动夫群流之信仰。此象教之所由起，而善业之所由兴也。慨自世风日降，诈伪愈滋。攘夺相寻，纷争不息。纵横杀伐，知浩劫之将临。权力凭陵，置公理于不顾。惟利是视，以刻为能，欲海横流，固有之天良，几于澌灭净尽。天良澌灭，人类将何以生存？故仁人善士，夙具婆心者，亟亟振兴佛教，会讲明因果，阐发福罪，使人有所征而不敢为，有所劝而驯以化。由一乡一党，推而至大邑通都，借佛法之威灵，生蚩氓之观感，庶几消除恶业，挽救狂澜，诚正本清源之无上法也。良邑所属大马村东首，旧有古刹基地一区，为地不及二亩。去岁因事西行，经过是地，见其墙垣尽圮，碑碣无存，不知建于何代，废自何年。满目荒凉，鞠为禾黍，恻然伤之。遂勉竭绵力，发愿重修。鸠工庀材，从新兴筑。计成正殿五楹，供奉释迦文佛、药师佛、阿弥陀佛、三世尊。东西各三楹，左为娘娘殿，右为关圣殿。缭以周垣，前起山门。仍其旧名，榜曰"天元寺"。肇工于民国十四年夏历二月，落成于十五年四月。后此丹楹刻桷，重瞻庙貌之辉煌。捍患御灾，仰托神灵之庇佑。即于风俗人心，亦不无裨补焉。是为记。

发起人张得顺、张凤明。

会本众经理人王明、王万恒、方锐、方润、方万和、卢海、卢宝山、许玉田、金台、许次珊、傅敬良、方利、方万志、方万振、方万龄、李春海、方铭、孙清、李占元、王瑞、卢贵山、雷霖、杨中元。

三宝弟子法名妙修 适伊

张仲榍敬述　京兆密云县信士宗庆煦敬代撰并书

中华民国十五年岁次丙寅夏历四月谷旦勒石建立

良邑人永立石厂刻字李茂来　刘景云

碑刻说明

民国刻。在大马村天元寺。座高 66 厘米，宽 120 厘米，厚 74 厘米。碑身高 204 厘米，宽 76 厘米，厚 18 厘米。云纹碑首，碑额篆书"永垂不朽"，碑阴额书"万古流芳"。

碑文考释

天元寺，位于大马村东首，辽代已有此寺，金、元、明、清无考。民国时期，这里只剩下一块两亩大的残基。墙垣尽圮，碑碣无存，满目荒凉，鞠为禾黍。民国十四年（1925）二月，由张得顺、张凤明等人发起重建，翌年四月（1926）完工。共建正殿 5 间，供奉释迦文佛、药师佛、阿弥陀佛、三世尊。东西各 3 间，左为娘娘殿，右为关圣殿。庙四周建起了院墙，前起山门。仍袭旧名，在山门券楣嵌石匾，楷书"天元寺"。最近的一次修缮是在 1999 年。民国时期的重修碑，立于正殿右廊下。高首方座，浮雕二龙。碑首浮雕朵云。

院内有石香炉一尊，年代不详。前边有正门。院内有一经幢，为小八角形。底座径长 92 厘米，高 24 厘米，八角每边长 39 厘米，上面四周刻有狮子和花卉，顶面刻有仰莲，其风格与云居寺辽天庆八年续秘藏石经塔上的雕刻一致，属同一时代特征。幢身高 158 厘米，直径 40 厘米，宽边 22 厘米，窄边 13 厘米。经幢顶端石件 1 件，径长 67 厘米，高 20 厘米，八角每边 28 厘米。小八角经幢也是辽金时期的典型特征。综合考证，此幢应为辽代文物。

沙窝村

在青龙湖镇西南。北邻坨里村，南邻北坊村，西邻八十亩，东邻大苑上村。古为良乡县地。金明昌二年（1191）划归奉先县神宁乡。元世祖至元二十七年（1290）年改奉先县为房山县，属房山县神宁乡。明属房山县神宁乡太平里。

清康熙三年（1664）《房山县志·卷二·乡村》："沙窝村，县北十七里。"据民国十七年（1928）《房山县志》，民国初，房山划分五区，沙窝村属第一区。民国五年（1916）二月改设九区，沙窝村仍属第一区。今属青龙湖镇。

本卷收录沙窝村碑刻1件：金代1件，其中收录碑文1篇。

一〇二　班谡、班详墓志

大金国中都大兴府良乡县，明昌年拨属涿州奉先县所辖北辛安里，镇国上将军前广宁府判致仕班演，妻故郡夫人刘氏生五子、后娶郡夫人曹氏生一子：长曰谡、次曰诜、次曰讷、次曰调、次曰详、小子少禄，长孙玙、次孙奈老。

明昌五年七月日置石

葬主忠显校尉长男谡

同葬主次男详

碑刻说明

金刻。现存于房山区文物管理所。青石质，长 49 厘米，宽 40 厘米，厚 6 厘米。13 行，满行 13 字。1995 年 3 月出土于房山区青龙湖镇沙窝村。

墓志考释

志文载葬主为班谡、班详。

"大金国中都大兴府良乡县，明昌年拨属涿州奉先县所辖北辛安里"，印证了明昌二年（1191），万宁县改名奉先县，再割良乡县部分疆界划归奉先县的史实，同时证实，今青龙湖镇南部包括沙窝村一带，在金代为奉先县的北辛安里。墓志无盖，亦无题，志载："葬主忠显校尉长男谡，同葬主次男详。"可知此墓志为《班谡、班详墓志》。以往《房山墓志》等书，均题为《班演墓志》，实属不求甚解之误。

班谡、班详兄弟 6 人，班谡为长，班详排 5，老二班诜，老三班讷，老四班调，老五班详，老六班少禄。

父为镇国上将军前广宁府判致仕班演，夫人刘氏生5子，后娶曹氏生1子。刘夫人生班谦、班诜、班讷、班调、班详，曹氏生班少禄。班谦、班详的母亲为刘氏。

口头村

在青龙湖镇西。东邻坨里村，南邻八十亩地村，西邻南观，北邻辛开口村。古为良乡县地。金明昌二年（1191）划归奉先县神宁乡。元世祖至元二十七年（1290）改奉先县为房山县，属房山县神宁乡。明属房山县神宁乡太平里。

清康熙三年（1664）《房山县志·卷二·乡村》："口头村，县北十五里。"据民国十七年（1928）《房山县志》，民国初，房山划分五区，口头村属第五区。民国五年（1916）二月改设九区，口头村属第三区。今属青龙湖镇。口头村平顶山有七斗泉、药王洞、龙圣观。

本卷收录口头村碑刻3件：明代1件、清代2件，其中收录碑文3篇。

一〇三　重修龙圣庵记

房山北去县城二十里，有山曰树儿岭，其山险而高，其路硗而僻。岭之半有石洞可容百人，浑然天成，不费雕琢。左右有泉，水自石而出，冬夏不竭，如此者七区，故老相传谓之七斗泉。尝有二蛇饮于此，其色青，其性驯，或去或来，盖无时也，人见之者称曰大青、小青焉。泉之傍有隙地壹亩余如掌，成化初，有僧曰惠淮者结庵于其上，茅屋数椽，仅足以蔽风雨。口头村乡耆高均俊与弟英捐己资，为构佛舍三楹、伽蓝殿一座，凿渠引水以注于厨，是亦天下之奇观，因名其庵曰龙圣庵焉。盖取其山之形如龙，且藉此泉以为圣也。嘉靖己丑岁，其徒曰广顺者等，苦其倾圮，谋于英之子义官曰锐曰鉴，与夫英之甥邢甫升者，佥曰："此吾先人之志也，可之。"遂辟地以广其基，市材以益其屋，种杂果蔬菜以给其斋，颓垣败壁鼎一然新，不三月此功遂告成也。乃立石，刻诸乡老曾有功于其庵者，用垂不朽。余因书此，以纪其岁月云。

嘉靖己丑孟夏吉旦临泉居士李久学弭琇同撰

石匠吴禄　李聪　闫玉　王瓒　镌

碑刻说明

明刻。在口头村药王洞。拓片高63米，宽46米。碑额正书"重修龙圣庵记"。

碑文考释

药王洞位于口头村西树儿岭。出口头村西行，南北两山对峙，中间是一条西向的较为开阔的山谷。两山林木茂密，青黛摩云。南山叫瓯儿岭，北山原名树儿岭。谷中大约走上一里路，山路向北陡升，沿着山石垒砌的石级攀登，可达平顶山半山间的药王洞。平顶山原名树儿岭，自古闻名。山上以药王洞为核心，有七斗泉、兴龙观等名胜。

所谓七斗泉就是七眼山泉，泉口如斗，列于崖侧。七斗泉自古为房山名胜，七眼山泉易见者有二，一眼在龙兴观后的山崖下，另一眼在龙兴观东不远处，地势稍高一些。这七眼山泉不仅清冽可口，且无论旱涝，不流不溢，不枯不竭，掬手可饮，甚是灵异。当年居山的僧人道士就是凭着这泉水生活的，附近村民和上山进香的善男信女也靠此水解渴。

走在陡峭的石级上凡四转，进入一个平台，北临断崖，南俯幽谷，断壁残垣，依稀可辨，这就是兴龙观。

"房山北去县城二十里，有山曰树儿岭，其山险而高，其路硗而僻。岭之半有石洞可容百人，浑然天成，不费雕琢。左右有泉，水自石而出，冬夏不竭，如此者七区，故老相传谓之七斗泉。"这是碑中记载的七斗泉。

据此碑，兴龙观原来是一座佛寺，名为龙圣庵，始建于明成化初（1465）。当年有叫惠淮的僧人在平顶山南崖结庵而居，最初不过是几间茅草屋。后来口头村高均俊、高英两兄弟捐资，为惠淮建佛殿3间、迦蓝殿1间，并凿石开渠将七斗泉水引到寺庵的厨房下，起名为龙圣庵。嘉靖年己丑即嘉靖八年（1529）惠淮的弟子广顺，苦于龙圣庵倾圮，找到高英二子高锐、高鉴及高英外甥郱甫升商量，请求修缮龙圣庵，三人欣然答应，合力施资重修，拓宽庙基，扩大此庵的规模。工程历时3个月完成，将寺庵、周围院墙一并修缮，在寺庵周围种植了果树，开辟了菜园。

一〇四　重修七斗泉碑记

顺天府涿州房山县儒学教谕尚弘正撰文

吏部候选河间顺天府学岁进士檀馨书丹

泉以七斗名，名其实也。县治迤东行十余里，有泉伸出者七，大可容斗，星列于山之椒，其地之灵，虽不必崇崖峭壁，峦□巍峨，□□□□□□，而淳泓幽奥惟泉为胜，故仅以泉名焉。前康熙己丑年，有刘君讳国用者，负荷栖息于此，见殿宇残缺，不蔽风雨，□□□□□□，既而其□□□修。于是，鸠附近村落之好善者金君讳□弘、赵君讳良辅、李君讳奉时、李君讳大□共□其事，计盖瓦及砖有不完者完之，棂槛廊梲有漫漶不新者新之。圣之冠神履，有风剥而雨渤者丹以渥之，金以碧之。俯仰上下，遂焕然改观。欲寿其事于石而不果。道者岳太素，清修士也，行年望百矣，常眷眷于此，恐一旦泠然而化，终于不果以没其善也，遂攻他山之石以待。余实未至其处，而见所以闻所闻也。盖以邑庠赵君讳建模因俊拔马君讳清路者过余而述其概，且问记焉，余喜道者老而衰，冀他日或造其□□□胜，而一饮其泉之甘，未可知也。故欣然为之记。

岢大清雍正伍年岁次丁未十一月　谷旦立

碑刻说明

清刻。在口头村。拓片碑身高98米，宽52米；额高19厘米，宽15厘米。碑额正书双勾题"万古流芳"。

碑文考释

龙圣庵改名兴龙观是清代以后的事。清初龙圣庵破败，康熙己丑年，即康熙四十八年（1709），乡民刘国用、赵良辅、李奉时等筹资对此庵进行过一次修缮，"盖瓦及砖有不完者完之，棂槛廊梲有漫漶不新者新之"。当时此庵已改僧为道，因此成为一座道观。这时龙圣庵已改名为兴龙观，观里住着不果道人岳太素，年逾百岁。

遗址有乾隆四十二年（1777）残碑记载：后来兴龙观再度破败，人去观空。乾隆年间，有几位游方道士来到口头村，被村民留了下来，各处化缘，筹修兴龙观，在村民的帮助下，重修北殿3间，并建东殿3间，东殿内供奉关帝、财神和鲁班，这一年在乾隆四十二年（1777）。

一〇五　重修七斗泉碑记

且夫佛者西域之神号也。考之经典，昔汉明帝梦金人长丈余飞空而下，访之群臣，有人对曰："西域之神也，其名曰佛。"帝即使人往求天竺，遂得其书。由是其化流中国，后人咸奉以为佛焉。兹因房邑城东北二十里许口头村树儿岭，有七斗泉，旧有庙一座，不知始自何代，创自谁人。其灵感无方，而有求必应者，匪护朝夕矣。厥后相延日久，风雨摧残。同里之不忍坐视，奈心有余而力不足者，余同住持募化四方，仁人善士，并合村众等，协力重修大殿三间，金佛三塑，东殿三间，兼之关帝，永振纲常，药王善医疾病，财神扶持四海，韦驮感应三洲，以及鲁之公输子，天下称为巧人。合而观之，其有功于斯世，有不感人修祠奉之、竭诚祀之哉？于是庄严法像，重整丹楹，非以美庙貌而足目之观瞻，实以建补感而生人之畏敬也。一旦善事告成，爰书短引数言俚语，勒之贞珉，至有捐工者、捐料者、捐资财者，皆得列芳名于后，以示永垂不朽云。

顺天府良乡县庠生司主窦浩然施银六钱

大苑□林施银六钱　赵□□施银六钱

磁家务引善人李明喜　赵相　刘才　宋文奎

合村共施银五两四钱

房邑王顾氏施银五钱　李庚振施银□钱

董事人高家祯　王泉　徐天荣　高贵　蔚州周英华

保地肖天祥　高安

辑五李瑞撰文

住持冠巾道人丁本善并书丹

刻字匠石匠谭起施银三钱　谭义施银□钱

峕大清同治拾年岁次辛未四月二十八日谷旦立

碑刻说明

清刻。在口头村。拓片高109米，宽60米。碑额正书双勾题"为善最乐"。

碑文考释

据此碑，清晚期，风雨摧残，兴龙观破败，口头村民不忍坐视，同住持丁本善，募化四方善士，并合村众善，协力重修大殿3间，内塑金佛3尊。东殿3间，供奉关帝、药王、财神、韦驮、鲁班。时在清同治十年（1871）。

《口头村史》载：丁本善人称大老道，为人和善，在口头村收徒弟3人。他善于经营，养有几匹骡子和1匹白马，在庙内开办杂货铺，卖油盐酱醋方便百姓，常骑白马出行与地方官往来。当时观内有香火地数十亩，经济状况良好，很受百姓尊敬。丁本善于民国六年（1917）寿终，其灵柩浮厝于村南石岗中，现已夹杂于民居之中。

丁本善有弟子3人。大徒弟穆和奎不守清规，被村民赶走，投奔肖庄村道观去了。二徒弟于景奎进入石佛洞生死不明。三徒弟于福奎还俗回家。至此观中无人。村民共议，让于景水之遗孀带领二儿子于普生，三儿子于普俊到山上居住，并授权耕种山上土地，直到中华人民共和国建立。

图书在版编目（CIP）数据

房山碑刻通志．卷七，史家营乡、大安山乡、霞云岭乡、南窖乡、佛子庄乡、河北镇、燕山办事处、青龙湖镇／杨亦武著．－－北京：学苑出版社，2022.1
ISBN 978-7-5077-6367-6

Ⅰ．①房… Ⅱ．①杨… Ⅲ．①碑刻－汇编－房山区 Ⅳ．① K877.42

中国版本图书馆 CIP 数据核字（2022）第 015706 号

责任编辑：潘占伟
出版发行：学苑出版社
社　　址：北京市丰台区南方庄 2 号院 1 号楼
邮政编码：100079
网　　址：www.book001.com
电子信箱：xueyuanpress@163.com
联系电话：010-67601101（销售部）　67603091（总编室）
印 刷 厂：北京华强印刷有限公司
开本尺寸：710×1000　1/8
印　　张：40
字　　数：314 千字
版　　次：2022 年 1 月第 1 版
印　　次：2022 年 1 月第 1 次印刷
定　　价：498.00 元